中國方案

內部多元主義的
制度創新和實踐邏輯

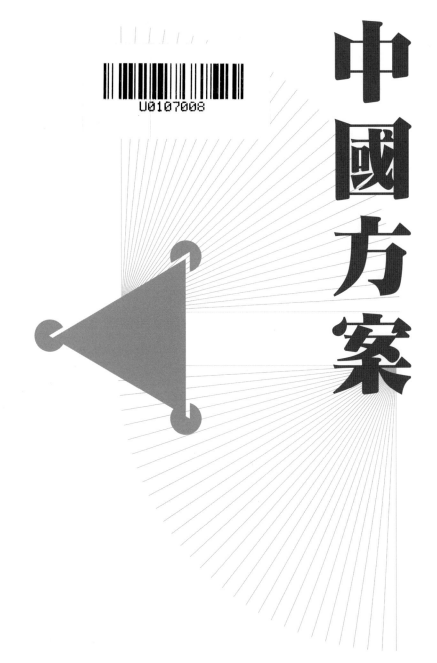

開明書店

鄭永年／著

目錄

自序：中國方案與制度創新

　　從 1978 年到今天，中國各方面發生的巨變令人眼花繚亂。但如何度量和評價所發生的變化則是另一個可討論的問題。為什麼在一些人看來是積極的變化，但另一些人看來則是消極的變化？一些人看來是正面的變化，但另一些人看來則是負面的變化？一些人看來是進步的變化，但另一些人看來則是退步的變化？這並不難理解，對所有這些變化，每個人、每一個社會群體心目中的答案是不同的，因為每一個人、每一個社會群體大凡都會根據自身的生活經驗來做判斷。

　　那麼，為什麼會出現這種矛盾的局面呢？這裏的因素是很複雜的，有三個方面的因素可以加以考慮。第一，人們的主觀目標、道德因素、價值觀認同等等的不同導致了評價的不同，即平常所說的「人心坐標」。這些個體層面的因素很複雜，影響着人們對中國變化的評價。第二，同時，客觀世界尤其是物質世界的發展往往是不以人們的意志為轉移的，或者說這是一種客觀規律，人們可以稱之為「物質坐標」。即使人們不喜歡這個層面的很多發展，甚至反對它，但這些發展也很難不發生。例如，盡管經濟發展必然對環境造成影響，而且還會導致

社會貧富差異的擴大，但僅有絕少數人能夠不去追求經濟的發展，多數人還是會去追求的。人們如果認同經濟發展這個客觀規律，那麼對它的評價會傾向於肯定；但如果人們不能認同這個客觀規律，那麼對它的評價就會傾向於否定。第三，更重要的是，在「人心坐標」和「物質坐標」之間還有一個「制度坐標」。「制度坐標」是調節「人心坐標」和「物質坐標」的。如果沒有制度，人就難以和物質世界共存。因此，不管任何社會，人們都把制度看得很重。從學術上看，「制度坐標」涉及到兩個層面的問題。第一個層面的問題是應然的，即中國的制度應當通過怎樣的變化而成為怎樣的制度？第二個層面的問題是實然的，即中國的制度實際上在發生怎樣的變化、會變成什麼樣的制度？

用第一種方式回答問題的人可以稱之為理想主義者，而用第二種方法回答問題的人可以稱之為現實主義者。但實際變化的結果往往是既不像理想主義者認為的那樣理想，也不像現實主義者認為的那樣現實，而是兩者的混合。

不可否認，理想主義者對改變現實有影響，主觀意圖對改

變客觀環境的影響不可忽視，否則就很難解釋歷史的進步。同時，理想主義者又受制於現實環境，使得理想不會像原先所設想的那樣實現。這樣的結果肯定不是皆大歡喜的，因為它既不符合理想主義，也不符合現實主義。中國過去 40 年的改革歷程就是如此。

20 世紀 80 年代初改革開放剛剛開始不久時，中國的理想主義者設定了兩個改革開放的目標，即經濟自由化、政治民主化。簡單地說，當時的理想主義者的參照系就是發達的西方國家，即市場經濟＋民主政治。不過，40 年過去了，中國既沒有維持當時的現狀，也沒有能夠變成西方。無論是經濟還是政治，中國都變成了一種混合體制。在經濟上，即使是中國官方也把這一體制定義為混合經濟，或者社會主義市場經濟；在政治上，中國也是一種混合體制，既非西方所説的專制體制，也非西方所説的民主體制。

就經濟制度來説，正在形成中的混合經濟，不僅僅是多種所有制的混合體，更是傳統與現代的混合體。

西方把中國的經濟體制看成是國家資本主義，實際上國家資本只是這種混合經濟體的一部分，在很多方面甚至是不那麼重要的一部分。中國從漢朝到今天的幾千年裏，可以説是「吾道一以貫之」，一直存在着這樣一種混合經濟體。人們稱之為「資本主義」也好，或者稱之為「市場」也好，至少有三個層面的市場，或者説有三層資本。位居頂層的永遠是國家資本，

底層的是自由民間資本，還有中間層面，也就是國家和民間互動的領域。從漢朝開始就是如此，國家一定要在某些領域裏進行壟斷，佔據主導地位，但還有大量的空間要放開給民間；位於中間地帶的經濟領域，例如鹽鐵那樣的產業，對國家很重要，但即使是這些對國家很重要的產業，也可以由私營部門去經營。到了近代，中國就產生了官辦、官督商辦、商辦等經濟形態的企業。由此可見，混合經濟體其實是中國非常古老的一個經濟實踐，並不是現代才有的創造。

在中國幾千年的漫長歷史中，經濟體制只在四個時期走了極端，變成了經濟國家主義，國家完全佔據了主導地位，市場幾乎被徹底管控甚至消滅：第一個時期就是兩漢之間的王莽改革時期，第二個時期是宋朝王安石變法時期，第三個時期是明朝朱元璋的改革時期，第四個時期就是改革開放前的那段時期。在這四個時期，國家跟市場完全失衡。除了這四個時期，中國的國家和市場基本上都是相對平衡的。

從歷史經驗看，中國今後還會是以這三種資本、三層市場的模式往前發展。和西方市場經濟相比較，這種制度有它的劣勢，就是效率差一點，但是優勢就是其能夠預防大的經濟危機。正如馬克思所分析的那樣，西方資本主義會爆發周期性的經濟危機，比如 20 世紀 30 年代的大蕭條，1997/1998 年亞洲金融危機，2007/2008 的全球金融危機。而中國過去 40 多年基本上沒有發生過經濟危機，這跟政府的調控能力有

關係，也跟這個制度機制有關係。

近代以來，西方經濟主要有兩個調控手段，一個就是貨幣政策，一個就是財政政策。可是當利率趨於零的時候，貨幣政策就很難能夠發生作用。現在西方頻繁搞 QE，即量化寬鬆，但這並非解決問題的有效方法。就西方的財政政策而言，當政府的債務赤字太大了以後，財政政策也不管用了。中國除了財政和貨幣政策以外，還有國有企業這樣一個經濟部門可以調節。隨着全球化的繼續發展，未來經濟會越來越波動。可以預見，中國怎麼都不會放棄這個國有部門。不過，這三層資本之間的邊界在哪裏？可以説，這個邊界每一個時代都在調整，每一個時代都在變化，以取得政府跟市場之間的平衡。

中國的政治制度也是一種混合制度，這個制度的特點就是：開放的一黨制 ＋ 以黨領政 ＋ 內部三權分工合作。一説政治制度，很多人心目中的標杆就是西方的三權分立，即立法、行政、司法三權之間的互相制衡。但很多人可能沒有意識到，中國幾千年的政治制度也有「內部三權的分工合作」——這三權分別是決策、執行、監察。這個制度從漢朝建立起，一直到晚清都沒有太大變化。人們不能説這個制度沒有生命力。當人們説中國文明幾千年不中斷時，就需要思考哪些東西沒有中斷？王朝是中斷的，皇帝也來來去去不斷變換。甚至中國的種族都有變化，中國的「漢」不是一個種族概念，而是一個文化概念。那中國哪些東西大體沒有變化呢？就是這裏所説的經濟

制度和政治體制，只發生了一些小的變動。

20 世紀 80 年代中國開始政治體制改革，當時還有點想往西方的體制方向發展，提倡黨政分開。這也正常，因為近代以來很多人都是希望往這個方向發展。孫中山先生搞了一個「五權憲法」，即在西方三權基礎之上加上中國傳統的考試權和監察權。不過，孫中山基本上是個理論家，沒有太多機會實踐。

從中國台灣地區的實踐看，兩種體制背後有不同的邏輯，要麼是以西方的三權為主，要麼是以中國的三權為主，兩個體制不同的分權方式疊加起來是很難有效運作的。台灣現在基本上是西方的三權機制，考試權基本上已經被邊緣化了，代表監察權的監察院還在，但基本上也不起什麼作用。

今天的中國又再次走上了內部「三權分工合作」的道路。20 世紀 80 年代提倡「黨政分開」，現在則提倡「黨政分工」。「黨政分開」的道路走到 20 世紀 80 年代後期就已經走不下去了。黨政分開，黨的主管和政府的主管這兩個人之間如果有矛盾，就變成了黨政兩個機構之間的矛盾，就會產生黨和政府的分裂。所以，1992 年中共十四大開啟了「三合一制度」，即黨的總書記、國家主席、軍委主席由一個人擔任。這一制度其實是對「黨政分開」的直接否定。實際上，江澤民和胡錦濤時期都是這個思路。

西方建立在多黨制基礎之上的政治制度可以稱為「外部

多元主義」。在西方歷史發展過程中，是先有市民社會後有國家的，存在着不同的政治力量，一個國家可以有幾個政治過程，最終的制度表述是多黨制和「三權分立」。但中國不是。中國幾千年來就是皇權一種政治力量，秦始皇以後一直是先有國家後有社會。因為皇帝只能有一個，所以只能有一個政治過程。但怎麼樣做才能讓統治比較有效呢？那就是把一個政治過程分成三段，第一段是決策，第二段是執行，第三段是監察。

現在的「三權分工合作體制」有點類似於傳統體制。這裏需要解釋的問題就是：傳統的皇權怎麼演變成現在的黨權？怎麼看這個「黨」？事實上，中國共產黨不是西方意義上的政黨。從結構上說，黨權就是組織化的集體權力。只不過以前的皇帝是一個人，是一個家庭，現在的黨是一個組織。特別需要指出的是，這裏討論的皇權指的是一種不帶價值色彩的權力，不與平常討論皇帝時的「專制」、「獨裁」等判斷相聯繫，而是指中國的最高統治權力，更重要的是，皇帝或許是一個人，但是皇權本身是一個複雜的制度。

在權力的這個現代轉型中，西方的一些概念提供了有效的工具，比如「民族主義」、「主權」和「列寧主義的政黨」。馬克思主義的中國化，在制度層面正是表現在這個地方。

因此，一個基於個體家庭之上的皇權，已經轉變成一個基於組織之上的黨權。以前的皇權可以分成三個階段，那麼現

在的「黨權」也可以分成三個階段——決策權、執行權和監察權。但人們不能說這是對傳統的簡單回歸，因為現在的黨是一個集體，而以前的皇帝是一個個體家庭。這個制度一旦確立，就不能低估其生命力。不過，中共十九大盡管正式確立了「內部三權體制」，但這個體制的有效運作還需要進一步的改革。比如說決策權，以前主要掌握在皇帝跟他的大臣、皇兄皇弟等少數人手裏，現在則不一樣了。執政黨的中央委員會、全國人大、政協、重要的社會團體（工青婦）、各類智庫都可以成為決策權的一部分。

現在的問題就是，決策怎麼能夠更民主化一點呢？以前不需要民主，但現在既然有了民主的觀念，民主就必須體現在制度層面。監察對於反腐敗來說是很重要的，但監察權也不能被濫用。漢朝規定，不可以事無巨細地監察，並且規定只可以對六個領域進行監察[1]，否則執行權就沒有辦法行使了。現階段的監察權就面臨過度使用的問題。

---

1 《漢書・百官公卿表》顏師古注：「《漢官典職儀》云，刺史班宣，周行郡國，省察治狀，黜陟能否，斷治冤獄，以六條問事，非條所問，即不省。一條，強宗豪右田宅逾制，以強凌弱，以眾暴寡。二條，二千石不奉詔書遵承典制，倍公向私，旁詔守利，侵漁百姓，聚斂為奸。三條，二千石不恤疑獄，風厲殺人，怒則任刑，喜則淫賞，煩擾刻暴，剝截黎元，為百姓所疾，山崩石裂，妖祥訛言。四條，二千石選署不平，苟阿所愛，蔽賢寵頑。五條，二千石子弟恃怙榮勢，請托所監。六條，二千石違公下比，阿附豪強，通行貨賂，割損政令也。」六條以外，刺史不得幹預地方官吏職權，否則依法懲處。

　　這種制度和西方式的民主制度是矛盾的,但是和民主本身並不矛盾。不難觀察到,中國的內部三權分工合作制度可以吸納西方很多民主的要素,但不會演變為西方的制度。

　　從歷史經驗看,「人心坐標」和「物質坐標」隨着時代的變化而變化,但「制度坐標」的變化似乎更為恆定。不難理解,「制度」與「人心」和「物質」之間永遠存在着張力和矛盾,人們對制度的評價和認同永遠不會完全一致。不過,同時也正是這些張力和矛盾構成了制度進步的動力。

　　我們所說的「中國方案」便是制度變遷的客觀體現。「中國方案」是物質變化和人心變化互動的產物。筆者一直認為,中國文明復興或者再崛起的最終體現,便是一整套新型制度體系的產生。從這個角度來說,「中國方案」便是制度創新的代名詞。

第一章

實踐邏輯中的中國政治模式

　　在近年來學界和政策界對中國模式的討論中，大多數都聚焦於經濟發展模式的討論，有意或者無意迴避對政治模式的討論。本章嘗試對這一問題進行探討。

　　所謂的中國政治模式並不會從天上突然掉下來，它一定已經隱含在中國政治現實的運作過程之中，也就是運作模式。這種運作模式很可能是隱性的，也就是非正式化的；也可以是顯性的和制度化了的。探討中國政治模式就是要把隱性的和顯性的行為模式發現出來。這些隱性和顯性的模式構成了中國政治發展的大趨勢。說得更簡單一些，就是我們要找出中國政治發展的客觀規律。

　　那麼，中國政治模式的核心是什麼？根據筆者的觀察，可以用三個相關的概念來概括，即開放、競爭和參與。

　　開放最重要，而且也是競爭和參與的前提。在政治領域，開放指的是政治過程的開放，即政治過程向不同社會群體的開放，向不同精英群體開放，向不同的利益開放。在這個前提下，開放又可引發出另外兩種情況，即競爭和參與。

　　競爭就是競爭人才，即管理國家社會經濟事務等方方面面的人才。競爭不是西方意義上的單純的選舉，而是在選拔基礎之上的選舉，或者 meritocracy（賢能政治）之上的 democracy（民主）。參與就是社會的不同群體參與政治過程。競爭又是參與的前提條件，沒有競爭，就沒有參與。參與既可以是對人才的選拔或者選舉，也可以是對政治人物的政策制定和落實的參與。

　　開放、競爭與參與既是對中國文化環境中傳統政治模式的反思性總結，更是對改革開放以來中國政治實踐的總結。歷史的經驗表明，中國政治的興衰和政治過程的開放度緊密相關。當政治開放的時候，競爭就會出現，社會就有參與的機會，政治就興旺；反之，當政治封閉的時候，競爭就消失，社會就變得和政治毫不相關，政治就會衰落。

中國傳統政治的開放本質

　　在漫長的中國歷史中，開放是中國文明最主要的特徵。和其他基於宗教之上的文明不同，中國文明的主題是世俗主義。宗教文明的一個最大特點就是排他性（exclusive），而世俗文明的最大特徵就是包容性（inclusive）。包容性的代名詞就是開放，就是說中國文明向其他文明開放，不排斥其他文明。中國文明在其發展史上已經包容其他很多文明因素，最顯著的當是其成功地吸納了佛教文明。每次外來文明的到來，在最初必然構成挑戰和衝擊，但當成功吸納外來文明的時候，中國文明就會有長足的進步和發展。

　　這個開放的文明體現出來的政治模式則是皇權。皇權體制綿延數千年而不中斷，有其內在的理由，簡單的否定並不能加深我們對中國

文明的認識。很顯然，較之西方近代民族國家之前的封建體制，中國皇權體制具有相當的開放性。盡管皇權本身是排他性的，但相權是開放的。用現代語言來説就是，國家的「產權」屬於皇帝，但治權或者管理權屬於社會。皇權只屬於皇帝本人和皇族。即使這樣，如錢穆先生所指出的，只有皇帝一個人的位置是可以繼承的，其他位置都沒有繼承的合法性。這和歐洲國家的政治家族的繼承制度不同。

同時，中國的相權相當開放，開放給所有社會階層，並且這種開放性是高度制度化的，主要是通過科舉考試制度。盡管從理論上説，皇權無處不在，但在實際的操作上，皇權的空間並不大，是有限度的。不僅皇權本身受制於很多儀式規範，皇帝也往往是「統而不治」。政府（相權）擁有實際的行政權力。正因為此，傳統中國發展出了日後令歐洲人贊歎不已的發達的文官制度。

而治權的開放性就直接導致社會的開放性，最主要的是表現在社會流動和政治流動性方面。用現代社會科學概念來説，傳統中國只有階層和階級的概念，而沒有出現流行於其他社會的宗族和種姓概念。階級和階層是具有開放性的，即人們可以通過個人的努力來改變自己所屬的階層和階級地位，但宗族和種姓則是恆定不變的，人們無法通過自己的努力來改變自身的位置所屬。所以，中國傳統儒家強調的是「有教無類」，人人都可以通過教育來改變自己。

中國世俗文明數千年不中斷與其開放本質有關。但是，傳統文明的開放性也具有局限性。從文化融合來説，有些歷史時期中國文明顯

得信心不足，傾向於走向封閉。例如明朝中斷鄭和下西洋進程之後，國家開始封閉。但應當指出，這種封閉性並非排他性。封閉性只是防禦性和防衛性的體現和手段。修長城、閉關守國是為了防衛，而非文化排他。因此，在皇朝的信心恢復後，又會回歸開放。

傳統中國「開放性」的最大局限甚至敵人也是皇權本身。皇權本身表現出來的是排他性、壟斷性和繼承性。也就是說，皇權本身與開放性格格不入。皇權是整個政治制度的核心，這個核心本身不能開放。因此，皇權的更替只能通過革命來解決。皇權的這些特點導致其直接的衰落。當其他社會的皇權被邊緣化，僅僅成為政治象徵的時候，中國的皇權就被現代黨權所取代了。

從文化角度理解中國政黨制度

在生存了數千年之後，到了近代中國，傳統皇朝國家在西方近代國家面前不堪一擊。在清皇朝衰落之後，中國經歷了半個世紀的轉型，即從傳統的皇權政治轉型為現代黨權政治。這一轉型是近現代中國歷史最有文化意義的領域。數千年的傳統是否因為半個世紀的革命就消失了？筆者認為，傳統文化並沒有因激進主義和革命而消失，而是在革命過程中轉型了。

　　這就是説，人們必須對中國的政黨制度作一種文化解釋，而非簡單地把中國的政黨理解為西方的政黨，盡管雙方都在使用「政黨」的概念。中國的執政黨是什麼？這個問題看似簡單，實際上是一個很不容易回答的問題。人們經常用理解世界上其他國家政黨的方法來理解中國的執政黨。不過，很顯然，盡管形式類似，尤其是和列寧主義政黨類似，但中國的政黨和西方政黨所包含和傳達的文化含義非常不同。

　　無論是西方民主國家還是發展中國家，只要實行的是多黨制，任何政黨代表的都只是一部分的利益，所謂「黨派」也。「黨」的原意指的就是人口的一部分，而非全部。在多黨制體系下，政黨的生存和發展靠的是政黨的開放性。如果政黨的目標是掌握政權，那麼就要得到大多數人的認同。再者，如果同一政黨之內的政治力量意見不合，就可以另行組成政黨。我們可以稱之為「外部的多元化」。同時，人民有權利在不同政黨之間進行選擇。如果不喜歡政黨 A，就可以轉而選擇政黨 B 或者 C 等等。這個政治過程就為政黨提供了制度機制，迫使其開放，以最大限度地吸納不同的利益。

　　在中國，盡管有不同的民主黨派和其他政治團體存在，但執政黨只有一個，因為其他黨派和政治團體，必須通過執政黨所確定的政治過程而參與政治。在中國，中國共產黨的主體性不言自明。中共的這種主體性在很長的歷史時間裏並沒有改變，也不太可能會改變。這不僅是因為中共本身的生存發展因素，更是因為這種主體性具有深厚的

歷史文化根源。中國數千年的歷史上並沒有產生近代政黨概念。和近代政黨比較相近的概念就是「朋黨」。但「朋黨」在中國政治文化中並沒有任何合法性，歷朝歷代都出現過打擊「朋黨」的事件。

中國近代政黨概念來自西方。但是到了中國，這個概念就逐漸發生了質的變化。中國並沒有多黨政治的傳統，多黨競爭在中國缺乏足夠的文化土壤。接受西方教育的孫中山先生曾經嘗試過西方式的多黨制，但他失敗了。失敗的原因是什麼？表面上看是軍閥或者黨派之爭，但實際上是深層次的文化原因。當社會還不能接受多黨制的情況下，這一制度必然失敗，不管其以何種方式。中國政治歷來有統一的權威，這個統一的權威，傳統上是皇帝，或者皇權。在中國人看來，皇帝不僅僅是一個個人，而是一整套制度，即帝制。現在這一統一的權威是組織，就是黨，或者黨權。人民從前希望出現一個好皇帝，現在則希望出現一個好的黨的領導集體。中國老百姓中間對政黨及其領袖的認同是很顯然的。

中國深厚的傳統文化表明，中國的政黨很難轉變為一個西方式的政黨。但另一方面，政黨這種組織形式使得其和過去的皇朝制度區別開來。前面說過，皇朝制度是一個封閉的制度，是「家天下」。但政黨則可以成為一個開放的政治過程，向各個社會群體和利益開放。也就是說，盡管從結構上，傳統皇權和現代黨權具有相似之處，但現代黨權具備傳統皇權所沒有的特點，那就是，現代黨權具備開放性。

一黨主導下的開放性政黨制度

實際上，自改革開放以來，中共所經歷的變化越來越體現出文明性，就是說中共開始呈現一個開放性政黨的特點。這也就是中共和前蘇聯、東歐國家的執政黨區別開來的地方。中共作為唯一的執政黨，在社會經濟利益多元化的條件下，選擇的是向各個社會群體和利益開放政治過程。這種選擇也是文明特徵的使然。簡單地說，中共已經開始形成一黨主導下的開放型政黨制度。

首先是開放。開放最重要。任何一個政治制度，如果不開放，那麼就必然表現出排他性和封閉性。只有開放，政治才具有包容性。如上所說，政治上的開放性，在西方是通過外部多元主義，即多黨政治來實現的。每一種利益都能夠找到代表其利益的政黨。在中國，因為沒有多黨政治，這一過程是依靠內部多元主義來實現的。社會上產生了不同利益，執政黨就向它們開放，把他們吸納到政權裏面，通過利益的協調來實現利益代表。在革命期間，政黨要強調依靠一些特定階級和階層，但作為執政黨，其必須依靠所有的階級和階層，這樣才能擁有最廣泛的社會基礎。

中共的轉型不可說不快。就社會群體來說，進入中共的政治過程是最有效的利益表達方式。在很大程度上，中共的「三個代表」，已典型地表明了對中共必須要代表不同社會利益這樣一種現實的認知。

改革開放以來，中國包括私營企業主在內的中產階級的人數並不大，但業已表現出很強烈的參政要求。這也就是為什麼執政黨與時俱進，不僅給與包括私營企業在內的非國有部門提供憲法保護，而且也容許和鼓勵私營企業家入黨參政。

中共黨員成分的變化也能說明這一點。在毛澤東時代，工人、農民、幹部和解放軍佔絕了黨員的大多數，但改革開放以來，知識分子、專業人士和新興社會階層的黨員人數越來越多。

如果說西方採用的是「外部多元化」，那麼中國政黨制度所體現的就是「內部多元化」。各種利益先「內部化」，即容納進現存體系，在體系之內爭取利益和協調利益。在成功地解決了民營企業家加入執政黨、進入政治過程的問題之後，中共最近又開始強調「社會治理」，致力於通過吸納更多社會力量來擴展執政的基礎。

這種內部多元主義的開放性，其有效性並不比其他任何制度低。因為中東世界發生茉莉花革命，一些人開始把中國視為和阿拉伯世界類似的政體。但從內部多元主義來說，中國和阿拉伯世界有很大的不同。阿拉伯世界基本上既無外部多元主義也無內部多元主義，多數政權表現出封閉性，由一個家族（君主政權）或者少數幾個家族長期壟斷政權，統治國家。即使在民主國家，例如英國、美國和日本，國家政權也經常被幾個政治大家族所壟斷。從統計學角度來看，從社會底層進入政治領域的人數，中國遠遠超過民主國家。共產黨統治不是家族統治，這使得共產黨更具有群眾性。

其次，政治的開放性也促成了精英階層的快速更替。在很大程度
上說，西方民主的本質是通過定期的選舉解決政治精英的變更問題。
在民主產生之前，暴力往往在政權更替過程中扮演最重要的角色。盡
管當代中國拒絕走西方式的民主道路，但也已經發展出非常有效的精
英更替制度。這要歸功於鄧小平。鄧小平確立了兩種相關的制度，一
是領導人退出制度，即退休制度；二是人才錄用制度，從社會的各個
領域錄用人才。

這個體制的優勢可以從兩方面來看。第一，它避免了個人專制。
這可以從兩個層面來理解。一是內部多元主義所形成的「黨內民主」
或者黨內集體領導制度。中共黨內高層之間的制衡遠比民主國家來得
多。例如在美國，一旦當選總統，其經常擁有「帝王般」的權力。二
是限任制。這和西方的總統制並沒有什麼區別。中國盡管沒有西方式
民主，但也找到了同樣的甚至更有效的方式來保證不會出現個人專
制。而在阿拉伯世界，普遍的現象就是個人專制，無論是君主制國家
還是具有現代政黨制度的國家。當一個人或者一個家族統治一個國家
數十年的時候，就會弊端叢生，令社會不可忍受。第二，中國的政治
體制使得政治更新異常地迅速，政治能夠有效反映代際變化，因此也
是反映利益的變化。較之其他任何政體，中國政治體系的一個顯著現
象就是官員流動速度非常之快。每年都有數以萬計的官員因為到了規
定的年齡離開其任職的崗位，也有同樣多的官員進入這些崗位。這種
快速的流動盡管也出現了一些弊端，但不可否認的是它能夠更加有效

地反映時代的變化。

再次，中國的政治制度具有強大的政策動員能力，從而促成政策的及時變化。越來越多的民主國家，無論是西方發達的民主體制還是發展中國家民主體制，反對黨不再是傳統意義上的「忠誠」的反對黨，而是為了反對而反對。在這樣的情況下，具有實質性意義的政策變化變得非常困難。

中國則不然。如果西方式民主更多地表現為政黨輪替，中國更多地表現為政策輪替。盡管中國社會經常抱怨執政黨政策變化緩慢，但較之其他政體，改革開放以來的中國的政策變革速度還是相當得快。只不過，在民主國家，人們可以互相推卸責任，而在中國，執政黨具有不可推卸的責任。從 20 世紀 80 年代到 20 世紀 90 年代再到本世紀，中國實現了數次重大的政策轉型。如果看不到執政黨的政策動員能力，就很難理解中國這些年來的巨大變化。

中國執政黨的這些變化，已經在一定程度上體現出「開放式建黨」的趨向。如果從開放的文明特質來説，開放式建黨，建設開放性政黨制度必然成為中國政治改革的大趨勢。傳統的作為政治主體的皇權無法避免衰落的命運，因為它的本質不具有開放性。而黨權則不一樣，黨權具有開放性，而開放性要用黨內民主來保障。作為組織的執政黨，必然有其利益。任何組織都有其利益，沒有利益就沒有責任。但作為唯一的執政黨，就不能成為既得利益集團；否則又會走上傳統皇權的道路。作為唯一的執政黨，中共必須是一個開放體系和開放政

治過程。

除了強化政治主體地位外，黨內民主的另外一項相關任務，是維持整個社會體系的開放性。誠如美國經濟學家奧爾森（Mancur Olson）教授所證實的，即使在具有外部開放特徵的西方多黨民主國家，也必然產生各種具有排他性和封閉性的利益集團（或分利集團）。奧爾森非常悲觀，在他看來，除了革命、戰爭和大規模的衝突等手段之外，很難消除這些利益集團。但中國的改革開放經驗已經表明，維持體制的開放性是克服既得利益集團最有效的方法。

黨內民主引導人民民主

從開放性來思考中國的政治改革，主要涵蓋三個主要的領域。中共十七大政治報告提出的黨內民主引導人民民主已經涉及到兩個最重要的領域，即執政黨的自身改革和社會民主。此外，開放性也必須體現在政黨和社會的連接領域。

就競爭或者黨內民主來說，現在的理解主要集中在黨內集體領導、票決、權力交班等。這些是最基本的。如上面所討論的，黨內民主最主要的任務是維持黨的開放性。正是因為中共是唯一的政治過程，黨內利益協調機制的建設顯得尤為重要。要把那麼多的利益表達

和聚合於一個政治過程之中並不容易。沒有一個良好的利益協調機制，體制內就會產生衝突。

如何維持黨的開放性？中國已經有了一條途徑，即通過公務員系統的考試制度錄用人才。這和傳統的科舉考試制度類似。當然，這條途徑的有效性，取決於教育制度本身的開放性。

更為重要的是，執政黨必須向社會開放，吸納社會精英。到目前為止，中國共產黨的精英，大都是從黨內體系培養的。政黨對社會的開放性不足，一旦官僚化，政黨就可能失去和社會的關聯點。執政黨如何實現向社會開放？這可以向新加坡學到很多經驗。

新加坡盡管是一黨獨大，但政治體系是向社會開放的。人民行動黨能夠維持一黨獨大的地位，主要是依靠開放。在西方發達國家，最優秀的人都去經商。新加坡要讓這些最優秀的人來從政。因此，執政黨很重要的一個功能就是扮演「相馬」的「伯樂」，在全社會、全世界尋找優秀人才。很多政治領袖並非都是執政黨自身培養的，而是從社會吸收進執政黨的。

執政黨吸收社會培養的人才，意義非常深遠。這可以從幾個方面來理解。首先，執政黨的幹部來自社會，使得執政黨能夠和社會維持有機聯繫。這些人來自社會，社會對他們的認同度高，他們進入執政黨之後，就強化了執政黨的合法性。第二，減少腐敗。這些人本來就有很好的經濟基礎，腐敗的可能性大大減低。第三，培養的成本很低。要培養一個幹部並不容易，社會培養幹部無疑大大減少了培養

成本。

　　在人民民主或者社會民主方面，開放政治不僅要繼續鼓勵和推動各種形式的民主實踐，包括協商民主和參與民主，現在把社會民主僅僅理解成為選舉是不夠的；而且實際上，在地方層面，更為重要的是各種制度建設，或者說治理制度。

　　從村級民主實踐來看，光有選舉很難出現有效的治理。在很大程度上說，在地方層面，參與式和協商式民主更具有相關性。在這方面民主具有更為廣泛的內容。而參與式和協商式民主是為了改善現存地方政權的治理能力。預算公開、決策過程公開、公民社會建設等等都是地方民主的內容。

第二章

契合中國文化的制度安排

近現代民主政治的產生和發展，可以説是社會經濟利益多元化的產物。近現代以來的工業化、現代化進程既推動了經濟社會發展，也帶來了社會階層分化，而教育的普及和教育水平的提高又增強了民眾的政治參與意識。這些都為民主政治的產生和發展提供了必要條件。

對於選擇什麼樣的民主模式，不同的文明發展出不同的制度安排。西方發展出了外部多元主義，而中國改革開放以來則發展出了內部多元主義，兩者都具有開放性特徵，但具體內涵卻差異很大。

外部多元主義遇到現實困境

無論西方發達國家還是其他發展中國家，外部多元主義的制度特徵主要體現為多黨制及其相關選舉制度。

在多黨制體系下，政黨代表的是一部分人的利益，其生存和發展依賴於政黨的外部開放性。如果政黨的目標是掌握政權，那麼，它就要得到大多數人的認同。而同一政黨之內的政治力量意見不合，往往導致政黨分裂，出現新的政黨。在選舉時，人們可以在不同政黨之間進行選擇。這個過程給政黨帶來動力和壓力，迫使其開放，以最大限度地包容不同利益。

　　在外部多元主義中，政治認同極為重要，它是不同政黨獲得政治支持的重要工具。不難發現，西方社會的政黨往往建立在階層、階級、區域、民族、宗教和種族之上，各政黨都聲稱能夠代表這些社會群體的利益。但事實上，民眾的政治參與僅限於選舉，即投票這一時刻；投票之後，政治便是「專業政治家」的事了，和老百姓沒什麼關聯。這也是西方代議制的本意。

　　今天，外部多元主義出現越來越多的問題。

　　首先，民主已經演變成互相否決制。第二次世界大戰後，西方經濟發展迅速，造就了龐大的中產階級，為西方民主提供了達成政治共識的重要基礎，無論哪一個政黨都要顧及中產階級的利益。一旦中產階級因受擠壓而變小，政治僵局的產生就不可避免，政黨之間互相否決，出現誰也幹不了事的局面。

　　其次，外部多元主義越來越成為西方社會衝突的根源之一。建立在民族、宗教、種族、階級等基礎之上的多黨政治，不僅沒有促進這些群體之間的整合，反而造成它們之間的巨大衝突。在發展中國家，這種現象尤其明顯。

　　再者，外部多元主義使得政治、經濟和社會三種力量之間失衡。一個社會的良好運作要求這三種力量處於均衡狀態。

　　西方民主目前所面臨的問題是這三者之間的結構性失衡。經濟全球化使得政府喪失部分經濟主權，資本處於高度流動狀態，無論政府還是社會，都無法對資本構成有效制約。

內部多元主義具有獨特文化基因

　　中國改革開放以來形成了社會經濟利益多元化的格局。同時，在政治體制變革上，中國逐漸發展出內部多元主義的制度安排。這一安排既反映出今天中國經濟社會發展的現實狀況，也呈現出這一體制的文化特徵。

　　「大一統」是中國傳統文化的重要特徵。在西方，帝國解體之後便是一個個獨立的國家。在中國歷史上，盡管國家分分合合，但「分」不是終極目標，「分」的目標仍然是「合」。「大一統」並不是説利益的一元化，相反，「大一統」通過內部的多元而得以持續發展。如果實行外部多元主義，這個「大一統」就難以為繼。從這個視角看，需要對中國的政黨制度作出一種文化解釋，而不能簡單地把中國的政黨理解為西方專注於選舉的政黨。中國的政黨和西方政黨所包含和傳達的文化含義有很大不同。

　　近代政黨概念來自西方。但到了中國，這個概念發生了重大變化。中國並沒有多黨政治的傳統，多黨競爭缺乏足夠的文化土壤。

　　二十世紀初期，中國嘗試過西方的多黨制，但很快失敗了。失敗的原因表面上看是軍閥或黨派之爭，但實際上有着深層次的文化原因。當社會文化不能接受多黨制的情況下，這一制度必然失敗。歷史證明，中國的政黨很難變成西方式政黨。中國政治歷來有統一的權

威，現在這種統一的權威就是政黨。現代政黨這種組織形式只是帶來了開放的政治過程。

中國民主具有廣泛內容

改革開放以來中國內部多元主義的產生和發展，使得中國政黨制度不僅與蘇聯、東歐國家的一黨制區別開來，也與西方的多黨制區別開來，形成了自己的民主政治模式。中國共產黨作為執政黨，在經濟社會利益多元化的條件下，向各個社會群體和利益集團開放政治過程，形成了一黨主導下的開放型政黨制度。

可以從三個過程來分析這一制度安排。

一是更為突出的開放。如果不開放，一種政治制度就必然表現為排他性和封閉性，而缺少包容性。這種開放性，在西方是通過外部多元主義即多黨政治實現的，每一個社會群體都試圖找到能夠代表其利益的政黨。在中國，則是依靠內部多元主義實現的。執政黨通過開放機制，代表最廣大人民的根本利益，擁有最廣泛的社會基礎。以經濟領域為例，既毫不動搖鞏固和發展公有制經濟，堅持公有制主體地位；也毫不動搖鼓勵、支持、引導非公有制經濟發展，激發非公有制經濟活力和創造力。這種內部多元主義的有效性並不比其他制度低，

而且因其在一個體系內協調利益、實現利益，可以避免大規模的社會衝突。

二是更為有效的競爭。競爭是解決政治精英選拔、繼承和更替的過程。在很大程度上，西方民主的本質是通過定期選舉解決政治精英的選拔和變更問題。而中國共產黨則在內部形成黨內民主與黨內集體領導制度，使得中國政治制度具有強大的政策動員能力，能夠實現政策的及時變化。在西方國家，越來越多的反對黨不再是傳統意義上的反對黨，而僅僅是為了反對而反對。在這種情況下，具有實質性意義的政策變化變得非常困難。如果說西方民主更多地表現為政黨輪替，中國民主則更多地表現為政策輪替。

三是更為廣泛的參與。中國是人民當家作主的國家，人民通過選舉民主和協商民主實現政治參與，一方面通過選舉、投票行使權利，另一方面人民內部各群體在重大決策之前進行充分協商，盡可能就共同性問題取得一致意見。在民族關係上，堅持和完善民族區域自治制度，鞏固平等團結互助和諧的社會主義民族關係。在基層實行村民自治制度，直接選舉村民委員會對基層進行治理。應當指出的是，不能把中國的民主僅僅理解為選舉，它包括了有利於上述開放、競爭和參與的各種制度建設，有着更為廣泛的內容。

第 三 章

民主：
中國有無選擇？

美國哈佛大學教授薩繆爾.亨廷頓（Samuel P. Huntington）曾經著《第三波：二十世紀晚近的民主化》（The Third Wave: Democratization in the Late Twentieth Century）一書，把世界民主發展的歷程分成三個大歷史階段。

第一波民主化發生在 1828 年至 1926 年，起源於美國革命和法國革命，第二波發生在 1943 年至 1962 年，始於第二次世界大戰，而第三波始於 1974 年葡萄牙的康乃馨革命，這一年葡萄牙青年軍人成功地通過政變推翻了專制獨裁者的統治，建立了民主政治制度。總體上說，自 1970 年代中期以降到二十世紀末，世界上共有 60 個國家走上了民主化的道路，其中約一半在蘇聯和東歐，有十幾個在東亞，還有一些在拉丁美洲和非洲。

亞洲的民主和民主化

亞洲民主主要發生在亨廷頓所說的第三波時期，到現在還沒有結束。不過，亞洲民主發展到今天，已經有很多經驗可以總結。從 20 世紀 80 年代後期開始，特別是自 1987 年以來，中國台灣地區和韓國，還有稍後的泰國、馬來西亞，相繼建立了民主體制。1997 年開始的亞洲金融危機導致印尼蘇哈托政權的倒臺，印尼也走上了民主

化的道路。近年來，緬甸在結束了軍人統治之後也開始了民主化的進程。和其他地區比較，亞洲區域的民主化進程不算太慢。

但是，亞洲的民主和民主化也面臨着無窮的問題。我們可以根據經濟發展水平來區分三類社會的民主和民主化，即高收入社會民主，中等收入社會民主和低收入社會民主。

高收入社會民主包括最早民主化的日本和後來的亞洲「四小龍」（即韓國、新加坡、中國香港地區、中國台灣地區）。從經濟上說，這些社會的經歷類似，即學界和政策研究界所說的「東亞奇跡」。不過，民主化之後，這些社會的社會經濟發展走上了不同的道路。

韓國的民主和社會經濟的發展協調得比較好。在韓國，大眾民主沒有對其經濟競爭能力產生過多的負面影響，這主要是因為經濟部門自治性比較高，民意不可能對經濟產生很大的影響，同時政府也仍然能夠在親商和親民之間保持平衡。新加坡盡管不被很多西方學者視為民主體制，但也發展出了自己的政治體制，社會經濟和政治協調發展。也就是說，盡管有變化，但韓國和新加坡仍然延續着往日「東亞模式」的一些主要特徵。

日本民主已經成熟，但在過去的數十年裏產生不了一個有效政府，其經濟陷入了所謂的「高增長陷阱」，就是說到了高收入階段，經濟停滯不前。近年來，日本政府試圖通過引入西方式新自由主義來改造經濟，但並沒有明顯的效果。

中國的台灣地區盡管民主化很平穩，但經濟發展水平已經遠遠落

後於韓國和新加坡。台灣地區民主化之後，民主政治沒有任何邊界，甚至到達泛濫的程度。政府在「天天政治」的環境下，無法有效運作，不能給資本提供一個良好的環境。同時在經濟不好的情況下，政府也無法為社會提供有效的社會服務。這樣，政府、資本和社會之間就進入了一個惡性循環。從長遠看，這種情形必然反過來對民主產生負面的影響。香港地區在 1997 年回歸之後還沒有尋找到一個在「一國」（基本法）之內的民主形式。近來政治激進化的發展，更令人擔憂其政治經濟前途。

東亞的另一個群體是長期陷入中等收入陷阱社會的民主體制，包括泰國、菲律賓、馬來西亞、印尼等國家。20 世紀 60 年代，泰國和菲律賓曾經被西方視為是亞洲兩個最有潛力的經濟體和民主政體，因為當時經濟發展和民主政治同時進行。但很顯然，這兩個社會並沒有沿着西方的預期發展。這些社會長期陷入中等收入陷阱。今天，很少有人會認為這兩個社會是成功的民主體制。馬來西亞的民主在近年來受到挑戰，生存已久的政治結構在新的挑戰面前顯得能力不足。印尼的民主已經確立起來，但是否有能力來推動其社會經濟的發展、逃避中等收入陷阱仍然是一個未知數。

那些仍然處於低收入階段的社會，其民主或者民主化問題更多，也更為嚴峻。這裏最典型的是緬甸。在 20 世紀 50 年代，緬甸和斯里蘭卡兩個國家也被西方視為是兩個經濟和民主可以一同發展的社會。但到今天，這兩個社會仍然處於低度發展狀態。斯里蘭卡長期陷入內

戰，這些年才得以穩定下來。不過，經濟社會的發展仍然面臨巨大的
困難。緬甸長期處於軍人政府的統治，導致不發展；而文人政府（實
際上是「偽裝」為文人政府的軍人政府）也沒有能力推動經濟的發展。
現在，緬甸正處於民主化過程之中。但正如 20 世紀 50 年代的民主
化，今天很少有人看好緬甸的民主化。

　　這個群體裏，還應當包括柬埔寨和越南那樣的國家，具有合法的
或者事實上的反對派，容易促成民主化的發生和發展，但民主化是否
能夠帶來政治穩定，並對社會經濟發展產生正面的影響，則具有高度
的不確定性。

在民主形式上的認識分野

　　正是因為亞洲社會民主和民主化的複雜性，我們必須討論中國的
民主和民主化選擇這個問題。

　　在民主和民主化方面，中國有沒有選擇？

　　這裏指的是兩個層面的問題。在第一個層面，問題是中國是否
可以逃避民主化的過程？這個答案可能是否定的。無論是國際環境
還是內部的變革，各種要素都在驅使中國民主化的到來，當然這裏的
民主化不等同於西方式的民主化。對中國來說，民主化只是一個時間

問題，而不是要不要的問題。其實，「要不要民主？」在很大程度上已經變成一個假問題。首先，近代以來，民主追求一直是中國夢的一部分，而這個追求到現在也沒有放棄。不管在哪一個時代，民主始終是中國政治發展話語的重要一部分。再者，很多客觀因素的出現也已經為中國民主提供了巨大的內在動力。市場經濟的發展、中產階級的成長、國民受教育水平的提高、社會利益的多元化和分化等等，都在客觀上促成着中國民主的產生和發展。在利益分化的情況下，民主不僅僅表現為不同社會群體對政治參與的要求，更是一種分配利益的技術制度機制。第三，民主在很大程度上也已經在中國發生了，這裏包括多種形式的民主實踐，例如黨內民主、協商民主和基層的政治參與等等。

在第二個層面，「中國有沒有選擇？」指的是中國是否需要選擇自己形式的民主和發展這種形式民主的途徑。要回答這個問題並不容易。中國的執政黨一直在強調反對任何西方形式的民主，而要發展中國特色的民主，也就是「社會主義民主」。執政黨的立場是非常關鍵的，因為執政黨的選擇在很大程度上決定了中國所要追求的民主形式。不過，隨着中國社會力量的壯大，中國最後的民主形式必然取決於執政黨所代表的國家和社會之間互動的結果。也就是說，社會對執政黨所定義的民主是否接受，也會影響到中國的民主形式。不容否認，執政黨所定義的民主形式和今天中國一些社會力量所接受的民主形式仍然具有不一致性。

　　為什麼具有這樣的不一致性？應當指出的是，無論是執政黨還是一些社會力量所定義的民主，大都受意識形態和價值觀的影響。把民主視為一種意識形態和價值觀，是近代以來中國政治發展的一個最主要的特徵。在西方，民主在其產生和發展過程中的很長一段歷史時期裏，是作為制度技術手段來解決現實政治問題的。即使今天的西方已經把民主視為一種意識形態和價值觀，但在很多方面，民主仍然主要體現為一種制度技術手段。不過，在中國，從一開始，民主就被當作一種意識形態和政治價值來追求。這導致了西方和中國在民主問題上的分野，也導致了中國執政者和社會群體之間的分野。那麼，具體說來，這種分野是如何產生的呢？這裏至少有兩個重要根源。

　　首先，在中國開始追求民主的時候，西方大多數國家的民主制度已經確立起來，並且已經開始把民主提升為一種意識形態和價值向其他國家輸出。

　　今天人們所看到的非西方的民主首先是西方殖民主義的產物，也就是說，近代形式的民主首先產生在西方，再從西方擴展到非西方國家。不過，在西方實行殖民統治期間，西方是不講民主的，一些國家尤其是英國至多講一些法治。在西方歷史上，把民主作為一種意識形態和價值向非西方國家推廣是非常近來的事情。在西方，對亨廷頓所說的第一波甚至第二波民主化國家來說，民主更多的是一種解決現實政治問題的制度安排和技術手段而已。

　　這實際上也是西方固有的傳統。民主作為一種政治形式在古希臘

就已經存在，但如果人們閱讀亞里士多德的《政治學》，就不難發現，民主只是一種政治手段。亞里士多德描述了希臘城邦國家所實施的各種不同政治制度或者制度安排，民主只是其中一種。從價值判斷來說，亞里士多德並沒有覺得民主有多麼好，因為民主離暴民政治只是一步之遙。對民主尤其是激進政治民主的批評和反思實際上也是西方的一個傳統，這方面有着大量的文獻。

但是，當民主被整合和提升成為一種代表西方的意識形態和價值的時候，用今天的話來說，提升成為一種「軟力量」的時候，就產生了一種「所有好的東西都是擠在一起」的現象，就是說，把西方所有好的東西歸結為民主。或者說，在西方的意識形態裏，人們傾向於相信，是民主政治導致了今天西方的所有成就。但實際上則完全不是。西方近代以來取得輝煌成就的大部分領域，和民主並沒有什麼關係，或者關係很微弱。

不過，西方的這種具有高度整合性的民主意識形態對西方之外的國家來說，具有很大的吸引力。包括中國在內的大多數非西方國家僅僅把民主視為是必須追求的、能夠使得國家強大的政治價值。很顯然，在中國，自近代以來，人們引入了大量的關於西方民主的知識，但有意識地忽視了那些反思和批評民主的文獻。這種有選擇地引入民主的做法，很能反映中國人對西方民主的態度和價值評判。這種情況到今天為止仍然沒有得到多少改變。

第二，這種分野和民主在中國是從無到有這樣一個事實有關。

中國沒有西方式的民主傳統。根據錢穆老先生的說法，中國歷史上實際上也是具有一些民主因素的，例如，分權、皇帝統而不治、地方自治等等。這些民主因素在西方的民主化過程中也起到了重要的作用。不過，這些因素的存在並沒有促成中國本身形成類似西方的民主制度。

中國把西方成功的政治經驗概括為「民主與法制」，相信民主在先，法制（治）在後。但實際上並非如此。在西方，這個過程是倒過來了，即法制（治）在先，民主在後。有了法制（治）基礎，才發展出可行的民主。在所有西方國家，在進入大眾民主之前，都早已建立了有效的法制和法治。這裏可舉法國大革命的例子。法國大革命被視為是激進的民主化。不過，由法國大革命形成的激進政治傳統直到今天仍然影響着法國的政治生態。真正促成法國進步的是法國大革命之後的「反動」，尤其是拿破崙時期確立的「拿破崙法典」和官僚制度建設。基本國家制度建設在先，民主政治在後，這便是西方成功的經驗。

但在中國，盡管人們都追求民主，但一旦掌握政權，便發現原來所追求的民主過於理想，既實現不了，也很難用於解決中國所面臨的實際問題，因此，執政者就要去尋找另外的符合中國實際情況的制度手段。

中國所面臨的問題也是一般民主政治研究中的一個重要命題，即西方國家民主體制是西方國家社會政治條件下、在當地的政治歷史

實踐中產生的一種制度性結果，是符合西方文化和實踐的一種制度形式，那麼它是否只是民主制度可能的形式之一，還是對世界上其他國家都具有普遍意義？

影響民主化的幾個重要因素

這裏引申出另外幾個相關的重要問題。最重要的是西方社會和東方社會是否具有兩種不同的民主觀。即使在西方，人們對這個觀點也存在很大的分歧。

亨廷頓代表一種觀點，認為民主的價值觀、模式、內涵只有一種，是西方文化的產物，另外一些國家的文化傳統，如儒家和伊斯蘭教文化，是不支持民主制度的，東正教文化傳統在某種程度上也是如此。亨廷頓觀察到，20 世紀 80 年代末蘇聯東歐劇變之後，在歐洲形成了一條新的「文化衝突線」，構成這條線的是從歐洲西北的波羅的海三小國延伸到波蘭、捷克和匈牙利，再到歐洲中南部的南斯拉夫和羅馬尼亞。在這條線西邊的國家多屬基督教新教或天主教文化的影響範圍，在這條線東邊的國家則受東正教或伊斯蘭教文化的影響。因此，他認為，基督教新教文化是民主制度的發源地，天主教文化可以支持民主制度，而東正教文化傳統則很難做到這點。在亨廷頓看來，

未來東西方的「文化衝突」將發生在這條線以東的東正教和伊斯蘭教文化傳統與這條線以西的基督教、天主教文化傳統之間。

亨廷頓的文化決定論當時受到了很多挑戰，其學生福山（Fukuyama）就不同意他的觀點。福山著名的文章《歷史的終結》認為，西方民主是人類最終的政體形式，不僅具有普世性，而且必然擴展到世界各個角落。就東亞民主來說，福山借用了當時美國哈佛大學華裔學者杜維明關於儒家文化研究的個別觀點，認為儒家文化有兩個層面，一個是王權儒家文化，代表的是專制文化傳統，另一個層面是日常生活中的儒家文化，這部份文化傳統是可以與西方的民主文化相銜接的。福山據此認為，東亞國家 20 世紀 80 年代之後之所以會走上民主化的道路，是因為日常生活中的儒家文化傳統與西方民主文化傳統接軌了。[1]

在社會科學界尤其是政治學界，對更多的學者來說，文化因素在民主和民主化中的作用被視為是不可驗證的，就是說不能說它不重要，也不能說它重要，因為很難在文化要素和民主政治之間找到因果關聯。

除文化之外，另外一個廣為強調和重視的因素是一個社會的經

1　但很顯然，福山盡管因為此文而名聲大噪，但此後幾乎一直在修正此文的觀點。近年來，有鑒於西方民主在 2008 年世界金融危機之後所面臨的困局，福山甚至開始出現否定西方民主的傾向。

濟和社會發展水平。有鑒於西方民主國家都是社會經濟發達的國家，因此很多學者試圖找到社會經濟發展水平和民主政治之間的關聯。一般認為，隨着社會經濟發展水平的提高，民主往往變得不可避免，這是因為社會經濟發展水平往往和一個社會的教育水平、利益分化、政治參與意識等等聯繫在一起的，而這些都是有助於民主的發生和發展的。

不過，這裏也馬上出現很多問題。例如，如果說社會經濟基礎是民主化能夠取得進展的重要指標，那麼為什麼在有的亞洲社會特別是新加坡，其社會經濟基礎足以支撐一個成熟的（西方式）的民主體制，但這些社會卻未能建立這樣的（西方式）的民主體制呢？

再者，就民主作為一種制度技術（多黨制度和選舉）來說，任何一個社會，不管其社會經濟發展水平如何，都是可以實行民主化的。例如前面我們根據社會經濟發展水平，把亞洲社會分成三類，即高收入、中等收入和低收入社會。這些社會，有些已經實現了民主化，成為成熟民主，有些正在發生民主化。盡管社會經濟發展水平不一，民主化了的社會都具有西方所定義的民主化特徵，即多黨制、選舉、政黨輪流執政等。不過，應當指出的，這些社會民主化的效果是不一樣的。一個人均國民所得（GDP）一萬美元的國家可以實現民主化，一個人均國民所得兩千美元的國家也可以實現民主化，但兩個國家的民主品質是截然不同的，前者表現為和平理性，後者則往往表現為暴力和非理性。

　　同時，在民主化之後，民主政治又會反過來影響一個社會的社會經濟發展水平。如同前面所討論過的，在亞洲，一些社會在民主化之後，政局不穩，導致了低度發展；一些社會則在民主化之後陷入了長期的中等收入陷阱；也有一些原來已經進入高收入水平的社會，民主無從形成一個有效政府，從而走向民粹主義和經濟的停滯不前。

　　因為文化和民主、社會經濟發展水平和民主並不存在一一對應關係，這促使學者們轉而強調一個社會領導者對民主的態度，認為一個國家能否走上民主化的道路，文化根本不重要，社會經濟也並非決定因素，最重要的是領導人，民主化進程主要取決於領導人在特定時刻的決定，即他（她）是否抓住時機引導國家走向民主化。

　　從經驗上說，領導人的決定的確在一個社會的民主化過程中起到關鍵作用。但這又怎樣呢？領導人可以促成一個社會的民主化，但並沒有任何力量決定民主的品質。民主的品質既取決於領導人的品質，更取決於這個社會的文化和社會經濟發展水平。亞洲社會並不缺乏對民主具有虔誠信念的政治人物和理想家，他們終身追求民主，也踐行民主，但並沒有給他們的社會帶來實質性進步。反之，那些對西方民主抱有懷疑甚至抵制態度的政治人物，反而能夠推動社會經濟的發展。他們生前或者身後被信仰民主的人們所批評甚至攻擊，但正是他們造就的社會經濟發展，為他們的後人奠定了堅實的民主基礎。歷史往往具有諷刺意義。

　　實際上，對造成今天世界民主格局最具影響力的，是西方有意和

無意所忽視的地緣政治。西方在推行民主過程中，往往把西方式民主包裝成普世的東西，地緣政治這個關鍵的要素被排除在人們的視野之外。例如，在「第三波民主化」出現之前，各國政治精英對以美國為首的資本主義和以蘇聯為首的社會主義兩大制度的競賽有各種各樣的看法，社會主義陣營的制度在發展中國傢具有相當的影響力。正是因為這樣，西方加強了和社會主義陣營的競爭，無論從意識形態層面，還是在國際關係和外交政策的實踐層面。但在 20 世紀 70 年代以後，蘇聯陣營社會主義國家的制度弊端逐漸顯現，其經濟相對於西方國家日益落後，沒有了競爭能力，同時社會主義制度對發展中國家的魅力已逐漸消失。而蘇聯的實力不可避免的衰微使它不得不結束和西方的冷戰，敗於和西方的地緣政治之爭。正是冷戰國際格局的終結大大促進了民主化浪潮。

「第三波」民主化的發生有效鼓勵了西方國家。在冷戰結束之後，以美國為首的西方再次投入大量的人財物力把民主擴展到非西方世界。實際上，一些研究民主化的學者例如戴蒙德（Larry Diamond）也在 20 世紀末預言道，第四波民主化即將在中東、北非等專制國家發生。這個預言很正確，民主化的確在那些國家和地區發生了。但很顯然，在這些國家和地區，民主化不是內生的，而是西方地緣政治延伸的結果。沒有西方（美國）的佔領和其他種種推動民主化的努力，很難想象這些國家和地區會發生民主化。不過，即使民主化發生了，但又怎樣呢？這些由外力推動的民主是否是人們所要作的選擇呢？

民主不可避免是多元的

今天，我們又進入了一個地緣政治大變動的時代。就民主來說，這個時代具有幾大傾向或者大趨勢。

第一，盡管西方仍然繼續努力向非西方國家推行民主，但西方也在開始反思大眾民主所面臨的嚴峻挑戰。

歐洲面臨難以為繼的的高福利制度的弊端；美國的民主演變為兩黨互相否決制度；越來越多的社會經濟問題呼籲一個有效政府，但民主政治滿足不了這個要求。同時，因為西方民主的內部問題，西方力量的外部影響力也開始逐漸衰落，而這又會反過來影響非西方的民主，因為非西方的民主往往是西方地緣政治擴張的產物。

第二，隨着西方地緣政治力量相對衰落，非西方世界抵制西方式民主的力量不可避免會增加。

西方力量衰落意味着外在壓力減少，那些一直在抵制西方式民主的社會會變得更具信心。而那些一直仇視西方式民主但又引入了民主的社會，主要是中東伊斯蘭世界，更會主動向西方民主挑戰，造成那些地區的無政府狀態。這個過程已經開始，未來如果失敗政府增加，形勢會變得更加嚴峻。

第三，一些已經引入了西方式民主的社會也會開始反思，並且會修正西方式民主對本地社會所帶來的困惑。

　　從民主擴展的歷史看，在非西方世界，當西方民主來到的時候，人們往往具有高漲的熱情，並給予很高的期待。但是，隨着時間的推移，民主被證明為不是醫治一個社會所面臨的問題的萬能良藥，在社會對民主有了切身感受後，人們開始反思民主，修正所引入的民主形式。當然，修正民主並非易事。一些社會陷入了「選舉陷阱」，再也難以自拔；而另一些社會則能夠通過政治強人，糾正原來制度的缺陷。

　　第四，也有一些社會開始尋找適合自己的民主形式。

　　這裏，中國佔有重要的地位。中國是一個大的文明，其政治制度的發展必然要和數千年的文明具有一致性。無論是作為一種意識形態還是一種解決政治問題的制度安排，其是否有效運作就取決於所建立的民主和自己文明的一致性。沒有這樣一種一致性，那麼中國民主也會重現亞洲其他民主所面臨的困局。

　　如果說抵制任何形式的民主的發生在政治上說並不可行，甚至會導致政治的失敗，那麼如果毫無選擇地引入西方式民主也會導向同樣的結局。也就是說，如果說民主不可避免，那麼民主的多元也是不可避免的。未來的歷史會告訴人們，贏得最終勝利的是那些能夠找到符合自己形勢的民主的社會。

第四章

百年中國：
制度變革與頂層設計

為什麼要討論百年中國？

討論 2049 年中國政治的原因很顯然，也很簡單，那就是要回答這樣一個問題：到了中華人民共和國成立 100 周年的時候，中國政治會是一種怎樣的局面？

中共十八大提出「在中國共產黨成立一百年時全面建成小康社會」，「在新中國成立一百年時建成富強民主文明和諧的社會主義現代化國家」。今天，距這兩個目標僅有 1 年和 29 年了。一些人始終對這樣的目標是否能夠實現抱懷疑的態度。一些對中國異常悲觀的人們並不相信中華人民共和國會生存發展到那個時候，更不用說共產黨了。在西方，近二十多年來，「中國崩潰論」的聲音一直沒有中斷過。但實際上，這些人所說的「中國」指的是「中國共產黨」及其所建立的「中華人民共和國」。

當我們說「2049 年的中國」的時候，我們深信「中國共產黨」及其建立的「中華人民共和國」到那時依然存在與發展。不過，另一方面，盡管我們並不認為悲觀論者的論斷是正確的，但我們也對目前國家的政治發展局勢表示深切的擔憂。近十多年來所發生的一系列事件和發展趨勢表明，如果不對國家政治的長期發展有一個頂層設計或者長遠規劃，那麼中國未來的發展道路會走得非常艱難，國家會變得越來越難以治理。

爭論不是歷史的簡單重演

　　中國社會在事關重大的政治道路發展方向上，一直存在爭議。改革開放以來，中國已經經歷了至少兩次重大的爭論，更不用說類似2013年「憲政之爭」那樣的具體事件的爭論了。

　　第一次應當説是在「文化大革命」結束之後，當時的中國圍繞着要不要繼續毛澤東的政治路線發生了爭論，就是當時的「凡是派」和「改革派」之間的爭論。「凡是派」要堅持毛澤東的政治路線，而「改革派」要改變中國的現狀和革新國家的制度。這場爭論以「實踐是檢驗真理的唯一標準」的主題展開，最終「改革派」獲勝。1978年中國共產黨召開十一屆三中全會，把黨的工作重心從毛澤東時代的「階級鬥爭」轉移到「經濟建設」。

　　不過，應當看到，這種「獲勝」是相對的，因為最終大家達成了妥協。1981年中國共產黨通過了《關於建國以來黨的若干歷史問題的決議》（下稱「歷史決議」）。這個決議就是一種政治妥協。在這個文件和與之相關的一系列文件中，當時的領導人鄧小平智慧地把「毛澤東思想」和「毛澤東」本人的思想區別開來，因為前者體現的是以毛澤東為核心的那一代領導人的思想，而後者則是毛澤東本人的思想；同時也把毛澤東本人早期對中國革命和建設的貢獻和其晚年所犯的一些錯誤區分開來，並且把重點放在當時的制度層面，而非毛澤東

本人。鄧小平強調指出，制度不好，可以使好人做壞事；而如果制度好的話，就可以避免這種情況。這個「歷史決議」非常重要。盡管堅決支持毛澤東的「凡是派」對此不滿，反對毛澤東的一些人也對此不滿，但黨內和社會的大多數接受這個歷史決議。這就實現了黨內大多數的團結，也有利於社會的穩定。

第二次大規模的爭論發生在 1989 年春夏之交的政治風波之後和 1992 年中國共產黨第十四大之間，圍繞着中國道路到底是「姓資」和「姓社」的問題展開。當時無論在黨內還是社會上，對市場經濟的發展並不存在共識，左派把市場經濟視為是資本主義，反對走市場化道路。

作為回應，當時的領導人鄧小平強調了作為工具和手段性的市場經濟，就是說，市場經濟是一種發展經濟的工具和手段，無論是資本主義還是社會主義都可以使用。十四大把此表述為「社會主義市場經濟」。中國是明確把社會主義和市場經濟統一起來的第一個社會主義國家。這種表述也是妥協，傳統社會主義者不會支持這種說法，相信西方市場經濟的人也不會支持這種說法，但對黨內和社會的大多數來說，這是一種可以接受和信服的概念。

難以迴避的政治改革

從改革開放之初的「階級鬥爭」和「經濟建設」之爭，到 20 世紀 90 年代初經濟路線的「姓資」、「姓社」之爭，再到進入二十一

世紀後類似「憲政之爭」的爭議，爭論焦點的這種演變本身就說明了很多問題。

從「階級鬥爭」到「經濟建設」可以說是中國共產黨的第一次轉型，即從傳統的革命黨向正常的執政黨轉型。1949 年中華人民共和國的建立，表明近代以來的中國革命的結束，中國應當轉向國家建設。但在毛澤東左派路線的「繼續革命」構架下，「階級鬥爭」仍然佔據意識形態的主體。直到 1978 年共產黨的十一屆三中全會才正式結束了「階級鬥爭」在意識形態上的合法性，執政黨的重點轉移到了經濟建設。

而「姓資」、「姓社」的爭論主要是要解決國家的經濟和社會形態問題，要解決的是市場經濟與經濟效益、市場經濟與社會公平等問題，也就是說要確立怎樣的經濟制度。而後來的「憲政之爭」則涉及到更多的是政治體制問題，或者政治改革問題。也就是說，社會的關注已經從政治外圍逐漸逼近政治的核心。有很多因素正在促使政治改革問題變得重要起來。我們可以從如下幾個主要方面來看。

第一，經濟改革和政治改革之間的必然關聯。經濟發展必然導致政治變化。這是馬克思主義的基本觀點，也就是經濟基礎決定政治上層建築。20 世紀 80 年代的時候，人們討論經濟和政治「兩張皮」的問題，認為這兩張皮可以有些距離，但不可以脫離得太遠，如果遠了就要出大問題。經濟改革先行沒有錯，但政治改革隨後要跟上。

當然，必須對政治改革做適當的理解，政治改革不是一蹴而就

的，只有厘清經濟改革、社會改革和政治改革之間的順序和關係，才能推動有效的政治改革。馬克思主要講經濟和政治之間的關係，社會講得不多。不過，他所推動的歐洲社會主義運動則是關於社會的，是要通過社會運動來實現人的經濟、社會和政治等各方面的權利。

現在看來，在經濟和政治兩者之間，還可以加上社會這個要素。一個國家的改革可以分成經濟改革、社會改革和政治改革。歐洲是先有經濟發展（即馬克思時代的原始資本主義），後來通過長期的社會主義運動實現了工人階級的社會權利（社會保障、醫療、教育和住房等等）。此後，在此基礎之上，直到第二次世界大戰之後才逐漸實現了政治權利，即普選權，或者大眾民主。

在亞洲，成功的首先是日本，後是「四小龍」。這些國家和地區在經濟起飛之後的短短數十年時間裏，不僅實現了經濟奇跡，而且更實現了社會奇跡，即通過社會改革培養了一個龐大的中產階級。因此，這些國家和地區的政治改革，也就是民主化表現得非常穩健和平，至少沒有發生像十九世紀歐洲那樣的長期大規模並且極具暴力性的工人階級運動。經驗地看，日本和亞洲「四小龍」的成功在於實現了兩個轉型，先是從經濟發展到社會建設的轉型，然後是從社會建設到政治民主化的轉型。先經濟、再社會、後政治，或者先生產、再分配、後民主化，就是對東亞模式的概括總結。

也應當看到的是，亞洲國家在處理經濟發展和政治民主化方面也有不那麼成功甚至是失敗的例子。很多國家在經濟社會還沒有發展到

足夠高程度的時候就發生了民主化，結果就陷入了今天人們所說的中等收入陷阱。在 20 世紀 50 年代，緬甸和斯里蘭卡這兩個國家被西方國家所看好，被視為是亞洲的典範，因為當時它們開始了民主化。同樣，在 20 世紀 60 年代，泰國和菲律賓也是因為民主化而被西方國家所看好。但是直到今天，這四個國家要麼仍然處於中等收入陷阱，要麼仍然處於低度發展的落後狀態。如果和日本、「四小龍」相比較，不難發現，這些國家的中等收入陷阱只是結果，原因在於過早陷入低度民主陷阱。

這種情況在非洲和拉丁美洲也很普遍。在社會經濟發展低下的國家，民主化意味着分配。各政黨把「分蛋糕」而非「做蛋糕」視為自己的議程，沒有政黨會把發展經濟作為自己的最高議程。各黨派陷入「分蛋糕」的爭執，經常為「分蛋糕」發生衝突甚至內戰。

中國現在的情況又怎樣呢？中國人均 GDP 已經達到 10000 美元以上，就是說已經成為中等收入國家。這也就是這些年來人們擔憂國家會不會陷入中等收入陷阱的原因。中國會不會在現在這個時候發生民主化？如果發生，那麼會不會也像其他亞洲國家那樣陷入中等收入陷阱？民主化是有可能的。經濟發展到了一定的程度，政治也要跟着變化。如前面所說，2013 年發生的「憲政之爭」背後的實際訴求就是政治的民主化，盡管人們對想要怎樣的民主化並不很清楚。理想地說，中國今後相當長的一段歷史時間裏，應當進行社會建設，打造一個龐大的中產階級，在中產階級做大做強之後再逐漸實現民主化。比

較地說，盡管中國的經濟發展類似於日本和亞洲「四小龍」，但社會發展則更像十九世紀的歐洲。也就是說，中國在實現了經濟高速增長的同時，沒有像日本、「四小龍」那樣進行社會建設。因此，社會在從低度經濟發展提升到中等收入之後，已經發展到爭取社會權利的階段了。而爭取社會權利的形式又經常表現為對政治改革和民主化的訴求。這種現象類似於十九世紀的歐洲。

第二，因此，也很顯然，中國社會經濟方面的問題也開始表現為對政治改革和民主化的訴求。自近代以來，民主化一直是中國人永恆的訴求。不過，對當代中國不同社會群體的政治權利的訴求要作一個綜合分析，「民主權利」（尤其是選舉權）的概念概括不了當前權利要求的複雜情況。

要求民主權利的社會群體主要是知識分子、中產階級（包括企業家）和其他社會群體中的一些成員。但中國的中產階級也相當複雜，和西方早期的中產階級很不相同。西方早期的中產階級主要是馬克思所指的資產階級。在西方，往往是先有社會，後有國家。羅馬帝國解體之後，西方並不存在近代意義上的國家。近代國家源於羅馬帝國的廢墟。在廣袤的廢墟上，首先生長出來的就是城邦，而城邦的主體便是商人階層。這個條件決定了西方近代國家的產生既是一個集權的過程，同時也是一個分權的過程。集權的過程表明那些有志於建立統一國家的國王必須摧毀分散的地方政體（尤其是城堡），把權力集中於中央政府。但這一過程需要大量的財政支持。為了戰爭（無論是內戰

還是對外戰爭），國王不得不依靠商人階層。商人階層也是理性的，他們一方面需要一個統一的國家市場，但同時也要防止新建立的中央集權制度不會對自己的利益構成致命的威脅，商人因此向國王索要政治權利。商人主導議會政治、私有產權保護、法治等等都是商人和國王妥協的結果。

這就是近代民主化的開端，因此人們說，「沒有資產階級，就沒有民主」。馬克思把這個現象分析得非常透徹，直到今天仍然影響着學術界。但在包括中國那樣的後發展中國家，中產階級往往是國家政策的產物，他們沒有多少獨立性；相反，他們高度依賴國家政權。

中國的一些左派知識分子機械地把馬克思的這一觀點應用到中國，認為中產階級會對國家政權構成政治威脅。但這並不能解釋中國的中產階級和國家政權之間的關係，因為他們忽視了中國和西方的不同歷史環境和條件。那麼，現在一部分中產階級人士為什麼要求政治改革和民主化？這主要是因為他們感覺到自己的利益和權利得不到保護，這些權利本質上也是經濟和社會權利，只不過他們認為需要依靠政治改革和民主化的方式才能保障這些權利。

除中產階級外，大部分中國社會群體包括農民、農民工、工人、城市居民和其他弱勢社會群體，他們所爭取的更多的是社會權利。這些群體的大部分抗議都是為了具體的物質利益，例如農民的土地問題、農民工的城市戶口問題、工人的勞動權益問題、城市居民的住房問題等，而非比較抽象的政治權利。從廣義上說，這些都屬於社會

權利，包含在社會保障、醫療衛生、教育和住房等範疇之內。我們在前面已經說過，在十九世紀的歐洲，社會主義運動也是以政治抗議的形式來爭取社會權利的實現。同時，社會權利的實現又維持了資本主義制度。實際上，對當時歐洲的改革者來說，社會改革與其說是為了實現工人階級的社會權利，倒不如說是為了通過提供社會保護而維持國家政權免遭被社會主義運動推翻。而在亞洲的日本和「四小龍」，政府更是通過主動進行社會建設的方式，避免了暴力性的工人階級運動。

在過去的三十多年裏，中國經濟高速發展，但社會建設沒有跟上。更為重要的是，各級政府官員往往通過破壞社會來追求高的GDP。結果，GDP 有了，社會卻變得高度分化。在這樣的情況下，社會抗議運動的崛起就並不難理解。但必須意識到，這些社會群體是通過政治抗爭形式來追求他們的社會權利。

第三，政治改革和民主化的要求也和人民的權利意識的發展有關。權利觀念的發展遠遠早於能夠幫助實現這些權利的物質條件的發展，這在所有發展中國家都具有普遍性。

權利意識的發展有幾個主要的原因。首先是發展中國家的人力資源教育。為了發展社會經濟，發展中國家往往大力發展教育。在中國更是如此，教育救國、教育興國一直是近代以來人們的理念。這種意識在很多發展中國家的精英中都存在着，所不同的是政府在發展教育方面的能力。重視教育有效推動了社會經濟的發展，但也會產生政治

效果，那就是接受教育的人民往往具有較高的權利意識。權利意識的產生也是人類進步的主要動力，但權利的實現是受現實物質條件限制的。如果現實社會沒有任何條件促成這些權利的實現，那麼就往往造成一種「過度教育」的情況。

其次，在當代社會，因為受全球化的驅動，權利意識在全球範圍內的擴散和擴張異常迅速。全球化不僅僅是包括投資和貿易在內的經濟要素的流動，更重要的是思想的流動。一個社會產生的思想很快就可以傳播到另一個國家，全球化已經促成了一個「思想無國界」局面的形成。思想的傳播不可避免，但這裏的問題在於，思想往往在先發展起來的國家產生，發達國家有條件實現這些思想中所包含的價值。不過，一旦這些思想傳播到社會經濟不那麼發達甚至落後的社會，那裏是沒有任何條件來實現這些價值的，這就造成了思想和現實的嚴重脫節，權利和物質條件的嚴重脫節。很多以爭取民主化為目標的社會抗議，都是人們權利意識和他們所處的現實相差實在太大所造成的。

必須避免的「革命」

中國社會開始把焦點從經濟社會方面轉移到政治方面，這是一個不容忽視的趨勢。盡管大多數的關切點仍然是社會經濟權利，但對少數要求實現政治權利的社會群體的呼聲也不容忽視。上面已經說過，當那些爭取社會經濟權利的社會群體不能實現他們所爭取的社會權利

時，他們也同樣會訴諸於政治方法。一旦這樣做，各種社會力量就會整合在一起，從而形成巨大的政治能量。

在社交媒體時代，少數人就能夠釋放出巨大的運動能量。從近年來中東和一些發展中國家發生的革命來看，要少數人「製造」一場革命並不困難。不難觀察到，大多數革命都是三個要素有機結合的產物，包括知識階層的理想主義的激進化，社會的與日俱增的不滿因素和以互聯網為基礎的有效的通信技術。

在任何社會，知識階層是最具有理想的階層。他們從理念上不滿足於現實，或者說現實社會不能滿足他們的理念，於是他們都在隨時尋求變革，不管是通過改革的方式還是革命的方式。一般的情形是，現實離他們的理想越遠，他們的行為就會越激進。前面討論過的發展中國家普遍存在的「過度教育」情況，更使得這個階層容易激進化。

社會上的不滿因素比較複雜一些。從總體上看，如果說知識階層更多的是追求比較抽象的理念，那麼社會上各種不滿因素則更多的是追求物質上的不滿。經驗地看，在人類歷史的大部分時間裏，除知識階層外，大部分社會群體所追求的都是物質利益。農業文明的農民起義和工業社會的工人階級運動都是如此。只有到了後現代社會，在人們達到了充分的物質生活水平之後，才開始出現以追求理念為目標的「後現代革命」。不過，歷史上也有屬於「理念」追求的社會不滿者，最明顯的就是宗教領域。

第三個要素就是當代以互聯網為基礎的通訊技術。這種技術有幾個主要特點，包括分散性，形式多樣性和低價格。在所有通訊技術中，互聯網是真正意義上的大眾通訊技術。正因為這樣，互聯網已經成為現代社會越來越多人的生活方式。這一點對任何社會成員是一樣的，無論是政府官員還是平民百姓。這就表明，政府或者任何其他組織要對互聯網進行完全的控制已經成為一件代價極其高昂的事情，或者說會損害所有使用者的利益，包括社會的利益和政府的利益。

一般來說，當這三種因素分別在各自的領域內運作的時候，並不會造成革命的局面，但當它們結合在一起的時候，情況就會截然不同。在很多地方，社會不滿往往存在於底層，尤其是貧窮階層。他們也經常表達不滿，甚至是暴力反抗。但經驗地看，他們成功的機會並不是很大。社會成員因為追求物質利益而對現狀不滿，這種情形本身不會導致革命。因為人們追求的往往是不同的利益，各社會群體之間很難達成革命的共識。

這種要素如果要轉變為革命的要素，那麼就要和知識群體結合起來。當追求物質利益的各社會群體，接受了由知識階層提供的一個特定的「理想社會」時，他們就具有了革命的共識，因為這種「理想社會」給他們一個期望，那就是，在那個「理想社會」，他們不同的物質利益都能同時得到實現。

當今世界所發生的革命往往是這三種因素結合的產物。革命的破壞力極強，可以在很短的時間內推翻一個舊的政權。較之傳統上需

要犧牲大量人命的革命來說，今天的革命是一種非常有效的「廉價革命」。但必須指出的是，雖然革命很容易推翻一個舊政權，但卻很難建設一個新政權。

這裏有很多原因。首先，引發革命的知識群體的理念過於理想，並沒有多大的實際操作性。盡管他們往往是革命的主體，但沒有足夠的實踐經驗和政治手段來建設一個新政權。其次，追求物質利益的社會群體，他們的不滿因素在革命期間得到散發，但因為新政權建立不起來，或者新政權非常微弱難以有效發展社會經濟，他們的期望同樣不能得到滿足。在很多情況下，革命之後他們的物質生活反而會惡化。

在推翻舊政權過程中，互聯網是一種有效的動員工具，但一旦涉及到建設，互聯網往往失去了這種動員的有效性，反而走向了反面。互聯網使得社會上的各種利益都釋放出來、表達出來，達成不了任何意義上的共識，往往成為社會群體間衝突的工具。或者說，革命之後，互聯網以「民主」的方式把社會利益碎片化。很顯然，沒有社會群體間的高度共識，要建設一個新社會和新政府是極其困難的。這也是那些發生革命的社會今天所面臨的困局。

不可否認，在所有這三個領域，中國也存在着類似的情況。首先是知識階層的激進化。在社會層面，各種意識形態紛紛出現，呈現出一種百花齊放的局面。今天知識群體所秉持的各種意識形態不再僅僅具有學術意義，而是具有了深刻的政治含義。

　　對知識階層的很多人來說，他們並沒有多大動機以學術或者歷史的角度來關切他們所認同的理念，例如民主、自由、人權、社會公正和正義等等，也並不關心在經驗層面是否可以通過他們所認可的方式來實現這些他們所認同的理念，他們所關心的是能否把這些理念當成一種有效的工具。只要一個理念對社會大眾具有吸引力，那麼它就會被知識階層的一些人所利用。

　　社會層面的不滿更是顯然。中國不時發生各種零散的社會運動，但社會抗議的影響僅僅是局部的，如前面所討論的，因為不同社會群體爭取的是不同的權利。例如農民抗議，往往是一個村，或者幾個村，構成不了全國性的抗議，並且農民抗議也往往是物質利益導向的，當局比較容易應對。更為重要的是，農民抗議往往是回應性的，也就是說，農民抗議往往是對官方不當政策的回應，例如很多抗議是由土地問題引發的。工人的罷工或者抗議，也往往只是發生在一個工廠，或者幾個工廠，也具有地方性和物質性。

　　但和知識群體有關的抗議，則往往具有全國性的意義。在任何國家，知識都是具有全國性的，甚至國際性的。在今天的中國，無論是左派還是自由派，都具有全國性的知識網絡，任何一個角落發生了知識性的抗議，都可以遍及到整個國家。（宗教方面的運動也有類似的情況。）更不可忽視的是，各個知識群體已經不滿足於理念層面，而是開始走向現實社會。知識群體的理念和社會不滿因素的結合已經成為一個不可逆轉的大趨勢。

不過，這些情形的存在並不表明革命是不可避免的。歷史地看，並不存在一場不可避免的革命。在當代，人們所看到的「顏色革命」也不是必然的。任何革命都是統治者與被統治者互動的結果，也就是説是統治者選擇的結果。法國作家托克維爾（de Tocqueville）在《舊制度與大革命》（The Old Regime and the French Revolution）一書中曾經提出過一個重要的問題：我們是否能夠從英國和普魯士沒有發生革命的歷史中找到法國為什麼發生革命的根源？托克維爾力圖從法國的制度上找原因，但後來的很多歷史學家則指向統治精英選擇的重要性。英國和普魯士的統治精英在正確的時間做出了正確的選擇，即改革；但法國的統治者沒有這樣做，或者在不正確的時間選擇了改革，從而導致了革命。

其實，要理解類似的革命，看看中國的近代歷史就足夠了。滿清政府在和日本簽訂《馬關條約》時，伊藤博文對李鴻章説：我曾經給過大人一句忠告，希望貴國迅速改革內政，否則我國必定後來居上，如今十年過去，我的話應驗了吧？李鴻章回答説，改革內政，我非不欲做，但我們國家太大，君臣朝野人心不齊。李鴻章當然在為自己辯護，想説的無非是朝廷改革的困難。但不管有什麼樣的困難，朝廷確實沒有選擇改革。也就是説，滿清王朝在應當改革的時候沒有做出正確的選擇。但後來，即使朝廷真的想改革了，但時機已經錯過了。因為革命因素已經積累起來，成熟了，革命就不可避免了。

這個道理現在仍然一樣。中國的社會已經發生了巨變，政治也要

跟着變化。如果政治不能隨着社會的變化而變化，或者硬要迫使變化了的社會向政治權力和既得利益「投降」，那麼政府和社會的矛盾必然會激化。當然，在這種情況下，政府也難以找到有效的社會治理方式，不當的治理方式更會為不同形式的革命創造更多的機會。革命有可能發生，但中國社會的所有因素，包括低經濟發展水平、社會高度分化、暴力泛濫等，決定了革命之後的中國社會會依然如故。並且，革命的代價也會是昂貴的。一旦革命來臨，無論是統治者還是被統治者都將成為受害者，不僅僅是生命的損失，而且更是對生產力的巨大破壞。其中，改革的阻礙者，也就是人們所說的既得利益者，更是會成為革命的對象。

也就是說，如果發生革命或者大規模的社會動盪，中國不太可能演變成革命的口號所昭示的「民主、自由、公正」的國家，而更有可能走向今天人們所說的「失敗國家」，就像清王朝解體之後，中國陷入軍閥混戰那樣。

這樣說並非誇大其詞，當今世界已經為我們提供了諸多這方面的經驗教訓。第二次世界大戰結束以來，盡管有越來越多的國家成為主權國家，但被西方稱之為「失敗的國家」（failed state）也越來越多。尤其是近二十年來，在全球化浪潮衝擊下，很多國家甚至是發達的西方國家都陷入了深刻的經濟和社會危機。而就其本質來說，經濟和社會危機的背後就是深刻的政治危機。在全球化時代，要摧毀一個政權容易，但建設一個政權很難，政權的可持續發展更難。

執政黨的憂慮和責任

在這樣的情況下，中國共產黨就面臨着雙重任務：一方面積聚和動員一切可以推進改革的力量來克服體制內既得利益對改革的阻撓，另一方面阻止一場可能的革命。這就是為什麼說，改革是一場攻堅戰。改革如果輕而易得，那麼就不叫攻堅戰了。

這裏，還是要強調一句人們常說的話：不改革就會被革命。對於這一點，中國社會無論是官方還是民間都已經具有相當高的共識。在中共中央政治局宣佈十八屆三中全會即將召開後不久，2013 年 8 月 28 日新華社發表了題為「迎接三中全會：中國改革正與危機賽跑」的稿件。這裏摘錄幾段很能顯現這種改革緊迫感的文字：

過去 30 多年，中國以全世界五分之一的人口創造了國內生產總值年均增長近 10% 的經濟奇跡，貧困人口減少了 2 億多，初步實現了一些發達國家需要幾百年才能完成的工業化進程。但觀察家認為，已獲「世界工廠」、「新興大國」等頭銜的中國，依然面臨巨大的挑戰，甚至是「危機」和「陷阱」。

近年來，從甕安事件、烏坎事件到數地上馬 PX 項目引爭議，因土地流轉、環境污染、執法裁決等引發的群體性事件在中國多地頻發。民眾最關切的住房、醫療、教育、食品安全、社會保障等的訴求也日趨多元、呼聲高漲。輿論壓力通過新興媒體加速傳播、擴大。

　　從劉志軍到薄熙來，部分官員的貪污腐化始終是民眾不滿的焦點，一些黨員幹部中盛行的形式主義、官僚主義、享樂主義、奢靡之風，更是破壞黨群關係，危害執政基礎。如何把權力關進籠子裏，需要進一步拿出制度措施。

　　中共新一屆領導集體已經意識到，要解決問題，避免危機，必須通過全面深化改革。中央政治局會議指出：「改革開放是決定當代中國命運的關鍵一招，也是決定實現『兩個一百年』奮鬥目標、實現中華民族偉大復興的關鍵一招。實踐發展永無止境，解放思想永無止境，改革開放也永無止境，停頓和倒退沒有出路，改革開放只有進行時、沒有完成時。」

　　的確，1978 年召開的中國共產黨十一屆三中全會提出從「以階級鬥爭為綱」轉移到社會主義現代化建設上來，開啟了國家改革開放的大幕。如今，問題已經積累到不得不改革的時候了。要改革，就需要進行頂層設計。

　　近年來，「頂層設計」的概念流行於中國的政界也就並不難理解了。改革就是執政黨及其政府的自我改革，否則就會演變成自下而上的革命。頂層設計涉及到經濟、社會、政治的方方面面，而在所有方面的頂層設計中，中國共產黨自我改革的頂層設計最為核心。不管喜歡也好，不喜歡也好，中國共產黨是中國政治的主體。如果沒有這個

主體，或者這個主體出現問題，那麼其他所有方面的改革就無從談起。因此，在討論政治改革的頂層設計的時候，一個首要的問題就是如何認識中國共產黨的政治主體性。

作為政治主體的中國共產黨

自近代以來，任何一個國家都需要一個政治主體。沒有這樣一個主體，就很難確定有效的社會政治秩序，也就不會有社會政治地位的穩定。

西方的中產階級

近代國家首先產生在西方。在近代國家產生之前，宗教力量主導着西方，政教不分，教會組織既是宗教力量，也是政治力量。近代國家的產生因此是長期的政教分離運動的產物。在近代國家產生之後，宗教仍然在社會扮演重要的角色，包括以各種方式保留其政治影響力，但不再是政治主體。

那麼，西方國家的政治主體是什麼？簡單地説，中產階級。

中產階級在不同時期具有不同的含義和不同的組成部分。在早期，中產階級的主體是商人階層；在工業革命時代來臨之後，是資產

階級；進入二十世紀之後，工人階級等其他社會階層也成為中產階級的一部分。中產階級是西方社會的政治主體。政黨從來不是西方社會的政治主體，只是組織政治生活的工具。

西方盡管實行多黨制，但政治總體上是穩定的。為什麼？因為是中產階級在整合社會，而非政黨整在合社會。無論哪一個政黨，或左或右，都要照顧中產階級的利益。哪一個政黨如果不能照顧中產階級的利益，那麼就很難取得執政地位。在十九世紀和二十世紀初，當西方的中產階級仍然很小，而無產階級規模龐大的時候，西方多黨制也導致了無窮的政治衝突，這從另一個側面說明了中產階級的至關重要性。無論在國家統一過程中，還是隨後的維持國家統一和國家的安全方面，軍隊扮演了很重要的作用，但軍隊從來就沒有成為西方的政治主體。

發展中國家的經驗

除西方外，在後發展中國家，國家的政治主體往往是宗教和軍隊，宗教和軍隊同時也是最重要的兩種政治性組織。宗教是傳統的政治力量，而軍隊則取決於其在國家誕生和建設過程中的作用。

二戰以來，在廣大的發展中國家，軍隊是新國家誕生的主導力量。在伊斯蘭文明，直到今天，一些國家仍然政教不分，不過也有一些國家在作為世俗力量的軍隊的支持下實現了表面上的政教分離。也就是說，除了宗教和軍隊，發展中國沒有強有力的政治組織力量。不

過，在民主的概念傳播之後，無論是宗教還是軍隊都沒有統治的合法性。因此，一旦得到軍隊支持的文人政權失敗，國家便會陷入深刻的政治秩序危機，甚至淪落為失敗國家。

今天的埃及就是典型的例子。在 2011 年穆巴拉克被迫下臺之前，埃及可以說是披着文人外衣的軍人政府。沒有軍人的支持，文人政府就會是無效的政府。穆巴拉克被迫下臺，表明政府沒有了文人的外衣。這就表明，埃及的政治主體宗教力量或者軍隊必然登上政治舞臺。但正如 2011 年以來的政治發展所表明的，無論是軍人政權還是以穆斯林兄弟會為代表的宗教力量，都沒有統治的合法性。但除了軍隊和宗教力量，埃及並不存在其他足以統治國家的政治力量！這使得埃及陷入了深刻的政治秩序危機。

實際上，這種情況在很多國家都存在。很多發展中國家軍人政變不斷，政權在軍人和文人之間流轉，就很能說明這個問題。

道理之所在

舉這些事例，無非就是想說明這樣一個簡單的道路：一個國家有了強大而穩定的政治主體，那麼政治秩序就會有保障，社會穩定就會有保障，經濟的發展也是可以寄予希望的；相反，一旦失去了政治主體，政治秩序很難確立，社會無政府狀態就會出現，經濟的發展更是談不上。

　　實際上，這也是早期西方自由主義者所面臨的問題。例如，英國自由主義先驅霍布斯（Hobbes）的名著《列維坦》（Leviathan）就說明了這樣一個道理：人類是無法在無政府狀態下生存下去的，首先必須產生一個政治秩序，然後才有可能追求生存、發展和自由等價值。在此基礎上，另一個自由主義大家洛克（Locke）在《政府論》（Two Treatises of Government）等著作中進一步論述了秩序和自由的關係，強調如何用法律來保障秩序和限制權力的濫用。

　　法國啟蒙思想家們探討的也是秩序和自由之間的關係，但較之英國思想家們，他們更為激進一些，對政治權力持更大的不信任和批判態度。這不難理解，因為當時他們在法國面臨的是一個高度集權的政治制度。

　　進入二十世紀，尤其是第二次世界大戰結束之後，西方自由主義趨於激進化。這不僅是因為那個時候西方自由主義國家經歷了德國、意大利的法西斯主義，同時還必須面對蘇聯高度集中的極權主義，而且更是反映了這樣一個事實：近代之後，西方國家已經解決了霍布斯所說的「無政府狀態」問題，確立了中央集權的近代國家制度，現在所面臨的問題僅僅是如何限制國家權力、增進自由。不過，很顯然，在西方之外，後發展中國家所面臨的問題仍然是如何確立政治秩序。從後冷戰時期的經驗來看，對很多國家來說，政治秩序的問題遠未解決。

中國的相關性

政治秩序的問題也仍然是中國所面臨的。前面討論了中國共產黨所處的社會政治環境，說明了中國目前的政治秩序所面臨的嚴峻挑戰。中國共產黨是近代以來長期革命的產物。1949 年以來，中國政治秩序的主體是共產黨。現在，既然這個秩序面臨挑戰，那麼就要進行改革。

顯然，如果要推進改革，如果不想發生革命，不想成為失敗國家，中國必須確保政治主體的存在。而無論從歷史還是現實來說，這個主體便是中國共產黨。

如同在其他國家，軍人在中國也不會有統治的合法性。宗教更是無從談起，中國數千年的歷史中都是世俗政權，沒有經歷過任何形式的宗教政權。再者，中國的社會力量和組織也在快速成長，並且對政治改革構成越來越大的壓力。不過，這並不會改變在可預見的將來中國共產黨繼續會是主體政治力量這一事實。換句話說，中國政治改革的核心在於共產黨的改革。無論怎樣的政治改革，最終都可以回歸到執政黨的改革。

因此，我們就必須圍繞共產黨的改革來討論中國政治的頂層設計。不管人們喜歡與否，所有關鍵的政治改革都和執政黨的改革和發展聯繫在一起。

文化與中國政治的頂層設計

　　中國共產黨是中國頂層設計和改革的核心問題，也是頂層設計和改革的政治主體。在明了了這個問題之後，下面要討論的一個重大問題就是如何進行頂層設計。在回答這個問題之前，我們也首先必須要討論頂層設計的文化背景問題。頂層設計並不是簡單地把人家的制度搬到中國來，也不是一些人「拍腦袋」臆想的產物。頂層設計必須符合一個國家的文化。

　　經驗地看，成功的頂層設計或者制度改革，例如亞洲的日本和新加坡的，都是符合本國的文化，而失敗的頂層設計和制度改革都是因為脫離了本國的文化，它們要麼簡單地搬用他國的東西，要麼遠離本國的實際。我們認同民主的價值，也認為民主化不可避免，但我們更相信，民主的頂層設計也必須置於文化環境中。

　　文化是一個國家傳統的總稱，其中包含着各個方面的要素，包括正式的制度和非正式的實踐。頂層設計要考量文化因素，並不是說凡事都需要遷就文化傳統，如果那樣，任何改革都不可能了。實際上，文化也是可以被改變的。但必須意識到，文化的變遷需要很長的歷史過程。因此，頂層設計不可以離文化實踐太遠，否則就會遭致失敗。這也就說明了政治改革的漸進性。

這在所有國家都是一樣的。例如，托克維爾在《舊制度與法國大革命》一書中，在探討了革命可以在何種程度上改革舊制度和高度制度化了的傳統實踐之後，得出結論：革命對舊制度和實踐的影響是有限的。

頂層設計的文化要素

很容易理解，在討論當代中國政治變革的方向時，「民主化」已成為人們最熱衷使用的一個概念。但這裏有兩個問題需要說明。

第一，民主化只是一個國家總體政治發展的一部分，而不是全部。政治發展的概念遠遠大於民主化的概念。如果把民主化等同於政治發展，那麼就會忽視國家建設很多其他的重要方面。民主化和政治發展的關係類似於經濟增長和經濟發展的關係。經濟增長更多的是GDP 的增長，而經濟發展則涵蓋了經濟、社會和政治的各個方面。這不僅是因為一個國家的政治、社會和文化會影響經濟發展，而且也是因為經濟發展也會對這些方面產生影響。在改革開放開始後的 30 年時間裏，人們簡單地把經濟發展解釋為經濟增長，也就是 GDP 的增長，這不僅已經使得經濟發展變得不可持續，而且更導致了嚴峻的社會甚至政治問題。在政治方面也一樣，如果把政治發展僅僅解讀成民主化，也同樣會誤入歧途。

應當清醒地意識到，一個國家的政治發展包括制度、文化、實踐等方方面面。歷史地看，基本國家制度建設要比民主化更重要。基本

國家制度涉及到前面我們討論到的政治秩序。任何國家，不管是民主的還是非民主的，都需要一系列基本國家制度。沒有這些基本國家制度就不能稱為現代國家。其他文化和實踐等方面都一樣需要建設，和民主化無關。

第二，就民主化本身來說，中國今天所面臨的問題已經不再是要不要民主化，而是要什麼樣的民主化和如何民主化。總體來説，民主政治是普遍性和特殊性的結合。民主有其共同的特徵，但也有其文化的特殊性。

從文化角度來看，民主是一國一個模式。民主最早從西方產生，然後傳播到世界各國。在這一傳播過程中，民主在不同的文化環境中發生各種不同方式的轉型。凡是民主能夠符合一個社會的文化的地方，其運作就顯得有效。但如果不符合這個社會的文化，民主運作就會出現很多問題，甚至造成政治癱瘓。在經驗層面，這一現象不難在很多國家尤其是在發展中國家觀察到。

西方的經驗

如何理解文化對政治制度設計的影響？因為民主是其中一種「政治」形式，我們就可以從不同文化對「政治」這一概念的認知來理解。不難看到，中西方對「政治」這一概念的理解截然不同。

在西方，最典型的是古希臘人對「政治」的理解。在提出「政治」這一概念的亞里士多德那裏，「政治」指的就是「城邦事務」，意味着

在那些有資格享受參與城邦事務權利的平等人之間的談判、妥協和合作。應當指出的是，這裏所指的人並非所有人，當時的奴隸並非屬於人的範疇，低下層人群也沒有享受管理城邦事務的權利。一些當代學者從古希臘的「政治」概念推斷出「政治人」的概念，認為人人都應當參與政治。這個判斷並不符合歷史事實。古希臘人的確把政治參與視為是崇高的責任，但這僅僅限於少數人。對多數人來說，不僅沒有可能（不管是主動的還是被動的）參與政治，也沒有必要。社會上的很多人是「非政治人」，也就是說他們和政治無關。他們可以選擇參與社會、經濟和文化事務，但可能不選擇參與政治。不管怎麼說，對社會的大多數人來說，政治生活僅僅是他們生活的一個部分，甚至是一個不重要的部分。這一點，到了現代社會也仍然一樣。不過，總體上說，社會對政治的參與呈現出越來越多、越來越頻繁的趨勢。

西方社會盡管經歷了巨大的政治變革，但「分權、參與和妥協」這些民主特徵以不同的方式延續下來。在漫長的封建時代，「國王」制度是處於分權狀態的，國王要和其屬下的大大小小的諸侯（往往是地方大家族）作談判和妥協。到近代，西方實現了從傳統的「國王」制度向高度中央集權的君王制度的轉型。而有意思的是，盡管這一轉型過程也是國家權力集中的過程，但這個過程的實現則是通過分權和參與的方式來實現的。

我們前面已經討論過，無論是國家的統一，還是對外戰爭，君王都需要財力。商人的角色因此變得非常重要。「納稅人」的概念就是

始於君王向製造財富的商人進行徵稅的行為。在這一過程中，商人用經濟利益向君王獲取政治權利。議（國）會成為商人或者商人的代理人和君王談判和參與政治的制度機制。商人本來就具有妥協精神，商人進入「政治」領域更強化了近代民主的妥協性精神。

也應當看到，西方民主從精英（商人）民主到現在的大眾民主，有了激進的變化。總體上看，妥協精神趨向減少。精英民主意味着參與政治的人往往屬於同一社會階層（尤其是商人）。但大眾民主意味着誰得到選票，誰就能參政。也就是說，參政者來自不同的社會階層，相互之間的妥協變得困難。當不能達到妥協的時候，他們往往就訴諸於民眾，其實只是訴諸於民眾的選票。從前在西方所謂的「忠誠的反對派」，現在更多的是為了反對而反對。

在極其分化的社會，情況尤其嚴重，民主政治演變成通過選票說話，選票行使權力，但因為社會是分化的，也是可以被分化的，政治也就演變成分化的力量，而非達成妥協和共識的地方。在選票主導下，錢的份量越來越重，經濟控制政治，「一人一票」演變成「一元一票」，經濟力量很容易轉化為政治權力。諾貝爾經濟學獎獲得者斯蒂格利茨形象地指出，西方傳統民主經典的「民治、民享、民有」已經演變為「百分之一人所治、百分之一人所享和百分之一人所有。」大多數西方國家現在就面臨這種情況。盡管大家都知道問題出在哪裏，也知道如何解決問題，但就是難以出現一個執行者，即有效政府。大眾民主的下一步如何走？這是西方所面對的現實問題。

這也說明，任何制度不是一成不變的，各自的政治制度都在演變過程中，都必須與時俱進，在變化過程中求生存和發展。

亞洲的經驗

亞洲並不存在類似於古希臘那種談判、參與和妥協的民主文化。當西方式「政治」來到亞洲之後，人們不知道如何行為。當然，這並不是說，亞洲國家不存在他們自己的可以稱之為「政治」的傳統，只不過是說亞洲的「政治」傳統和西方的很不一樣。

日本是亞洲第一個實現「西方式」民主的國家，但日本人絕妙地把自己的文化和從西方引入的民主形式結合在一起。日本保留了天皇制度，使天皇成為國家的象徵。在天皇制度下實行了多黨政治，無論什麼黨，都要效忠於天皇。更為重要的是，日本在很長的歷史時期裏能夠實行一黨獨大的制度，這和天皇制度是分不開的。這種制度設計，加上日本民族的單一性，保證了日本民主的順利運作。

日本盡管存在着選舉，但西方式的政治上的妥協精神卻很少見。由於自民黨長期執政，民主僅僅只是一種執政黨內部的權力分配機制。後來民主黨從自民黨那裏分離出來，短暫執政，但執政黨和反對黨在同一個憲政構架下運作。因此有人說，日本民主黨是亞洲第一個歐洲意義上的「忠誠的反對派」。

而其他所有亞洲的民主政體，除了都行使選舉的形式，各黨派之間都缺少政治妥協精神。各政黨直接訴諸於民眾，民主變成狹義上的

選舉政治，而非西方意義上的民主政治。

亞洲人對「政治」的理解和西方人不同，對「政黨」的理解也和西方人同樣有很大的不同。在西方，尤其在歐洲，政黨往往和意識形態相關，一個特定的政黨代表和象徵一個特定的意識形態。所以，西方政黨有保守、自由、左派、右派等等之分。人們對意識形態的認同決定了他們對政黨的選擇。但在亞洲，各黨派之間少有意識形態之分，政黨往往只是政治人物的一種工具。

在亞洲政治過程中，政黨並不重要，重要的是人。經常的情況是，有了人，然後才有政黨。在這個意義上，人們往往把日本的民主政治稱為「新封建主義」（neo-feudalism）政治，就是說近代之前的封建貴族傳統通過引入民主形式延續了下來。韓國和中國台灣地區的政治也差不了多少，都是人來組織政黨，而不是政黨組織人。只要有了可以讓社會一部分能夠接受和支持的人，政黨隨時都可以成立，然後再去尋找意識形態，成為人的包裝物。

中國傳統

中國的情況又是怎樣呢？中國的傳統文化對「政治」的理解尤其特殊。在中國，什麼叫「政治」？芝加哥大學教授鄒讜先生[1]在世時，

1　國民黨元老鄒魯之子。

為中國政治下過一個經典定義，即「勝者為王、敗者為寇」。也就是說，中國的政治傳統中沒有西方那種平等、談判和妥協精神。中國傳統政治是一個矛盾體。一方面大家都接受「勝者為王、敗者為寇」的文化，另一方面又顯現出人人平等的理念，即人人都可以當皇帝。陳勝、吳廣那種「王侯將相寧有種乎」的傳統精神在中國根深蒂固，但在其他文化中卻非常少見。

但中國也有其自身的「政治」。那麼，中國傳統是如何解決「政治」問題的呢？簡單地說，如果西方使用的是外部多元主義（即多黨制），那麼中國發展出的則是內部多元主義，即強調一統的體制內部的利益分配。

內部多元主義有幾個主要的方面。第一就是盡量使得制度具有開放性。在「勝者為王、敗者為寇」的文化裏面，皇權具有高度的壟斷性，誰挑戰皇權，誰就沒有好下場，但國家的治理權或者管理權，即傳統的相權則是開放給全體社會成員的。從理論上說，不同社會階層的人都可以通過自身努力躋身於國家管理者行列。在一些歷史階段，這種對國家實際管理的權力甚至會超越皇權本身的權力。第二就是政治「招安」制度。皇權在對社會上其他可能構成威脅的力量不時進行殘酷無情的打壓的同時，也經常實行「招安」。「招安」就是通過內部的利益分配，防止外部力量發展壯大以至於出現外部多元主義。第三，社會階層之間保持流動性。盡管社會是分階層的和等級的，但階層之間是流動的，用社會的流動性來緩解社會的等級性和人人平等

這一理想之間的矛盾。第四，中國也有「造反有理」的傳統。當統治者的行為不能為社會的大多數所接受時，就被視為已經沒有能力行使「天命」。這樣，「造反」（即另一輪產生「勝者」和「敗者」的運動）也就有了合理性。

很顯然，傳統中國「開放性」的最大局限甚至敵人就是皇權本身。皇權本身表現出來的是排他性、壟斷性和繼承性。也就是說，皇權本身與開放性格格不入。皇權是整個政治制度的核心，這個核心本身不能開放。因此，皇權的更替只能通過革命來解決。傳統上，「革命」也就是「改朝換代」的意思。如同在其他社會，皇權的這些特點直接導致其最終必然衰落。當其他社會的皇權被邊緣化，僅僅成為政治象徵的時候，中國的皇權只能解體，逐漸被現代的黨權所取代。

近代以來的轉型

在生存了數千年之後，到了近代，中國傳統王朝國家在西方近代國家面前不堪一擊。在西歐產生和發展起來的近代國家和以往的所有國家形式都不同。在近代國家產生之前，主要存在兩種國家形式，即帝國和地方化的政權。中國傳統國家也被視為帝國，但顯然和西方意義上的帝國很不相同。傳統中國已經具備近代國家的一些因素，例如有一個先進的文官制度和科層化的官僚制度。但就其組織化程度來說，還遠遠不能和近代國家相比。在清王朝衰落之後，中國經歷了半

個多世紀的轉型，即從傳統皇權轉型為現代黨權。

從傳統皇權向現代黨權的轉型，是近現代中國歷史最有文化意義的領域。不過，問題在於，數千年的傳統是否因為半個世紀的革命就消失了？筆者個人認為，傳統文化並沒有因為激進主義和革命而消失，而是在革命過程中轉型了。

也就是說，我們必須對中國的政黨制度作一種文化解釋，而非簡單地把中國的政黨理解為西方的政黨，盡管雙方都在使用「政黨」這個概念。中國的執政黨是一個什麼樣的組織？這個問題看似簡單，實際上是一個很不容易回答的問題。人們經常用理解世界上其他國家政黨的方法來理解中國的執政黨。不過，很顯然，盡管組織形式類似，尤其是和列寧主義政黨類似，但中國的政黨和西方政黨所包含和傳達的文化含義非常不同。

無論是在西方民主國家還是在發展中國家，只要是多黨制，任何政黨代表的都是一部分的利益，所謂「黨派」也。「黨」是一部分人的團體，而非覆蓋社會全體的組織。在多黨制體系下，政黨的生存和發展靠的是政黨的開放性。如果政黨的目標是掌握政權，那麼就要得到大多數人的認同。再者，如果同一政黨之內的政治力量意見不合，就可以另行組成政黨。我們可以把此稱之為「外部多元化」。這個政治過程就為政黨提供了制度機制，迫使其開放，以最大限度地吸納不同的利益。

　　在中國，盡管有不同的民主黨派和其他政治團體的存在，但執政黨只有一個，因為其他黨派和政治團體，都必須通過執政黨所確定的政治過程而參與政治。中國共產黨的政治主體性不言自明。中共的這種主體性在很長的歷史時間裏並沒有改變，也不太可能會改變。這不僅是因為中共本身的生存發展需要會促使其去追求這種主體地位，更是因為這種主體性具有深厚的歷史文化根源。

　　中國數千年的歷史上並沒有產生類似近代政黨的概念。和近代政黨比較相近的概念就是「朋黨之爭」的「黨」。但「朋黨」在中國政治文化中是貶義的，「黨爭」一般被看成是一個朝代走向衰落甚至滅亡的事件。（在中國傳統中，還有一個與「黨」有關的概念就是「鄉黨」，指的是「同鄉」關係，大多應用在地方層面。不過，這個「鄉黨」的概念也具有負面的含義。）

　　中國深厚的傳統文化表明，中國的政黨很難變為一個西方式政黨。但另一方面，政黨這種組織形式使得其和過去的王朝制度也區別開來。前面說過，王朝制度是一個封閉的制度，即「家天下」，但政黨作為一個組織則可以成為一個開放的政治過程，向各個社會群體和利益群體開放。也就是說，盡管從結構上說，傳統皇權和現代黨權具有相似之處，但現代黨權具備傳統皇權所沒有的特點，那就是，現代黨權具備更廣義的開放性。

頂層制度的變革

定義中國傳統政治的是「勝者為王，敗者為寇」這樣一種政治文化，而現代政治則意味着黨內各種政治力量之間必須協商、談判與妥協，在競爭的基礎上實現合作。那麼，中國是否有可能實現從傳統政治到現代政治的轉型？

答案是肯定的。經驗地看，如果說今天的中國有了一些類似西方的「政治」概念，那麼就是存在於黨內精英之間的內部多元主義。如果內部多元主義的發展趨勢能夠繼續，並且執政黨也能發展出黨內民主的機制，那麼中國更有可能發展出一個一黨主導下的開放型政黨制度，形成一黨長期執政，但政治過程有足夠的開放性來容納不同的利益。而只有當執政黨內部精英之間學會了如何談判、協商、妥協和合作之後，中國才會從「勝者為王、敗者為寇」的傳統中解放出來。這種轉型趨勢首先表現在中國制度的「頂頂層」，即權力交接班制度的變遷。

頂層制度環境的變化

權力交接班是古今中外所有政治制度中最重要的政治。人們至少可以從兩個層面來看權力交接班的意義。

第一是權力交接班是和平的還是暴力的。人類歷史上，權力交接

班是政治權力最聚焦的領域，因此也往往充滿衝突和暴力。在這個領域，歷史上有太多的衝突和暴力案例，不僅導致政治精英之間的互相殘殺，而且更會導致整個社會的分裂和衝突，甚至是內戰。因此，和平的權力交接班是衡量一個國家政治文明最重要的政治制度指標。這方面，相對而言，西方民主國家處理得比較好。經過一個多世紀的發展，今天這些國家的權力轉移已經不會導致大規模的衝突。但在很多發展中國家，無論是民主的國家還是威權主義的國家，權力轉移還經常導致大規模的政治衝突，甚至是流血。

在第二個層面，人們所關切的是由權力交接班所引出的政策變遷和連續性。權力轉移，無論是從老一代轉移到新一代，還是從一個政黨轉移到另一個政黨，都會帶來變化。

當代世界，所有國家都面臨着巨大的挑戰，都需要通過變革來應對。不過，變革需要人去推動，或者政府，或者社會。問題在於，如何推動變革呢？這裏，政治精英變得重要起來。盡管社會是分化的，但社會可以對掌握政治權力（政府）的政治精英產生壓力。所以，在民主國家，人們往往把對變革的訴求置於權力更替之上。如果現存政府沒有能力進行變革，那麼希望通過權力更替把有能力進行變革的政治人物推上政治舞臺。當然這也越來越成為一種只是理論上的設想。如前面所討論的，在全球化狀態下，大眾民主越來越難產生一個強而有效的政府，而淪落為簡單的政權和平轉移的手段。

中國傳統王朝的更替都是革命性的，非常暴力。當然，一些王朝

的壽命長達數百年，在此期間也發展了出了相當發達的權力交接班制度。這份遺產是需要我們認真總結的。但不管王朝的權力交接班制度如何制度化，其結構都是一樣的，即權力交接班是皇帝的「私事」和「家事」，而不表現為公共空間的政治。但今天的權力交接班則不一樣，它不是「家事」和「私事」，而是公共空間中的政治。近年來，中國在權力交接班方面開始從傳統政治向現代政治轉型，主要是因為今天中國政治結構產生了兩個方面的質的變化。

第一是權力結構的變化，即從強人政治轉向了後強人政治。

這種轉型對中共政治產生了多方面的影響。首先是從一人政治或者個人專制轉向了多人政治。在那些通過革命或者戰爭而建立新政權的國家，革命或者戰爭之後往往形成強人政治。而強人政治也往往構成從傳統政治向現代政治轉型的過渡期。中國也一樣。毛澤東的強人政治地位是長期革命和戰爭的歷史決定的。毛澤東是中國政治的主導者，決策者，而其他所有領導人都扮演了執行者的角色。在「一人說了算」的情況下，就不會有任何政治。到了鄧小平時代，儘管鄧小平沒有了毛澤東那樣的絕對的權力，但鄧小平還是最後「拍板」的決策者。鄧小平在很大程度上需要聽取其他領導人的意見，考慮他們的政治利益，但其還是最後的決策者，沒有人可以否決鄧小平的決策。但現在情況則不同了。在多人領導體制（或者集體領導體制）下，不再存在「一個人說了算」的局面。不過，這也經常導致一種情況，就是，「沒有人可以說了算」。

　　政治強人時代的結束必然導致接班人產生方式的變化。在強人政治時代，接班人是非常傳統的「指定方式」。一旦政治強人指定了一位接班人，沒有其他領導人可以加以質疑，同時他也可以根據自己的喜好隨時更換接班人人選。鄧小平時代在此基礎上有了些「協商」的意味。在「選拔」其接班人的時候，他也必須參考其他領導人的意見，照顧到他們的利益。但鄧小平之後，沒有人可以指定接班人了。江澤民本人由鄧小平指定，但他自己並沒能指定其接班人。胡錦濤的情況也一樣。在這個意義上，中共十八大產生的一代領導人是第一代用非「指定」的方式產生的領導人，也就是用政治方式產生的第一代領導人。在這個意義上可以說，十八大是現代中國政治的開端。

　　其次是利益分佈的變化。

　　在毛澤東時代，經濟結構單一，社會普遍貧窮，利益分化不嚴重。在政治領域，盡管有不同政治力量（例如左派、溫和派和改革派）的存在，但毛澤東本人可以超越於所有的政治力量，站在它們之上。對毛澤東來說，不同政治力量（無論是「黨外有黨」還是「黨內有派」）都必須從屬其政治意志，是其政治工具的一部分。毛澤東本人可以選擇支持或反對哪一種政治力量，但他本人並不屬於任何政治力量。到鄧小平時代，如果他要做一重大決策或者執行一重大決策，他開始需要獲得黨內一些政治力量的支持。盡管這樣，鄧小平時代黨內還是能夠在很多重大問題上取得「共識」。但現在則不一樣了。經濟結構複雜，社會貧富差異巨大，各種利益高度分化。社會利益的分化

必然會反映在黨內。黨內利益多元化已經是常態，並且沒有一種利益能夠佔據主導地位，也沒有領導人能夠超然於各種利益之上，平衡各種利益，並獲得不同利益之間的共識。簡單地説，如果説鄧小平時代是共識政治，那麼今天就是利益政治。

黨內利益的多元化也必然導致黨內政治競爭的開始。這種競爭實際上早在鄧小平之後就開始了。不過，從20世紀90年代到現在，盡管時間並不長，黨內競爭方式已經有了相當大的變化。在20世紀90年代，沒有人敢於想象競爭黨內的最高權力，也就是説，所有政治人物都接受（無論是自覺還是非自覺）政治強人已經指定好的接班人。但是，現在就開始有人敢於做這樣的「政治想象」了。這也正常，因為接班人既已不用指定方式產生，其產生方式是否合理就變得重要起來。黨內一些不接受這種產生方式的人就會以不同的方式來進行挑戰。再者，基於黨內多元利益之上的內部多元主義，已經開始促成黨內利益從「互相容納」向「互相競爭」變化。「互相容納」意味着大家都接受對方的利益，和平共處，但「互相競爭」則意味着大家都想獲取更大利益，而不顧他人的利益。

政治結構的這兩大變化促成中共向現代政治轉型，至少在接班人問題上進行這樣的轉型，也就是轉型為中國的內部多元主義政治，或者共產黨一黨主導下的有限競爭性政治。

這裏要強調的是內部多元主義而非外部多元主義。外部多元主義體現為多黨政治。一旦一個政黨不能容納一種利益，此種利益就可以

組織自己的政黨。在西方民主國家，也就是多黨制國家，外部多元主義主要依靠一個已經成長起來的強大的中產階級來維持政治穩定。前面已經討論過，不管哪一個政黨掌握政權，都要照顧到中產階級的利益。誰忽視中產的利益，誰就要失去政權。但在大多數發展中國家，經濟的發達程度還沒有產生強大的中產階級，就往往體現為社會的高度分化。在這樣的情況下，外部多元主義經常導致政治力量之間的衝突。各派政治力量競爭各種資源，資源如果過於奇缺，競爭過於激烈，各派間就無法達成妥協，那麼政治競爭甚至會演變成內戰。在非洲、拉丁美洲和亞洲都有這樣的案例。

中國實行的是內部多元主義。內部多元主義意味着黨內競爭必須是有限的，不能超過一定的限度，超過了這個限度就會造成黨的分裂。例如，黨內各種利益必須在「意識形態」或者「指導思想」上保持基本一致，對國家的發展總方向具有共識。如果利益的不一致上升到對不同意識形態的認同，那麼黨內的團結就會出現大問題。再如競爭的對象不可以是已經確定的接班人。接班人已經通過非「指定」的方式而產生，但產生程序的合理性、制度化程度、透明化程度等等方面都需要很長一段時間的發展才趨成熟。

在現階段，接班人一旦產生，其他政治人物盡管可能感到不滿但也必須接受。這是因為所產生的接班人已經超越出他們本身的利益，而關乎於整個體系的利益。如果所產生的接班人也受到挑戰，那麼整個體系就會出現不穩定，也就是說，會傾向於產生外部多元主義，從

而超出內部多元主義制度所能承受的限度。又再如競爭的方式必須符合目前既定的意識形態所容許的方向和範圍。政策層面的不同、實現同一目標的政策手段的不同、根據不同情況而靈活解讀既定的政策，這些都是內部多元主義所許可的。但如果政策競爭演變成對既有政策的否定，那麼就會趨向於外部多元主義了。

接班人制度的再設計

在實際運作層面，中國權力交接班制度的一些方面也已經發生了根本性的變化，這些變化有利於中國共產黨朝着開放的一黨制的方向發展。最重要的制度變化就是限任制的確立，指的是執政黨及其政府主要領導人的任期限制。限任制不是中國的傳統，傳統制度是終身制。無論是皇帝還是建國之後的毛澤東，都是終身制。限任制這個制度是向西方學的，它和西方的總統制並沒有多少的區別。

很顯然，限任制是對個人專制的一種有效制約。從這個視角看，中國盡管沒有實行西方式的民主制度，但也找到了同樣有效的方式來保證不會出現個人專制。也很顯然，較之西方民主制度，中國高層領導層因為實現「集體領導體制」，現在面臨着更多的制衡（checks and balances）。在民主政治下，一旦出現民粹主義式的首腦，就會傾向於出現超越現存制度，直接訴諸於民意來行使權力的傾向。但在中國的集體領導體制下，不僅民粹主義政治的空間要小得多，而且因為過多的內部制衡，集體領導的有效性也往往成為問題。

　　中共十九大之後所進行的修憲取消了國家主席和副主席兩屆任期的限制。但這並不意味着就是回到過去領導人終身制的時代。根據官方的解釋，這是為了解決之前黨的制度和國家制度之間的不一致性。這種變化也表明，這一制度仍然處於演變之中。

　　其次是年齡限制制度。在各種政治制度內，年齡限制往往適用於公務員，而不適用於政治人物，包括首腦、部長和議（國）會成員等。中國傳統政治直到毛澤東時代也沒有年齡限制，這一制度西方也沒有，可說是一個中國式的創新。

　　年齡限制制度對一個政治制度的民主性有很大的關係。如果一個人從政一直到老死，那麼就必然減少其他人從政的機會。但如果一個從政者一旦到了一個年齡，就必須退休，那麼就會增加其他人從政的機會。從民主原來的意義來說，一個政治制度如果能夠讓更多的人進入政治過程，那麼其民主程度就越高。從這個意義上說，中國的年齡限制制度增加了其政治制度的民主性。在中國，每年有成千上萬的黨政官員因為年齡因素而被「強制」退休。人們可以相信，這些「被迫」退休的人當中，有很多人實際上是有能力繼續從政的。同時，每年也有成千上萬的年輕幹部官員進入政治系統。年齡限制被適用於中國所有的官方制度體系內部。但在西方式民主政治體制內，因為年齡限制並不存在，有大量的終生政治家，尤其是在國（議）會內。

　　第三是中國的以黨領政及其對民主的影響。無論海內外，中國近代以來的以黨領政是受批評最多的，幾乎所有人都認為中國的政治發

展是要從一黨制轉型為多黨制。中國的政黨制度是否能夠實現這樣的轉型，自然取決於今後各方面的發展。但也要看到今天中國的以黨領政所發生的變化及其正面的影響。

就從政者的社會背景來說，相對於那些家族統治之下的民主政治，以黨領政也有其優勢的地方。

人們在討論西方民主的時候，往往忽視了西方的家族統治傳統。盡管這些社會以現代政黨政治的方式出現，實際上政黨背後的就是家族，或者說政黨的家族化。當然，政黨家族化在每一個國家的程度是不相同的。德國社會學家馬克斯・韋伯（Max Weber）說，在西方，政治是一種職業，這裏面很大一部分指的是政治家族。家族統治幾乎在所有西方民主國家都存在着。這已經是傳統，從來就沒有人提出過質疑。亞洲的日本也是如此，一些政治家族甚至可以追溯到明治維新時代，因此日本的民主政治被人稱為「新封建主義」政治。很多實行西方式民主政治的發展中國家也是如此。印度便是典型，國大黨幾乎就是家族黨。

今天，人們也在開始談論中國的政治家族問題。從長遠看，政治家族的獨特作用在任何國家可能都不可避免。不過，中國要在短時期內形成西方式家族政治的可能性並不大，這不僅因為計劃生育等客觀因素，更是因為中共黨內長期形成的以黨領政傳統。實際上，限任制和年齡限制對維持以黨領政傳統和減少家族政治都有正面的影響。

中西方兩種不同的文化演變為不同的政治制度，即西方的外部多

元主義（競爭的多黨制）和中國的內部多元主義（開放的一黨制）。外部多元主義掩蓋了內部的封閉性，即少數幾個家族長期壟斷政治，統治國家，而中國的內部多元主義則掩蓋了其外部的開放性，即有更多的社會成員進入政治過程，逐漸演變成一黨主導的開放性政治體系。

未竟的改革

　　盡管有這些進步，中國的權力交接班仍然面臨很大的挑戰，需要更多的制度創新。在「頂頂層」制度層面，主要特徵表現為過度的內部多元主義，表現為思想和利益的多元性，從而有可能失去政黨的有機整合性。任何執政黨如果要有效、可持續地執政，都是需要行動導向的。只有行動才能應對面臨的危機、解決存在的問題，在生存的基礎上實現可持續發展。要行動，就要賦予執政黨的領導人足夠的權力和權威。一個政黨如果是無為而治，那麼就不會有行動，會眼睜睜地看着各種問題產生和發展，釀成最後的總危機。

　　從這個角度來看，中國「頂頂層」設計的關鍵問題在於：如何重塑一個行動導向的執政黨領導集體和政府？政治如何從無為轉型成有為？也就是說，如何塑造一個行動性的政黨？中國現在所面臨的問題主要是內部多元主義帶來的過多的內部制約，導致執政黨的不作為，從而導致了很多負面的效果。執政黨要作為，一些重要方面的制度性改革不可避免。我們可以從如下幾個主要方面來探討。

　　第一，如何確立政治制度的長遠利益觀。

　　無論是限任制還是年齡限制都意味着領導人的有限任期。這已經導致了領導人的短期利益觀。從中央到地方，越來越多的領導人缺乏國家和社會的長遠利益觀，做什麼事情都是圍繞着自己任期內的利益。在地方層面更是這樣，因為領導大都是異地調動而來，他們中的很多人對地方的長遠利益根本就沒有興趣，而是為了自己的政績而搞出很多政績工程來，大量浪費資源，在很多地方，幾代人的資源一代就被消耗完了。出現這個問題並不是說我們要回到領導人可以終身制的舊時代，而是說，中國需要更多的制度創新來克服領導人的短期利益觀。

　　在西方民主國家實際上也是有這個問題的。所有的首腦都是有任期的，必須追求短期利益。很多研究發現，首腦們各方面的政策都受會其任期的影響。那麼，在這樣的情況下，如何制約首腦的短期利益觀，使得政府的政策符合國家和社會的長遠利益呢？除了各種限制首腦們權力的制度機制外，議（國）會扮演了一個關鍵角色。議會是一個理性討論的地方，而議員是老百姓選舉出來的，意味着議員要代表老百姓的利益。更為重要的是，議會掌握財政權，可通過財政權來制約政府官員的行為。社會的參與和理性的討論可以產生長遠利益觀。

　　中國如果要克服限任制和年齡限制所帶來的短期利益觀，人大和政協系統就必須發揮憲法所賦予的作用。公共的參與和人大代表、政協委員對政府決策的參與，可以有效制約政治領導人的短期利益觀，同時迫使他們考量長遠利益。

　　第二，中國迫切需要在退休制度的基礎上，再進一步建立政治退

出制度，以避免權力交接班演變成為了權力而權力。

中國的領導人往往是退而不休。一些領導人退休之後，盡管沒有了正式的職位，但仍然通過各種方式行使着原來的職位所賦予的權力，繼續干預現存領導層的權力行使。在缺失政治退出制度的情況下，這些年來非正式政治有了很大的發展。因為一方面能夠賦權現任領導人的正式制度的改革不到位，另一方面延續已退休領導人行使權力的非正式制度卻在發展，中國政治制度的能力正以前所未有的速度衰退。因此，要建立政治退出制度，大大減少非正式制度對正式制度的制約和影響。在任何國家，非正式制度在一定程度上不可避免，但如果非正式制度過度，不僅會有效制約正式制度的運作，發展到一定程度，也會癱瘓正式制度。

20 世紀 80 年代，中共中央建立了「中央顧問委員會」。這個機構扮演了非常複雜的角色，在起到了一些穩定政治的作用的同時有效地阻礙了新一代領導人的制度和政策創新。胡耀邦、趙紫陽時期不正常的黨內政治生活就和這個委員會的運作有關。正因為這樣，鄧小平在其退休的時候，就廢除了這個機構。不過，在鄧小平之後，盡管沒有這個機構，退休領導人對現實政治的影響也趨向於增加。中國對未來領導團隊實現選拔制度，但參與選拔過程的不僅僅是現任領導人，而且還包括退休領導人，並且後者還扮演了很重要的甚至是關鍵的作用。退休領導人因為他們的工作經驗，對選拔表述他們的參考意見，這很容易理解。但如果退休領導人成為政治選拔制度的一部分，那麼

從長遠看，後果會非常嚴重。

在制度化高的國家，個人和個人所謀求的職位是可以明顯加以區分的，例如總統作為個人和總統作為一個職位是不同的。只有當一個特定的個人取得了總統這個職位之後，才能謀求總統的職能。一旦失去這個職位，這個個人就不再享有和總統這個職位相關的權力。盡管退休總統可以用其他非正式的方式來繼續其政治影響力，但其不再是正式體制的一部分。這就是政治退出制度。

在中國則不然。有一個很明顯的趨向就是職位的個人化，即使一個特定的個人離開了職位，仍然有很多正式的和非正式的途徑來繼續行使其權力，繼續擴張着其權力。一個幹部退休之後，自己也不認為自己已經退休了，其原來的權力關係網也仍然把他當成長官。也就是説，中國還沒有建立政治退出制度。一些退休領導人並沒有退出政治，而是通過各種方法來干預政治。每當關鍵時刻，他們都會主動或者被動地出現在公眾場合，以表示他們政治影響力的存在。這樣，他們的存在很容易演變成代表一個利益鏈，作為利益鏈來影響政治。有人甚至説，中國各級政府中實際上存在着「影子政府」，甚至「影子政黨」。臺面上，實際的政黨和政府只有一個，但有太多的力量在試圖影響和主導這個臺面上的政府和政黨。

因此，中國要建立政治退出制度，避免退休領導人對政治過程的過度干預。人們應當想想為什麼鄧小平要廢除中央顧問委員會制度？退休領導人不應當過分干政。中共十八大之後，退休老人干政的情況

已經得到明顯的改善，但這必須上升到制度層面，應當從制度上明文規定，退休政治人物不得干政，包括接班人的選拔和對日常事務的管理。

要確立政治退出制度，就要加緊正式政治表達制度的改革，主要是改革人大和政協（「兩會」）等基本國家制度。社會所有的政治力量包括退休領導人，要進行政治活動，產生政治影響力，都應當通過這些正式的平臺。現在，中國很多退休官員都會通過各種非正式途徑來動員體制內的力量，通過非正式的關係和管道來影響當政者。這種現象在非常負面地影響着中國基本政治制度的合法性程度。如果各種權勢政治力量能夠通過非正式的途徑在背後操縱國家的命運，而一般社會成員沒有正式的途徑來影響國家政策，那麼社會對體制的怨恨就會越來越重。不管那些參與非正式政治干預的政治力量如何來論證他們行為的合理性，因為沒有透明度，沒有正式的程序，在人民眼中他們是沒有合理合法性的。

民間對這種現象已經積累了太多的怨恨。怎麼辦？如同其他社會力量，這些權勢階層也有權利參與政治。唯一的辦法是：給他們正式的渠道！那就是人大和政協制度。當然，這並不是簡單地把這些權勢階層的人事都安排在人大和政協這兩個代表或者議政機構，他們的比例已經足夠大了。有效的改革就是把「兩會」轉型成為真正能夠反應和協調各社會階層利益的機構。

第三，如何保證黨內民主能夠選拔出真正的優秀人才。

　　隨着強人政治的過去，黨內民主成為必然。在黨內民主下，各方面利益的妥協也成為必要。但是，也應當看到，黨內民主尤其是小圈子民主的兩個缺陷，一是很容易演變為權力在各個利益之間的「公平」分配，二是「庸人政治」。這兩方面是相關的。利益的妥協表明各方都要照顧自己的利益，而對自己利益的照顧意味着這種利益不會受到他方的挑戰。這樣，各方都會選擇一些「和事佬」和「中庸者」，就是誰都可以接受、什麼利益都不會受到大的威脅、而且能夠照顧到各方面利益的人做接班人。這樣，本來意義上的選拔制度，也就是「賢人政治」就沒有了多少空間。選拔制度就是要選拔真正的精英來執政。如果黨內民主演變成事實上的精英淘汰，那麼結局是可想而知的，那就是政黨內部的部門利益得到了彰顯，而政黨的整體利益被忽視。任何政黨要長期執政，必須既有守成，也有創新。歷史表明，守成容易，創新難。因此，如何保證黨內民主產生能夠改革創新的領導人，是中國所面臨的巨大挑戰。

　　第四，如何培養一大批具有道德責任感和歷史感的政治精英。

　　現在的政治精英具有過重的物質利益精神而缺失道德責任感和歷史感。中國的基本國家制度建設仍然處於非常初步的階段，需要一大批具有道德責任感和歷史感的政治精英。在制度建設方面，中國錯失了很多時機。毛澤東一代最有條件進行制度建設。如果改革開放前毛澤東不搞「繼續革命」，不搞大規模的政治運動，而是從事具體的制度建設，那麼中國現在不會面臨那麼多的制度困局。鄧小平做了很多

制度建設，但很多基本制度仍然不存在，不能滿足經濟、社會和政治等各方面發展的需要。

實際上，西方也面臨類似的挑戰。有觀察家已經指出，西方民主的困境和今天政治人物的道德衰落有很大的關係。隨着社會的發展，西方對什麼是精英的認同發生了很大的變化。傳統上，民主能夠產生一些具有高度道德責任感和歷史感的政治家。但在大眾民主方面，金錢和選票成為最重要的東西。如何在大眾民主的條件下，產生具有高度道德感的政治精英是西方的挑戰。

第五，更為重要的，是如何造就執政黨永遠是行動取向的。

現在中國很多官員只知道「不做什麼」和「不能做什麼」，卻不知道「應當做什麼」和「如何做」。自己不作為，也不讓他人作為，這種現象已經存在很久了，這也就是為什麼今天的中國一方面有越來越多的問題需要執政黨的行動，而另一方面執政黨越來越表現為「無為派」的原因。鄧小平在20世紀90年代初就意識到執政黨不作為的害處，因此他在「南方講話」中強調，「不改革，就下臺」。中國擁有14億人口，無論是政治局常委還是政治局，甚至是中央委員會，這些都是極稀缺的戰略位置，這些位置的設置既不是用來自己不作為，也不是用來反對他人的作為，而是用來讓自己行動和作為的。考慮到中國共產黨要長期一黨執政，行動取向的重要性更會顯見。

要保持行動取向，就要建立新的制度來確保形成能夠支持領導層進行有效決策和政策實施的執政團隊。無論是總統制還是內閣制度，

強調的都是一個強有力的執政團隊。例如在實行內閣制的國家，內閣就是總理（首相）的執政團隊。而在總統制國家，例如美國，實行的是所謂的是「政黨分贓制」，即總統有權任命支持其的政黨成員成為部長，組成執政團隊。今天，西方的執政團隊也面臨挑戰，尤其是多黨制國家，內閣往往是由多黨組成的聯合內閣，各黨派在內閣裏面互相制約，經常造成政府運作的低效率。如果考慮到國會和議會的制約，西方國家的行政權力的有效性更會成為問題。但不管怎樣，在這些制度裏，政治責任是非常明確的。總統和總理可以任命部長，也可以解雇部長。

中國和西方的制度不同。盡管強調集體領導，但並不存在西方那樣的內閣制。人們可從兩個層面來看。首先是政治局及其常委，這是最重要的第一層面的內閣。這是因為中國共產黨並不是西方類型的政黨，執政黨掌管重大政策的決定及其實施權。其次是國務院，是行政部門。無論是政治局的總書記還是國務院總理都沒有可能組成自己的執政團隊，因為這個執政團隊是集體選擇（選拔）出來的。在今天，他們往往是黨內不同利益妥協的結果。

實際上，在執政團隊的選拔方面已經越來越呈現出政治化的傾向，即權力的分配傾向於為了增進各種個別利益而非執政黨的整體利益。因此，中國需要給各級領導形成自己的執政團隊的權力，也就是名副其實的「領導班子」。行動型領導班子的形成是有效決策和政策實施的前提條件。這裏，人們不應當把執政團隊視為傳統意義上的

「派系」和「山頭」。執政團隊當然有可能演變成「派系」和「山頭」，但這可以通過其他的制度設計來制約和避免，例如限任制、政治退出制度和賦予全國人大更大的權力等等。

在頂層設計的意義上，考慮到目前的實際情況，一個相當有效的制度就是在政治局常委會層面設立數個委員會。在這個層面，早已經有一個委員會，即中央軍事委員會。但還可以設立中央社會經濟委員會、政治委員會和國家安全委員會等。這些委員會可以在現存的中央領導小組的基礎上來設立。委員會制度可以通過互相交叉任職等方法來滿足高層政策協調的需要，改變近年來「一人負責一攤」的局面。在政治層面，各個委員會成為最高的決策機構，例如總書記可以任軍事委員會、政治委員會和國家安全委員會的主席，總理可以任社會經濟委員會的主席，在實現權力的相對集中的同時，把決策和執行政策的官僚機構區隔開來，避免因為官僚體制坐大，也就是官僚既是決策者也是政策執行者的局面。同時，各委員會可以吸納更多的來自下一層的官員（例如政治局和中央委員等），既能提升黨內民主的格局，又能培養未來的政治人才。

要形成有效的執政團隊，必須把政治官員任命制度和公務員制度區分開來，也就是把政務官和事務官區分開來。這種分割制度本來是中國傳統制度的最優實踐之一，對近代西方的公務員制度產生了非常大的影響，但在中國本土反而失去了存在的空間。這種分割制度的確立是為了實現政策變化和政策延續性、變革和穩定之間的平衡。政治

官員來來去去，但公務員則是恆久常在的。政治官員由新的領導人任命，是執政團隊的一部分，是決策者，而公務員則由非任命產生，是政策的執行者。

開放性政黨及其敵人

我們已經討論了，自改革開放以來，中共開始呈現出一個開放性政黨的特點。這也就是中共與前蘇聯、東歐國家區別開來的地方。隨着社會經濟轉型，經濟社會利益多元化已成定局。東歐在共產黨解體之後，走的是西方道路，即不同的利益可以成立不同的政黨。這種選擇有其必然，東歐大體上符合西方文化，是西方文化的一部分。中共作為唯一的執政黨，在社會經濟利益多元化的條件下，選擇的是向各個社會群體和利益開放政治過程的道路。這種選擇也是文明特徵的使然。簡單地説，中共已經開始演變為一個一黨主導下的開放型政黨制度。

執政黨的開放性

政黨的開放性至關重要。任何一個政黨，如果不開放，那麼就必然表現為排他性和封閉性。只有開放，政治才具有包容性。如前面所

討論的，政治上的開放性，在西方是通過外部多元主義，即多黨政治來實現的，每一種利益都能夠找到能夠代表其利益的政黨。在中國，因為沒有多黨政治，開放性依靠的是內部多元主義來實現的。

內部多元主義表明政黨本身的開放性。社會上產生了不同的利益，執政黨就向它們開放，把他們吸納到政權裏面，通過利益的協調來實現利益代表。中共多年來致力於從一個革命黨轉型為執政黨。在革命期間，政黨要強調依靠一些特定的階級和階層，但作為執政黨，其必須依靠所有的階級和階層，這樣才能擁有最廣泛的社會基礎。

中共的轉型不可說不快。就社會群體來說，進入中共「體制內」的政治過程，也是最有效的利益表達方式。

在很大程度上，中共在 2000 年提出的「三個代表」，很典型地表明中共必須要代表不同社會利益這樣一種現實的認知。改革開放以來，中國社會變化最明顯的一個特點就是中產階級的興起。中國包括私人企業主在內的中產階級的人數並不大，但其已表現出很強烈的參政要求。這也就是為什麼執政黨與時俱進，不僅給予包括私人企業在內的非國有部門提供憲法和法律保護，而且也容許和鼓勵私營企業家入黨參政。

「三個代表」的背後是不同的社會經濟利益。代表不同社會利益也表明中共自身必須具有開放性，就是說要容納不同的社會利益於同一個政治過程之中。中共黨員的成分變化也能說明這一點。在毛澤東時代，工人、農民、幹部和解放軍佔絕大多數，但改革開放以來，知

識分子、專業人士和新興社會階層的黨員人數越來越多。中國政黨制度所體現的「內部多元化」就是把各種新利益先「內部化」，即容納進現存體系，在體系之內爭取利益和協調利益。

西方是「外部多元化」，因此基於新利益之上的政黨必然要挑戰基於老利益之上的政黨，競爭和衝突成為必然。相反，在中國的內部多元主義體制內，就很少形成新利益挑戰老利益的可能，只要執政黨具有足夠的容納和協調能力。在成功解決了民營企業家加入執政黨、進入政治過程的問題後，中共近年來又開始強調「社會治理」，致力於通過吸納更多的社會力量（組織）來擴展執政的基礎。這是因為這些年來，中國的社會力量有了長足的成長和發展。而隨着社會基礎的擴大，黨內民主的需求也日益增長。這些年來執政黨不斷強調黨內民主重要性並尋找多種形式的黨內民主，這並不難理解。

開放式建黨

中國共產黨的這些變化已經在一定程度上體現出「開放式建黨」的趨向。如果從開放的文明特質來説，開放式建黨，建設開放性政黨制度必然成為中國政治改革的大趨勢。從這個角度來解讀中共十七大所定義的中國政治發展模式，即黨內民主引導人民民主，就顯得特別有意義。

引入黨內民主的目的是要強化執政黨作為政治主體的地位。如上面所討論的，傳統的作為政治主體的皇權不能避免衰落的命運，因

為它的本質不具有開放性。而黨權則不一樣，黨權具有開放性。黨權的開放性要用黨內民主來保障。作為一個組織的執政黨，必然有其利益。任何組織都有其利益，沒有利益就沒有責任。但作為唯一的執政黨，共產黨不能成為既得利益，否則又會走上傳統皇權的老路。作為唯一的執政黨，中共必須是一個開放體系和政治過程。政黨不開放，就會被少數既得利益所壟斷，不管是政治既得利益還是經濟既得利益。一旦被壟斷，政黨本身就會變成既得利益，衰落就會不可避免。

除了通過開放來強化黨的政治主體地位外，黨內民主的另外一項相關的任務，是維持整個社會體系的開放性。

誠如美國經濟學家奧爾森（Mancur Olson）所證實的，即使在具有外部開放特徵的西方多黨民主國家，也必然產生各種具有排他性和封閉性的利益集團（或者分利集團）。對於這種利益的集團化，奧爾森非常悲觀。在他看來，除了革命、戰爭和大規模的衝突等手段之外，很難消除這些既得利益集團。但中國的改革開放經驗已經表明，維持體制的開放性是克服既得利益集團的最有效的方法。很顯然，要克服體制內的既得利益就必須擁有一個克服者，那就是一個同樣具有開放性的政黨。同時，我們也可以說，一旦政黨變得封閉，社會也會封閉起來。這是互相關聯的兩個過程。

需要進一步的開放政治

改革開放以來中國共產黨的進步在於其開放性的實現；同樣，今

天其所面臨的嚴峻挑戰也來自其開放性不足及其所導致的弊端。開放性不足，政權運作的有效性就成為大問題。

最主要的是體制性腐敗。反腐敗鬥爭年年不斷，20世紀80年代和90年代強調法制和法治，後來把重點放在執政黨內部的權力制約，但效果都不是很好。就中國的情況而言，一方面是因為內部權力制約機制不健全，另一方面更為主要的問題就是一些掌權人物沒有外在的制約。內部制約指的是制度之間的制約，而外部制約指的是社會對執政者的制約。很多年裏，大家都在討論一把手權力腐敗的問題，但始終解決不了。這些年的重點都放在內部制約，但至今並沒有有效的能夠制約一把手的制度機制，十八大之後紀委的「一案雙報告」制度，事實上也不是依靠同級紀委來監督一把手。

同時，體制內部的反腐敗機制過於多元化，執政黨、行政部門（政府）、人大政協和各種組織都設有反腐敗的機構，但它們之間沒有有效協調，反腐敗不力。在很多情況下，權力過於分散，各機構互相推卸責任，反而為腐敗提供了很多機會，這個問題在國家監察委成立後有所緩解。另一方面，反腐敗缺少外部制約，包括媒體和社會力量。也就是説，外部多元主義過少。在體制對社會的開放性不足的情況下，社會就很難對掌權者構成有效制約。

開放性不足也表現在黨內競爭也就是黨內民主沒有長足的進步。黨內民主在20世紀80年代已經提出，主要有兩個方面，一是集體領導，防止毛澤東式的個人專制，二是開始嘗試有限競爭性政治，主要

表現在十三大開始實行的中央委員會差額選舉。不過，那個時代黨內民主並沒有成為執政黨的頭等大事。

黨內民主的核心問題就是黨內競爭。在鄧小平時代，政治競爭問題的重要性並不很突出，因為鄧小平本人仍然屬於政治強人。政治優秀人才的選拔在很多情況下依靠的是「伯樂相馬」，而這個伯樂就是最高領導人。在這樣的情況下，就不會出現真正意義上的政治競爭。如何推進黨內民主？在這方面，中共十三大開啟了差額選舉。十七大以來也已經在黨內票決方面走出了重要的一步，即把黨內競爭引入了對未來領導層的選拔。同時，這些年來，各級黨組織也在加大黨內競爭的廣度和力度。隨着中國政治發展，尤其是代際變遷，黨內競爭性政治不可避免，不管人們喜歡與否。

有序的競爭性政治的重點就是要有競爭規則。所以，規則的確立是重中之重。競爭的規則必須公正和透明。沒有明文的競爭規則，潛規則就會大行其道。當潛規則主導政治競爭時，就濫用了民主。如果民主被濫用，黨內競爭不僅會導致黨內的不團結，更會弱化執政黨的整體能力，從而增加政治安全的風險。在發展黨內競爭規則方面，執政黨還有很多空間可以發展。

政治開放性不足還會影響執政黨和人民之間的溝通。要代表人民的利益，執政黨本身就必須是社會的一分子。政治不向社會開放，或者開放度不足，執政黨及其政府的意志就不能切實反映人民的意志。一些學者已經注意到，中國的官僚系統越來越成為一個具有自我封閉

性的系統。這種情況如果得不到糾正，長此以往，執政黨及其政權就
會有和社會失去相關性的危險。

如果執政黨的開放性不足，即使其制定的政策帶有良好的願望，
也很難落到實處。今天，中國很多很好的政策越來越難以實施下去。
比如說，多年來，政府大力提倡親民政策，把政策的重心從以往的新
興社會階層逐漸轉移到包括工人、農民在內的弱勢社會群體。但現實
的情況是，各種政策往往是雷聲大、雨點小。弱勢群體的人口不是在
減少，反而在擴大。沒有強大的社會支持，一些本意很好的政策就在
各種既得利益的流轉中消失了。

開放性不足還表現在體制內部。例如，在給予新興階級或者階層
名副其實的政治參與權的同時，包括農民、農民工在內的社會弱勢群
體沒有非常有效的政治參與管道，甚至仍然被有效地排除在政治過
程之外。人大和政協到處都是工商界團體的代表，而農民尤其是農
民工的代表則寥寥無幾。這並不是說，這些傳統社會階層沒有參與
政治的意願。相反，一旦他們被排除在正式的政治參與管道之外，
他們就會努力追求非正式的政治參與管道，包括上訪、示威遊行，
甚至是具有暴力性質的各種行為。這種情況已經在近些年表現得非常
清楚。

正如在經濟領域有好的市場經濟和壞的市場經濟之分，在政治領
域也有好的政治開放和壞的政治開放之分。前者是一種社會各階層的
均衡參與，而後者是一種不均衡、不平等的參與。參與越不均衡，機

會越不平等，這種相對封閉性的負面效果就越大。在參與完全不均衡的情況下，既得利益越有可能壟斷政治過程。

開放性政黨建設的制度設計

從開放性來思考中國的政治改革的頂層設計，就有很多大文章可以做。它主要涵蓋三個主要的領域，包括黨內民主、人民民主與國家和社會的關係。十七大政治報告提出的黨內民主引導人民民主已經涉及到兩個最重要的領域，即執政黨的自身改革和社會民主。

此外，開放性也必須體現在政黨和社會的連接領域，就是解決國家和社會的關係。

黨內的開放性

就黨內競爭或者黨內民主來說，現在的理解主要集中在黨內集體領導、票決、權力交班等。這些是最基本的。黨內競爭基礎之上的黨內民主是保障黨內開放性的制度機制。如前面所說，黨內競爭不能是西方式的自由競爭，而是要結合中國數千年的選拔制度前提下的競爭。西方式的競爭必然導致黨的分裂，從而使得政黨制度向西方式的多黨制度演變。而基於選拔制度基礎之上的選舉制度則可以在保證選

出真正的精英人才的前提下滿足黨內民主的需要，從而也是確立被當選領導人的政治合法性。

黨內競爭也必須漸進，可以分幾步走。

第一步，在中共十三大中央委員會差額選舉的基礎上，擴大中央委員會差額選舉的幅度，而政治局及其常委先保持目前的等額選舉。政治局及其常委由中央委員會選出，也可擴大到中央候補委員。

第二步，總書記和總理兩個職位繼續由協商選拔產生，不參加選舉（黨內的測評則是另外一位事情）。如前面所討論過的，這兩個最重要的職位關乎整個體系的利益，而不僅僅是關乎得到這兩個位置的人的個人利益。但其他政治局常委和政治局委員可以進行有限選舉，也就是先選拔一定數量的人，確定選舉的範圍，然後在這些人裏差額選出常委和政治局委員。例如，如果仍是七人常委，那麼總書記和總理由協商選拔產生，而其餘五位常委則可以通過差額選舉產生。選舉的範圍仍然是中央委員，或者擴大到候補委員。

第三步，選舉擴大到所有常委和政治局委員。這樣，先要在黨內確立一個秩序，例如總書記第一、總理第二、人大常委會委員長第三，等等，依此類推。政治局常委和政治局可以分開來選舉，或者合併起來選舉，得票最多的為總書記，得票第二多的為總理，得票第三多的為全國人大常委會委員長等，依此類推。同樣，選舉前也要首先選拔一定數量的候選人，確定選舉範圍，然後在這些人裏面選出所需要的政治局常委和政治局委員。也同樣，選舉的範圍仍然是中央委

員，或者擴大到候補委員。

第四步，在這個基礎之上，逐步擴大選舉範圍，從中央委員或者候補委員擴大到黨代表。等到時機成熟，各方面的規則確立起來了，並且為大家所接受，那麼選舉可以擴大到全黨。

黨內競爭可以保持黨內的開放性，但開放性又不能導向黨的分裂。選拔基礎之上的選舉可以在黨的開放性和整合性之間達到平衡。從比較的角度來看，黨內選舉在形式上有些類似於羅馬教皇的選舉，是精英之間的選舉，無需西方那樣的公開競選，參加選舉的人都是根據候選人以往的政績和表現來投票。

黨內民主最主要的任務就是維持黨的開放性。正是因為中共是唯一的政治主體，黨內利益協調機制的建設顯得尤為重要。要把那麼多的利益表達聚合於一個政治過程之中並不容易。沒有一個良好的利益協調機制，體制內就會產生衝突。更為重要的是，中國各個社會階層和利益參與政治過程並不是同步的，這就要預防黨內既得利益集團的形成。如果先進入者操縱這個政治過程，那麼政治公平就無從談起。所以，圍繞着黨內選舉制度的確立，需要建立一系列相配套的制度，來預防選舉制度可能帶來的封閉傾向性。

不管怎樣，歷史經驗表明，一個封閉的政黨是不可持續的，但一個開放的政黨是可以持續的；一個只代表部分人利益的政黨是不可持續的，但一個能夠代表各個社會利益的政黨是可以持續的。一個政黨越開放，就越具有可持續發展能力。

如何保持面向社會的開放性？

如何保持黨面向社會的開放性？中國已經有了一條途徑，即通過公務員系統的考試制度錄用人才。這和傳統的科舉考試制度類似。但是這條途徑的有效性取決於教育制度本身的開放性。如果教育制度本身具有排他性，那麼這條途徑並不能保障政黨的開放性。

中國的現實又是怎樣呢？高等教育的不平等，正好是我們現在日益面臨的一個趨勢。例如清華、北大的農村籍學生，已經從改革開放初期的百分之六七十，降到現在的百分之十到二十。教育制度的封閉性必然容易導致執政黨的封閉性。這不難理解，執政黨錄用人才時，對教育水平的要求越來越高。那些沒有能力接受高等教育的人很難有進入執政黨的「人才」行列的機會。

要克服這一點，執政黨必須向社會開放，吸納社會精英，即各行各業的精英人才。到目前為止，中國共產黨的精英大都是從黨內體系培養的。在很多時候，由於制度不完善，精英培養制度演化成實際上的精英淘汰制度。有思想才幹的，反而可能會被淘汰掉。由於主要從內部培養黨的人才，因此基本上培養出來的都是那些官僚型官員。官僚化會造成政黨對社會的開放性不足，因為一旦政治精英官僚化，政黨就會失去和社會的關聯點。

新加坡的經驗

執政黨如何實現向社會開放？這可以向新加坡學到一些經驗。

　　新加坡盡管是一黨獨大，但政治體系是向社會開放的。人民行動黨能夠維持一黨獨大的地位，主要是依靠開放。從建國開始，新加坡的領導人就意識到，在一個沒有任何資源的國家，政治人才是國家生存、發展和提升的關鍵。在西方發達國家，最優秀的人都去經商。新加坡要讓這些最優秀的人來從政。因此，執政黨很重要的一個功能就是扮演「相馬」中的「伯樂」，在全社會、全世界尋找優秀人才。在新加坡，政府官僚系統的公務員是內部選拔的，但其政治精英，很多是社會為執政黨培養的。或者說，很多政治領袖都不是執政黨自身培養的，而是從社會吸收進執政黨的。

　　在 20 世紀 70 年代，人民行動黨吸收了後來成為總理的吳作棟和副總理的陳慶炎。在 20 世紀 80 年代和 90 年代，又吸收了現在的總理李顯龍和副總理黃根成等精英人才。這些領袖人物在成為執政黨領導人之前，都是社會各方面的精英人才。他們在哪個領域成功了，執政黨才邀請他們入黨，為國民服務。所以，在新加坡沒有「黨齡」一說。今天不是黨員，明天黨需要你了，你就可以成為黨員。這就解決了很多列寧主義政黨黨內論資排輩的問題。

　　列寧主義政黨的本質就是要吸收社會精英，但在列寧主義政黨成為組織之後，往往會演變為既得利益集團。新加坡有效地解決了這個問題。解決方法就是維持政黨的開放性，向社會開放。重要的是，向社會吸引人才不能過分強調意識形態的作用，而是要看這些人的實際作為。在新加坡政府官員當中不乏從前對政府持相當批評意見的人。

實際上，執政黨非常重視社會上持有建設性批評意見的精英，往往把他們錄用到政府中來，服務於社會。

執政黨吸收社會培養的人才，意義非常深遠。我們可以從幾個方面來理解。

首先，執政黨的幹部來自社會，使得執政黨能夠和社會維持有機的聯繫。這樣的人才，因為來自社會的各個方面，能夠更好地了解社會的需要，更好地表達和代表社會各方面的利益。更重要的是，這些人來自社會，社會對他們的認同度很高，他們進入黨之後，就強化了執政黨的合法性。這是執政黨保持權力不變質的有效方法。就是說，執政黨必須保持政權的開放性，向社會的開放。

第二，減少腐敗。這些人本來就有很好的事業與經濟基礎，腐敗的可能性大大減低。就是說，他們進入執政黨，擔任公職，並非是為了經濟利益，而是為社會服務。在很多國家，包括民主國家，擔任公職的人經常出現「尋租」現象，就是說以權謀私。但在新加坡，這種情況不是說沒有，但很少見。

第三，培養的成本很低。要培養一個幹部並不容易，封閉式培養，無論是機會成本還是選拔和培養的實際成本都相當高，一旦官員因為貪腐問題落馬，這些成本的損失也是不可估量的。社會培養幹部，既讓他們服務了社會，也無疑大大減少了國家的培養成本。

多重開放

在人民民主或者社會民主方面，開放政治要繼續鼓勵和推動各種形式的民主實踐，包括協商民主和參與民主。現在把社會民主僅僅理解成為選舉是不夠的。實際上，在地方層面，更為重要的是各種制度建設，或者説治理制度。

從村級民主實踐來看，光有選舉很難實現有效的治理。從 20 世紀 80 年代末開始，村民民主已經實行多年，其過程所出現的問題應當好好總結，因為它們反映了選舉民主所能出現的變種。在很多地方，家族勢力很大，民主實際上是有名無實的。民主規模過小，就很容易被操縱。在很大程度上説，在地方層面，參與式和協商式民主更具有實際意義。這是因為這些形式的民主具有更為廣泛的內容。選舉式民主，主要是為了產生地方組織或者説地方的接班人問題（或者權力繼承問題）。一旦在地方放開選舉，就很難產生一個有效的政府。而參與式和協商式民主是為了改善現存地方政權的治理能力。預算公開、決策過程公開、公民社會建設等等都是地方民主的內容。

政治開放必須體現在處於國家與社會之間、政府與人民之間的各種國家政治體制層面。這方面，中國基本國家制度已經存在，改革的目標就是要改進或者改善。現存基本國家制度主要包括人大、政協和司法等大制度，這些制度都存在巨大的改善空間。顧名思義，人大是社會各階層利益代表機構，而政協是各種利益協商機構。「三個代表」

理論提出後，人們開始重視人民代表的利益代表問題。如前面所討論的，這表明政治的開放性。這方面有很大的進步，主要是體現在人大代表的意見表達方面。

但是制度和政策層面有很多問題仍有待於解決。例如，如何建立代表和人民之間的關係。如果代表和其所代表的人民沒有任何關係，那麼代表是不可能實現的。如何改進代表的產生和代表辦法？人大代表能否以個人身份代表人民的利益？如果不能，那麼人大作為整體又如何能代表人民的利益呢？前些年一些地方出現人大代表設立個人辦公室的情況，這個現象本來很好，但很快遭到全國人大的否定，不容許人大代表以個人的身份代表人民的利益。像類似這樣的一些新的實踐正在出現，人們不能簡單否定這些實踐，而是應當鼓勵創新，通過創新改善制度行為或者確立新的制度。

政協的作用更需要重新的思考。就目前情形來説，政協代表來自數十個社會功能界別。政協的功能實際上可以改善西方式民主的一些缺陷。西方民主強調的是分權，即三權分立，但是這種政府層面的三權分立並沒有能夠保障政治穩定。在西方式民主傳播到發展中國家尤其是社會比較分化的國家之後，多黨政治成為了政治不穩定，甚至政治分裂的根源。主要的原因是社會各群體之間缺失相互制衡的機制。政協實際上可以成為社會群體間互相制衡的國家制度，因為政協的主要功能是利益協商或者協調。從這個角度來看，政協要考慮的問題也有很多：如何根據社會力量的變遷更科學地界定和增加新的功能界

別？如何減少或者改變那些社會功能已經衰落的功能界別？如何使得社會各功能界別本身更加具有開放性和民主性？等等。

民主化過程的頂層設計

　　民主化不可避免，中國社會的各個方面正在以加速度方式轉型。民主化既不可避免，也是可期望的。一個開放的經濟體和一個日益開放的社會，要求一個同樣開放的政治體制，這就是中國民主化的動力。從歷史經驗看，任何一個社會，當其社會經濟發展達到一定階段的時候，必然產生民主化的要求。在民主先發生的歐洲是這樣，在後發展中國家也是這樣。從這個角度上說，民主具有普世性。民主政治首先發生在西方，然後傳播到其他發展中國家，但這並不是説，民主只屬於西方。所以，我們必須做好民主化的準備。不過，同時，我們還不能對民主化抱過高的希望。

　　必須意識到，在目前和今後很長一段時間內，中國社會政治參與會繼續呈現出幾個重要的特點。第一，中國社會存在着高度的政治平等精神。中國沒有歐洲那樣的等級制度，也沒有印度那樣的種性制度，幾千年來，中國人相信「王侯將寧有種乎？」的平等精神。第二，中國的中產階級在成長，但總體規模仍然很小，窮人（或者傳統

意義上的無產階級）仍然居多，社會的政治參與往往體現為非理性，甚至充滿暴力。第三，社會群體中越來越多的人所接受的教育程度提高，加上信息社會的發展，他們的政治期待持續提高，也擁有了自己的政治判斷能力。第四，社會參與也經常表現為無序的參與，一些人通過正常的渠道，而更多的人則通過非正常的渠道，例如通過製造事件來「參與」政治，無論是像遊行示威和群體性事件那樣的有形事件還是象謠言和揭露醜聞那樣的無形事件。就是説，中國式的社會政治參與遠沒有制度化。

更為重要的是，如前面所討論過的，民主化僅僅只是國家政治發展的一個部分，民主化不能取代其他方面的政治發展。就是説，中國的民主化和總體政治發展必須協調好。這就意味着我們要對民主化進程進行頂層設計。盡管頂層設計並不表明執政黨會有足夠能力來管理和控制國家的民主進程，但頂層設計的確可以使得政府有盡量足夠的準備，從最低限度上應對民主化所帶來的問題，從最大限度上導引民主化的方向。

為什麼要有頂層設計？

世界政治歷史表明，發展民主並非難事，但要發展優質民主則是一件極其困難的事情。這説明，如果説民主化不可避免，那麼作為唯一的執政黨的中國共產黨對國家民主化的途徑也必須進行頂層設計。西方社會的民主從最初的少數精英民主到後來的中產階級民主再到現

在的大眾民主，這個過程既有社會壓力的推動，也有可以稱之為「頂層設計」的因素的作用。不管如何，民主是一種制度設計，是大眾參與和頂層設計互動的結果。這個過程，中國也不可避免。這裏，頂層設計的意義在於爭取優質民主，避免劣質民主。

　　民主政治先產生於西方，然後擴散到其他國家和地區。不難觀察到，很難在西方之外的發展中國家看到猶如西歐和北美社會那樣的優質民主。除日本外，亞洲的民主進程道路並不平坦，一些社會過分地學西方民主，甚至照搬西方制度，但民主制度的運作問題很多。前面提到過，日本之所以成為優質民主，主要是因為日本的民主能夠結合其民族文化和傳統制度特色。盡管日本一直被歸類為西方國家，但其民主和西方民主有很大的不同。同樣，因為自民黨在很長時間裏一黨獨大，日本的民主也曾長期被西方所批評。今天，日本的民主和西方發達國家的民主一樣遭遇很多困難，但這並不能否認日本的民主化過程是成功的。除日本之外，在「四小龍」當中，韓國和中國台灣地區已經完全民主化。新加坡盡管被西方國家視為是「非自由主義的民主」，但新加坡的選舉民主一直存在，並且政府效率遠比大多數國家包括西方國家高。不過，所有這些社會的民主化過程都表現為和平和穩定。那麼，這些社會是如何逐漸走向優質民主的呢？我們可以舉新加坡為例。新加坡之所以能夠走向優質民主，實際上和西方、日本等先發展民主的路徑有很多雷同之處，只不過是新加坡所用的時間遠較西方短。我們可以從這幾個方面來看。

優質民主要素

首先是社會經濟的發展。

新加坡花了短短幾十年的時間，其社會經濟發展水平從「第三世界」躍升到「第一世界」。而社會經濟的高發展水平是民主政治的物質基礎。西方在進入大眾民主之前，通過近代化、工業化和城市化，社會經濟已經發展到一個很高的水平。高水平的社會經濟發展既是推動民主大眾化的動力，也是大眾民主所能生存的物質前提。但是，當西方式民主傳播到西方之外的發展中國家的時候，並沒有能夠推動接受這種民主的國家社會經濟發展水平。

在很多發展中國家，民主的重點並不在於做蛋糕，做大蛋糕，而是分蛋糕，多分蛋糕。社會經濟得不到發展，而各種政治力量又想多分蛋糕，因此民主往往和暴力聯繫在一起的。新加坡不一樣，在很長的時間裏，民主的重點在於產生一個有效和具有政治合法性的政府，而政府的重點在於做蛋糕，並把蛋糕做大。這就是學界所說的發展型政府。政府通過發展、做蛋糕、把蛋糕做大、讓人民分享蛋糕，而獲取人民的信任。

為什麼說經濟社會的發展是優質民主的關鍵？民主盡管表現為投票行為，但這種簡單的投票行為背後則是民主的文化。例如，選舉行為實際上體現出經濟理性。社會經濟發展到一定階段，中產階級發展了，選民就不會因為一點點經濟上的好處而出賣選票。新加坡選舉

的清廉（沒有賄選現象）是發展中國家的民主所不能比擬的，甚至超越西方，這和新加坡經濟社會發展水平是有關聯的。再如，經濟社會發展也帶來了較高的教育素質。隨着更多人接受教育，尤其是高等教育，民眾的政治理性水平也會越來越高。理性的政治人物和理性的選民之間的理性互動是優質民主文化的體現。

其次是法治建設。

前面已經說過，民主作為一種制度是眾多現代國家制度中的一種。它很重要，但並不能取代其他國家制度。新加坡的優質民主所依賴的是一個建立在法治基礎之上的有效政治秩序。而這個政治秩序保障了社會經濟的穩定發展。亨廷頓曾經認為，對發展中國家來說，最重要的是要建立一個有效的政治秩序，沒有這個秩序，社會的穩定和經濟的發展就沒有保障。新加坡在建國之初便確立了這樣一個有效的政治秩序，並且能夠和民主政治一併發展。這和很多發展中國家不同。在一些國家，有民主，但沒有秩序，沒有發展；在另一些國家，有建立在專制之上的政治秩序，也有發展，但沒有民主；當然也有國家只有專制，沒有民主，也沒有發展。

更為重要的是，任何國家要實現優質民主而避免劣質民主，就必須把重點放在圍繞民主制度本身的制度創新上。日本是這樣，新加坡也是這樣。新加坡建國以來的政治實踐表明，民主制度並非完全要照搬西方，創新不僅非常重要，而且也是可能的。

這裏舉幾個例子。例如新加坡的集選區制度。在很多國家，選舉

民主往往帶來種族、宗教等方面的衝突和暴力，在西方也不例外。新加坡這個國家本來就是在嚴重的種族衝突中誕生的。建國之後，政治領袖設計了諸多制度來防止這種衝突。集選區就是其中之一。作為一個華人佔絕大多數的多種族國家，如果沒有這個制度，國會上可能會是清一色的華人。為了培養種族和諧，新加坡政府規定各種族混合居住和互動，主要體現在政府的住房政策上。如果實行西方式的選舉制度，能夠讓少數族群代表當選的條件有兩個：要不就是讓一個族群的人民集中居住在同一個選區，要不就是容許各族群組織自己的政黨，即以族群為基礎的政黨。但無論哪一種，都很容易導致族群衝突。而集選區就有效地保障了少數族群在政府和政治過程中的代表性，從而防止了族群衝突，促進了種族和諧。

再如，新加坡政府對公民的民主素質的培訓。和很多西方民主不一樣，新加坡實行強制性投票。如果僅僅從西方民主理論出發，強制性投票本身就不是民主的。但是，實踐邏輯並不是這樣。在西方國家，很多時候，投票率往往少於合格選民的 50%，甚至更少。如果只有少數人投票，那麼民主就變得毫無意義。合格選民必須有投票的義務。幾乎所有西方民主理論都會同意，公民精神是民主政治賴以生存的文化條件。但公民精神並不是與生俱來，也不是從天上掉下來，而是需要從政治實踐中培養出來的。在過去的數十年裏，新加坡的強制性投票制度就起到了這個關鍵作用。

同樣重要的還有民主政治過程中的議題設定。所有民主的關鍵

在於一是組織，二是議題。有關議題就涉及到一個言論自由問題。在西方，這是民主的關鍵。但是，西方並沒有有效解決言論自由所帶來的負面社會後果。有關種族、宗教的議題在選舉過程中會不斷浮上臺面，候選人往往利用這些敏感的議題來爭取選票，結果製造了無窮的衝突。盡管一些民主國家因為以往痛苦的經驗開始限制爭論，即不能涉及到政治上「不正確」的議題，但很多國家仍然面臨這個問題。一些歐洲國家以確立「國民」話語為藉口，制定很多不利於少數族群的政策，名義上平等，實際上很不平等。西方無限制的言論自由更是時時刻刻在挑戰宗教和種族的和諧。在新加坡，選舉不能涉及到敏感的話題，包括宗教、種族和語言等。很顯然，這些敏感問題不是通過爭論能夠得到解決的。新加坡解決這些問題主要是通過協商，求得共識。每次選舉，無論是執政黨還是反對黨，都要自覺地不去觸動敏感話題。這已經成為一種自覺的選舉文化。

　　新加坡選舉穩定有序和各政黨的議題設定有關。各政黨不去涉及敏感話題，同時又認同所確立的國家制度，大家爭論的焦點只局限於政策層面，而政策辯論的焦點又是如何做得更好。這使得選舉成為整合社會而不是分化社會的機制。在很多國家，每次選舉，社會就要面臨一次大的分裂，甚至衝突。而新加坡做到了利用民主整合社會。對反對黨來說，優質民主的前提就是履行忠誠的「反對黨」的任務，就是說，和執政黨一樣，反對黨也都認同這個國家，認同這個制度結構；進行政策爭論並不是為了反對而反對，而是要使得國家更加美

好。新加坡的反對黨基本上也體現出這個特點。

民主化的邊界與階段性

從日本和新加坡等國家穩定有序的民主化經驗來看，在民主化問題上，中國必須考量到兩個主要問題，一是民主化的限度，二是政治改革的階段性。強調民主化的限度，就是不要把作為特定歷史產物的民主神化，不把它視為解決一切問題的工具。強調政治改革階段性，就是要看到目前政治改革的主要任務，既要有利於解決目前存在的問題，同時也要為未來的優質民主的實現打下基礎。

民主很容易被神化，從而泛民主化。泛民主化是很多後發展中國家的通病，是這些國家難以發展有效和高質量民主的一個主要根源。在當代世界，民主化往往成為很多發展中國家所追求的政治發展目標。在這些國家，無論是社會精英還是政治人物，一旦遇到問題，首先總想到民主，以為民主是解決所有問題的關鍵。我們不難觀察到，在後發展中社會，人們往往把西方社會的政治發展史理解成一部民主化的歷史，同時把一切美好的價值和民主聯繫起來，以為民主能夠幫助實現各種期望的價值。[1]

不可否認，民主制度是西方最重要的政治制度安排，民主化也

---

1 很長時間以來，西方社會產生了大量的從民主化視角來透視西方歷史的文獻，這個事實也強化了後發展中國家人們對西方民主的看法。

貫穿近代西方歷史。正因為這樣，西方民主也為很多發展中國家所學習。但是把所有好的價值和民主聯繫起來並不符合歷史事實。很多在西方民主政治中所體現的價值，例如自治、分權和社會參與，也體現在其他制度安排上。甚至在西方，這些價值在民主化之前就已經體現在其他制度安排上，或者說這些（其他）制度的存在推動了西方的民主化過程。[2] 中國傳統的制度安排實際上也在很大程度上體現了這些價值，尤其是分權。也就是說，從歷史上看，人們所追求的很多價值通過非民主的制度安排也是可以實現的。當然，不能把「非民主政體」解讀成為「專制政體」。把人類政治史簡單地歸納為「民主」和「專制」不符合歷史事實。很多制度安排是技術性的，因而也是中性的，並不能用「民主」和「專制」這樣的具有高度意識形態和道德的概念來解釋。無論是民主政體還是非民主政體，都需要這些中性的制度安排，沒有這些制度安排，就成為不了（近）現代國家。

再者，西方所取得的各方面的成就也並非用民主政治所能解釋的。例如，很多西方學者發現，西方民族主權國家的形成和戰爭分不開，西方的工業、產業和商業組織文明是工業化的產物。即使在政治社會制度方面，近代國家的一些基本制度已經在民主化之前就建立起來了。盡管人們不能低估民主化對這些制度的影響（有積極的影響也有消極的影響），但很多制度的產生和民主化並沒有什麼有

---

2 在西方民主文獻中，這些「其他」制度被歸結為「傳統文化」。

機的關聯。

這裏最主要的問題就是民主的邊界問題。英國自由主義大家洛克著《政府論》，其主題即是有限政府。有限政府的基本思想就是，政府必須有個邊界，不能集中所有的社會權力。有限政府一直是西方民主最具有本質性的特徵。在很長的歷史時間裏，西方民主只限於有限的政治領域。從這個角度出發，熊彼特給出了西方政治民主經典的定義之一，即民主只是政治精英之間的競爭。西方之所以能夠發展出有效的民主，和民主的有限邊界有關。在很長的歷史時期裏，西方民主的範圍很有限，即精英民主。在政治領域，只有政治人物是被選舉出來，而龐大的官僚體系也即文官不屬於民主範疇。非政治化的、中立的官僚體制是西方政治體系正常運作的制度保證。今天人們所看到的大眾民主的歷史還非常短。直到最近幾十年，西方才開始談論經濟民主、社會參與、工廠民主和社會協商等等。不過，應當注意的是，這些諸多領域的民主和國家層面的政治民主處於不同的領域，不能把它們和政治民主混為一談。

反觀一些發展中國家，盡管也實行西方式民主，但民主的品質極其低劣，民主往往是和無秩序與暴力聯繫在一起。除了民主缺少社會經濟發展水平的支撐外，泛民主化也是其中重要的根源。民主本來只是政治領域的秩序，但這些國家把民主的原則擴散和應用到社會、經濟、文化和教育等各個領域，這一方面很容易導致社會的無政府狀態，另一方面也使得民主的品質成為問題。

　　中國如果要實現相對高品質的民主，首先就必須給民主劃定一個邊界。現實地看，很多領域並不適用民主，或者民主的原則不是最有效的。例如大學教授和研究所研究員職稱的評審是不需要民主的，公務員的管理和其職績的評估是不需要民主的，專業主義在法官的任命和管理上比民主更為重要。一些人說，中國除了村級基層民主，其他民主大都處於形式化。但即使是村級民主也並沒有實現當初開始時人們所寄予的期望。當時人們以為民主（即選出村民委員會）可以擔負起村的治理。但實際上並不是這樣。經過那麼多年的實踐，村級民主已經高度制度化，但光有選舉民主看來並不能解決問題。現在人們認識到，民主並不見得能夠達到村務的有效治理。有效治理需要有專業化的人才來促進地方的發展和提供公共服務。其實，無論在哪個層級和哪個領域，民主如果不能和專業主義相配合，那麼只能是花樣文章。應當看到的是，專業主義（professionalism）是所有文明進步最重要的因素之一，在很多領域甚至比選舉本身還要重要。例如，如果沒有專注於專業主義的文官制度或者官僚制度，就不會有西方民主。西方大學很民主，系主任大家輪流當，這是因為這裏民主很不重要，專業主義至高無上。

　　今天的中國，無論是學界還是政界，一個逐漸形成中的共識是：中國需要民主，而民主必須是漸進的。這個共識很重要。目標有了，現在重要的就是途徑問題。就民主化的途徑來說，一些人提出了增量民主的概念。經濟上，中國的增量改革很成功，於是也想把此應用到

政治民主化領域。但增量民主的概念同樣有問題。需要討論和界定的是什麼領域的民主。增量民主並不是說在所有的社會、經濟和政治領域都可以逐漸增加民主的量，最後促使所有這些領域的民主。有效的增量民主首先必須界定增量民主的領域。

同樣重要的是民主化的階段性問題。今天中國所面臨的很多社會問題不是民主化所能解決的，例如經濟結構和社會結構失衡問題。政治改革對解決這些問題很重要，但政治改革並不是開放選舉那麼簡單。如果簡單地開放選舉，那麼中國也會像亞洲其他一些國家那樣，不僅陷入中等收入陷阱，還會出現「低度民主陷阱」。這兩個「陷阱」一旦同時進入，那麼經濟、社會和政治方面很難出現具有實質性的進步。從這個角度來看，我們必須對民生經濟、中產階級與優質民主之間的關係有清醒的認識。

優質民主需要牢固的經濟基礎，是在持續的經濟發展過程中自然產生的民主。就中國而言，要確立這樣一個經濟基礎，現階段的主要任務是以深化經濟改革來推動社會改革，其核心是民生經濟。我們在前面已經討論過，今天很多社會群體就是因為不能實現其所認同的社會經濟權利而去訴諸於政治改革。如果不能解決民生問題，中國就會面臨社會穩定乃至政治穩定問題。

圍繞民生問題，中國已經出現了兩種不穩定的根源，一是源於收入分配不公，社會分化和公平正義缺失的普遍性社會不滿，二是源於「期待革命」的年輕群體的不滿。多年來的教育大擴張，有效地提升

了民眾的受教育水平，但因為教育體制改革本身的弊端，很多人學無所用，找不到工作或者就業不足。大學生和農民工工資水平的拉平是很好的例子。而這個群體的期望很高，一旦不能得到滿足，他們對社會和政府的不滿就成為必然。

如果說這兩個根源具有普世性，即任何社會都會面臨，那麼中國還需加上另外一個特殊的根源，那就是由獨生政策而加速到來的人口老化。「未富先老」幾乎已經成為定局，而照顧老人的公共服務似乎路途仍然遙遠。在公共服務缺失的情況下，獨生子女一代會不堪重負，屆時這一代人對社會和政府的不滿只會愈加嚴重。

從經濟上看，因為民生問題越來越嚴重，在很多方面，中國開始邁向中等收入陷阱。據統計，2019 年中國人均 GDP 已經超過 10000 美元，跨入中等收入國家。但是人們也注意到，中國開始出現那些經歷過或者還經歷着中等收入陷阱的國家類似的現象，如經濟增長缺乏可持續的動力、貧富分化、腐敗多發、過度城市化、社會公共服務短缺、就業困難、社會不穩、信仰缺失等等。

歷史地看，中等收入陷阱可以在很多國家觀察到，例如拉美的巴西、阿根廷、墨西哥、智利和亞洲的馬來西亞、泰國和菲律賓等，這些國家在 20 世紀 70 年代均進入了中等收入國家行列，但直到現在仍然掙扎在人均 GDP3000 美元至 5000 美元的發展階段。很簡單，要逃離中等收入陷阱就得深化經濟改革，促成可持續的經濟發展。要逃離基於中等收入陷阱之上的「低度民主陷阱」，中國在現階段和今

後相當長的一段時間的任務就變得相當明確了，那就是要解決民生問題，培養一個龐大的中產階級。

民主的社會經濟基礎

如果不能解決民生問題，經濟的可持續發展必然成為空談。人們早已經認識到傳統的經濟發展模式已經到了一個頂點，需要轉型，尋找新的經濟增長點，那就是建設消費社會。但是在目前的情況下，消費社會並沒有基礎。一是社會政策的缺失，包括社會保障、醫療、教育和住房。在福利問題尚未解決的情況下，即使人民有了些積蓄，也不敢消費。二是人民的勞動所得過少，收入不高。很顯然，建設消費社會最直接的方法就是繼續提高人民的生活水準，改善民生。

進而，民生問題不解決，從近期來說更會面臨政治激進化的風險。1997 年金融危機之後的亞洲，以及 2011 年阿拉伯世界所發生的一切都說明了民生問題對於社會乃至政治穩定的重要性。中國社會實際上也面臨着由民生問題引起的社會不穩定因素。現在主要依賴國家的「維穩」機制來控制局面。不過，一個社會真正的穩定不是來自於外在的「維穩」。如果把龐大的「維穩」費用用於改善民生問題，社會可能會穩定得多。

從長遠來看，民生也是民主化的物質基礎。在民生問題不能解決之前，民主化盡管也是可能的，但這種民主化之下的民權必然是虛假的。在很多發展中國家的民主政治下，不難發現這種現象。

民主的階級基礎

另外一個相關的問題，是如何培植和扶持中產階級的成長和發展。從各國經驗來看，優質民主的社會結構，就是存在着一個龐大的中產階級。如果鄧小平時代的「小康社會」概念是為了解決人民的溫飽問題，那麼隨後執政黨所提出的「全面建設小康社會」的概念可理解為中國執政黨的中產階級觀。改革開放培養出了一個中產階層，也使得數億人口脫離貧窮，但很顯然，保護中產階級的有效機制和防止已經脫貧人口重返貧窮的有效機制仍然不夠。

市場經濟是人類社會迄今為止創造財富的最有效的機制。市場機制可以產生一個中產階級，但市場機制不能保護這個由自己培養出來的中產階級。在歐洲社會，保護中產階級是社會主義的任務。社會保障、醫療服務、教育、公共住房等等公共政策是歐洲社會主義的產物。從馬克思所分析的原始資本主義過渡到現在人們所看到比較符合人性的資本主義，不是資本本身的邏輯，而是社會主義運動的結果。從這個意義上說，是社會主義保護了資本主義。不難發現，在西方，一個比較理想的社會往往是市場經濟和社會主義結合得好的社會。市場經濟為社會創造財富，而社會主義則保護社會。

一句話，一個中產階級的存在是發達國家社會穩定的基礎。實際上，保護中產階級始終是市場經濟社會政府的一件具有重大意義的政治任務。在西方，因為選舉政治的存在，所有政府也必須採取有效的舉措來保護中產階級。同樣重要的是，資本家也認同這一點，因為一

旦社會失衡，社會秩序遭破壞，資本的正常活動就會成為問題。

中國的困境

中國的情況又怎樣呢？

沒有市場經濟的引入，很難想象人們所看到的財富。一些人現在看到了眾多的社會問題，就開始懷疑市場經濟，這並不公平。中國的問題並不在於市場機制的引入，而是在於缺乏社會保護機制。市場經濟發展了，但諸多社會政策包括醫療服務、社會保障、教育、房地產等等要麼建設力度不夠，要麼沒有建立起來。因為缺少社會保護，中間力量不僅不能像經濟增長本身那樣得到成長，而且沒有任何生存和發展的制度保障。任何一個因素的變動，都會輕易使得今天的中產階級在明天就演變為貧窮階層。同樣，已經脫貧的階層也容易重新淪落為貧窮。實際上，除了體系內部佔據重大戰略地位的少數階層之外，任何階層都隨時可以演變為貧窮階層。

除了上面多次強調的社會改革和社會制度建設，中產階級的成長還需要有效的勞動者收入政策。要走上鄧小平所說的「共同富裕」的道路，提高勞動者工資很重要。中國社會群體收入差異很大，很分化。通過國家的二次分配方法並沒有見效。二次分配當然需要進一步改善，但如果過分強調二次分配，就會走上一條「殺富濟貧」的道路。

殺富濟貧是通過革命奪取財富，不是創造財富。這顯然不是一個好的選擇。貧窮社會主義已經被證明是失敗的，也不應成為選擇。

貧窮社會主義也只是對現在的富裕者的剝奪，對貧窮者本身也沒有利益。比較有效的選擇就是改善一次分配，而勞動者工資的提高是一次分配過程中最為關鍵的。「勞動致富」是整個中國社會所能接受的道德原則，也是基本社會正義的來源。

從收入分配的角度來看，中國目前所面臨的困境只是這樣一個事實的結果：少部分人得到了與其勞動不對稱的過高的收入，而大部分人沒有得到與其勞動相對稱的收入。

亞洲經濟體也有非常豐富的經驗。日本是第一個成功的工業化國家。二十世紀日本經濟起飛之後，政府實行了有效的收入倍增計劃，再加上日本企業「終身僱傭制」，在短短幾十年內成功培植出了中產階級社會，使得日本成為世界上最大的消費社會之一。日本之後，亞洲「四小龍」是當時收入分配最為公平的經濟體，他們也通過不同方式成功培養了中產階級，建設消費社會。中國的台灣地區和香港地區主要是通過大力發展中小型企業、提高公共服務水平和建設社會保障制度而達成。在新加坡和韓國，政府也起到了非常大的作用。在新加坡，國家工資理事會起了很重要的作用，理事會主要由勞方、資方和政府組成，根據經濟發展情況而制訂勞動工資水平。政府的這種主動性有效避免了西方那樣的勞工運動，既保證了社會穩定，經濟的可持續發展，也為產業升級構造了有效的壓力。

中國盡管現在也想提高勞動者工資，中央政府也已經制訂了最低工資制。但很顯然，這方面的阻力非常之大。不僅資方反對，連地方

政府也反對。盡管近年來，對提高勞動者收入的討論多了起來，但沒有出現有效的政策和制度。要實現勞動者收入提高的目標，政府可能必須重新考慮工會的作用。如果政府還繼續站在資方一邊，幫助資方壓低勞動者工資，那麼在勞動者、資本和政府三邊關係之中，力量就會繼續失衡。表面上，政府在經濟發展過程中扮演着積極的角色，但從長遠看是阻礙經濟發展的，尤其是可持續的發展。道理很簡單，經濟的發展應當依靠的是技術和管理水平的提高，而不是人為地壓低勞動者工資。

如果認識到中間力量是優質民主的基礎，那麼中國的改革也就有了明確的方向，也不難回答諸如改什麼、為什麼而改革、怎樣改革等問題。要培養中間力量就必須繼續創造財富；要創造財富就必須深化市場化改革。但同時必須加快社會改革，確立社會政策，保護社會。只有這樣，中國社會才會保持繁榮穩定，並發展出一個可以持續的自主社會秩序。當然，這樣一個自主的社會秩序也是執政黨長治久安的社會基礎。

結論

討論 2049 年的中國政治，實際上是要回答「中國政治向何處去？」這個問題。要回答這個問題，首先就要回答「中國政治從何而

來？」的問題。這就需要我們不僅對中國數千年的政治模式作深刻的認識，而且也要思考現代政治模式是如何承繼傳統模式，又如何轉型到我們所期待的方向的。

改革開放以來，盡管人們對中國政治改革談論得很少，但正如這裏所討論的，很多政治實踐已經指向這樣一個大趨勢，即開放式建黨，建設開放式政黨體系。這個大趨勢既符合中國傳統文化的開放精神，也符合現代政治的開放精神。從開放性來考慮中國政治的未來及其走向，會給人們帶來一些深層的政治思考。

那麼，中國政治發展的關鍵詞或者核心是什麼？從這裏的討論中，我們可以用三個相關的概念來概括，即開放、競爭和參與。而這三者都是根據執政黨的政治而展開的。開放最重要，是競爭和參與的前提。人們所說的開放，一般指的是國家向其他國家的開放，即「改革開放」概念中的「開放」。但在政治領域，開放指的是政治過程的開放，即政治過程向不同社會群體的開放，向不同精英群體開放，向不同的利益開放。

在這個前提下，開放又可引發出另外兩種情況，即競爭和參與。競爭就是競爭人才，管理國家社會經濟事務等方方面面的人才。要通過競爭把不同社會群體的人才選拔出來。很顯然，開放是競爭的前提條件，沒有政治過程向社會開放，人才就能難參與政治，就談不上競爭了。但競爭不是西方意義上的單純的選舉，而是選拔基礎之上的選舉，或者賢人政治之上的民主。無論是黨內民主，社會民主還是利益

代表（人大）和協商（政協）領域，因為利益的多元化，政治競爭是不可避免的。在西方，政治競爭主要表現為選舉。但是在中國，無論哪一個層面，如果要實行選舉民主，那麼就要考慮到中國數千年的賢人政治傳統。

賢人政治，英文為 meritocracy，屬於中國傳統。西方是民主（democracy）。前者是選拔（selection），而後者是選舉（election）。中國要實行選舉民主，就必須把賢人政治和民主、選拔和選舉有機地結合起來。這樣才能夠超越西方民主。歷史上，單純的選舉既不能保證把最優秀的人被選舉出來，也不能防止最壞的野心家的當選。參與就是社會的不同群體參與政治過程。競爭又是參與的前提條件，沒有競爭，就沒有參與。參與既可以是對人才的選拔或者選舉，也可以是對政治人物的政策制定和落實的參與。

開放、競爭與參與既是對中國文化環境中傳統政治模式的反思性總結，更是對改革開放以來中國政治實踐的總結。歷史的經驗表明，中國政治的興衰和政治過程的開放度緊密相關。當政治開放的時候，競爭就會出現，社會就有參與的機會，政治就興旺；反之，當政治封閉的時候，競爭就會消失，社會就變得和政治毫不相關，政治就會衰落。

如果說政治的開放性是中國政治民主化過程的主要特點，那麼有效的政治開放必須和社會經濟發展及國家制度建設結合起來。優質民主需要高社會經濟發展程度，需要方方面面的國家制度建設。如果沒

有這些，民主化並不能導向人們期待中的民主政治。相反，很有可能
導致一種人們應當加以努力避免的政治局面，正如很多發展中國家的
政治經驗所展示的那樣。

　　經過了 40 多年的經濟改革和發展，今天的中國已經進入了一個
以社會改革和發展為主體的階段。

　　在國家制度建設過程中，社會制度建設具有承上啟下的作用，
既要深化經濟制度建設，又要為未來的政治改革作制度準備。在運作
良好的民主社會，社會制度是社會穩定的最重要的制度保障。如果中
國在未來一個階段能夠在社會改革方面取得制度性突破，建立社會保
障、醫療、教育、住房等基本制度，建設一個龐大的中產階級，那麼
中國不僅僅能夠避免人們所擔憂的中等收入陷阱，而且能夠跳出一些
發展中國家所經歷的「低度民主陷阱」，從而成為一個民主、富強和
公正的社會。通過建設一個開放、競爭、參與為特徵的政黨來實現一
個民主、富強和公正的社會，這應當是 2049 年中國政治的遠景，也
是一個可以實現的遠景。

第五章

通往 2035：中共的「自我革命」與現代性探索

從未來歷史的角度來說，2017 年召開的中共十九大及其 2018 年召開的「兩會」（全國人民代表大會和中國人民政治協商會議）對中國和世界的未來都具有深刻的意義。對中國本身來說，正如十九大報告所強調的，國家已經進入一個「新時代」。這是一個承上啟下的時代，一個總結過去、直面現實和通往未來的時代。

十九大對從今天開始到 2050 年的中國勾畫出了長遠的發展藍圖。在今天的世界上，恐怕沒有一個執政黨能夠對國家的發展做出如此長遠的規劃。

國際社會對十九大通過的中國發展規劃的強烈反應（無論是正面的還是負面的）並不難理解。有人看到了中國發展所能提供的機會和利益，而有人則感覺到了這一過程對自己或者自己所屬國家所能產生的巨大壓力和挑戰。對國際社會來說，中國早已經是世界第二大經濟體、最大的貿易大國，不管內部有着怎樣的發展，都會產生出巨大的外在影響力。自 2008 年全球金融危機以來，中國一直為世界經濟的發展貢獻着最大的份額。盡管十八大以後，中國經濟發展進入「新常態」，經濟增長速度下行，但較之仍然沒有走出危機陰影的西方經濟，或者其他發展中國家經濟，中國仍然是佼佼者。無論從哪個角度來說，世界沒有任何理由不關注決定中國未來的十九大及其 2018 年「兩會」出臺的新的國家發展規劃。

那麼，十九大和 2018 年「兩會」出臺的政策藍圖到底會如何影響中國和世界的未來呢？這就需要人們來解釋十九大政治報告，因為

這份報告就是未來中國發展的藍圖。2018 年「兩會」出臺的政策就是基於十九大政治報告之上的，或者説，是十九大宏觀藍圖的細化。

人們當然可以從不同的角度來解讀十九大報告，政治的、經濟的、社會的、軍事的、文化的，外交的，等等。因為十九大報告是一份高度綜合性的文件，多角度來解釋不僅應當，而且必須。

不過，我們認為十九大是中共在「新時代」最重要的政治大會，十九大報告的核心是政治，是一個政治文件，盡管其他方面都有涵蓋，但都居於次要和補充性的地位。實際上，其他方面發展規劃更詳細地體現在 2018 年「兩會」的政府工作報告中。在未來中國發展的很多問題中，政治是最關鍵的。這些年學界和政策研究界一直在討論「中國模式」或者「中國道路」的問題。盡管無論「中國模式」或者「中國道路」都是多相面的，但政治無疑是核心。

就是説，盡管經濟社會等方面的發展也很重要，但未來中國的命運掌握在中國政治手中。再者，在中國的政治構架中，談論政治就是談論中國共產黨。也就是説，十九大報告盡管討論的是中國的現代化，但中心議題就是中共本身的現代化問題。中國的現代化首先取決於作為唯一執政黨的中國共產黨的現代化。如果中國共產黨本身不能實現現代化，那麼其他方面的現代化就會變得極其困難，甚至無從談起。因此，我們可以把十九大稱之為中共作為執政黨進行的一場深刻的「自我革命」，通過這場「自我革命」，中共重新規定了自己的現代性。在這個基礎之上，才可以討論國家的現代化和中國對國際社會

的貢獻。

因此，在一個層面，要理解中國未來的制度發展趨勢，人們必須對十九大報告進行政治解釋。不過，需要說明的是，這裏的「政治」並不是人們平常所理解的政治，即日常政治生活中的政治。我們認為，政治的核心便是制度，制度決定政治行為。所以，這裏的解釋側重於制度面，也可以稱之為制度解釋。

如何認識中共的「自我革命」

那麼，如何來認識十九大所發生的中共的「自我革命」呢？我們認為，這一解釋至少需要涵蓋如下四個大方面。

第一，中共十八大以來所發生的一切，尤其是在政治領域所發生的一切。

十九大正式提出中國進入一個「新時代」，但「新時代」並非從天而降，而是 2012 年十八大之後中國政治發展的自然結果。如果說「新時代」有一個起點，那麼這個新起點就是十八大。而這裏所說的中共的「自我革命」更是在十八大以後就已經在發生了。盡管十九大之後的「自我革命」會繼續逐步展開，但十九大的「自我革命」之所以可能，完全是因為十八大以來的「自我革命」。

　　第二，正式政治文本和非正式政治文本的結合。

　　在任何國家，政治都體現為正式與非正式兩個方面，這兩個方面都很重要。中國尤其如此，很多在正式文本中不方便說的東西，就放在非正式文本中說，非正式文本往往是對正式文本的解釋。就中共十九大來說，最重要的政治文本是總書記習近平所作的十九大報告和有關修改黨章的說明，也包括中共中央政治局召開研究部署學習宣傳貫徹十九大精神會議之後由新華社在 2017 年 10 月 27 日發表的《中共中央政治局關於加強和維護黨中央集中統一領導的若干規定》和《中共中央政治局貫徹落實中央八項規定的實施細則》。[1] 之後重要的正式文本還包括 2018 年 3 月十九屆三中全會之後由中共中央印發的《深化黨和國家機構改革方案》。[2] 這類正式文本以後還會有，但主體議程和思想已經呈現在這些重要正式文本中了。此外，非正式文件的文本也很重要，因為這些非文件文本說明了正式文本產生的過程，其重要性不可忽視。這些非正式文件文本包括新華社所發表的兩篇重要報道，即 2017 年 10 月 24 日發表的題為《肩負歷史重任、開創復興偉業——新一屆中共中央委員會和中共中央紀律檢查委員會誕生記》和 2017 年 10 月 26 日的發表的題為《領航新時代的堅強領導集

1　新華社，2017 年 10 月 27 日

2　新華社，2018 年 3 月 21 日

體──黨的新一屆中央領導機構產生紀實》[3]。同樣，此類有關正式文件形成過程的報道會繼續出現，但不會離開所已經表述的主體議程和思想。

第三，顯性的和隱性的，或者直接的和間接的制度變化。

有些制度變化是顯性和直接的，例如設立依法治國領導小組（十九屆三中全會之後改成「委員會」）和國家監察委員會，但有些變化則是隱性的和間接的，不過同樣重要。最重要的隱性制度變化是《中共中央政治局關於加強和維護黨中央集中統一領導的若干規定》中確立的政治局委員每年要向黨中央和總書記書面述職的制度。人們可以認為，這是「總書記＋」的開放式制度變化，或者說，是一種事實上的黨主席制度。在十九大之前，政治局常委王岐山是否從政治局常委的位置上退下來，曾經是國內外的一個最重大的關切，現在他退下來了，人們就不再討論，但王岐山退下來也是一件重大事件，因為這不僅僅是他個人的事情，更是制度建設的問題，對中國制度的演進會產生不可估量的影響。

第四，十九大中共「自我革命」的邏輯結果，也就是對未來的展望。

同樣，十九大對未來中國發展的影響是全方位的，但這裏的討論

3　新華社，201 年 10 月 24 日，10 月 26 日

側重於政治制度方面的變化。在強調「制度自信」的今天，人們迫切需要關切正在發生的制度變化。為此，我們需要在十九大全方位的報告中，從其豐富的內容中提取和勾勒出未來中國政治制度的大構架。制度建設是十八大的主題，更是十九大的主題。十九大成立依法治國領導小組[1]已經發出一個明確的信號，那就是要把制度建設提到最高議事日程上來了。

那麼，就制度建設而言，十九大釋放出了什麼重要的信息呢？簡單地說，中共十九大「自我革命」所釋放出來的最為重要的信息便是中共對自身現代性的重新界定。經過「自我革命」，這是一個新的政黨，或者一個新時期的政黨。

自改革開放以來，無論海內外都在討論中國方方面面的現代化過程和所獲得的現代性。不過，在很大程度上，人們一直忽視了中共本身的現代化和所獲得的現代性。實際上，如果不能理解中共的現代化和現代性就很難理解其他方方面面的現代化和現代性。

一個最重要的事實就是：中共是中國的政治主體，唯一的執政黨。就是說，中共決定了中國的一切。中共黨員僅 9000 萬，大多精英都在黨內。傳統上，中共把自己定義為「先鋒隊」。「先鋒隊」就是要起領導作用的。所以，討論中國的現代化就首先必須討論中共的現

---

1 十九屆三中全會之後已經改成「委員會」。

代化。這 9000 萬人現代化了，就可以帶動整個國家的現代化。如果中共沒有現代化，那麼就不會有國家的現代化；如果中共自身實現不了現代化，那麼就會拖國家現代化的後腿；如果中共自身首先實現了現代化，那麼就有能力引領國家的現代化。簡單地說，中國所有其他方面的現代化包括經濟、社會和文化等方面都取決於政治的現代化，也就是作為政治主體的中共的現代化。

世界權力危機與中共的現代性

中共現代化的重要性，還必須置於今天世界範圍內各國政黨所面臨的挑戰這一國際背景下加以認識。

西方社會總是批評中共的「保守性」，認為中共缺乏西方所認同的「現代性」。但事實上並非如此，甚至完全相反。中共從其產生的第一天起就和國際背景分不開，中共內部的發展和變化也一直是和國際背景相關的。改革開放以來的 40 多年時間裏，中共內部發展和國際背景之間的關係發生了幾次很大的變化。20 世紀 70 年代後期，中共主動開放，抓住國際機遇，贏得了發展的機會。但在 1989 年之後，尤其是在 20 世紀 90 年代初蘇聯東歐共產主義政權解體之後，中共轉向應對危機。在這段時間裏，盡管也有制度變化，但主要是通過

應對危機來鞏固執政黨的領導權。從 2012 年十八以來，中共再次轉型，根據國際形勢的變化，不僅僅鞏固了自己的領導權，而且把制度建設提到議事日程上來。從這個角度來看，要認識中共十九大所發生的「自我革命」，就必須理解當今世界所普遍面臨的政治權力危機，尤其是政黨治理危機。不理解世界性的權力危機，就很難理解中共所進行的「自我革命」的世界意義。

今天，在世界範圍內，政黨及其權力都深陷危機。從歐洲、美國和很多發展中國家的政治現狀及其發展趨勢來看，在權力頂層上，已經在世界範圍內發生着一種可以稱之為「核心危機」（或稱「首腦危機」）的現象。無論對各國國內政治還是國際政治都帶來了巨大的不確定性。而「核心危機」的核心便是政黨危機。近代以來，幾乎在所有可以稱之為「現代的」國家，政黨無一不是政治生活的核心。盡管政黨之外的各種社會力量尤其是非政府組織也在成長，但政黨仍然是各國的政治主體。政黨組織社會、凝聚共識、產生領袖、治理國家。但今天，在所有這些方面政黨都出現了嚴重的問題，政治危機也隨即產生。更嚴重的是，這種危機不僅存在於發達的西方世界，而且也存在於發展中的非西方世界。

西方的政治危機

在西方，今天的權力危機和民主政治密切相關，甚至可以說是西方民主政治的直接產物。當然，核心危機並不是說今天西方各國沒有

了核心，而是說西方所產生的核心沒有能力履行人民所期待的角色和作用。今天西方的政治核心或者統治集團至少表現為如下幾類。

第一，庸人政治。

民主制度所設想的是要選舉出「出類拔萃之輩」成為一個國家的領袖或者領袖集團，但現在所選舉出來的領袖絕非是最優秀的，甚至很難說是「優秀」。退一步言，如果說所選舉出來的政治人物是否「優秀」很難判斷，那麼從經驗上看，這些被選舉出來的領袖沒有多少是有所作為的。再者，即使這些政治人物想作為，實際上也很難作為。這或許是因為領袖個人的能力之故，或許是因為領袖所面臨的制約過多之故。不管是什麼原因，結果都是一樣的。相反，人們看到的是，民粹主義式的不負責任的領袖越來越多。

最顯著的表現就是領袖們動不動就進行公投，用公投方式來解決政治人物本身解決不了的問題。近代西方代議制產生的原因在於，在大而複雜的社會，公民行使直接民主不可能，因此公民選舉出他們的代表，讓這些代表來行使權力。這些代表也就是人們日常所說的政治精英或者統治精英。在近代以來的大多數時間裏，代議制民主運作良好。不過，代議制民主運作良好的一個前提條件就是「精英民主」，也就是說，民主只是少數人的事情。在今天大眾民主（即「一人一票」民主）的時代，當這些「代表」之間達成不了政治和政策共識的時候，政治和政策之爭最終就演變成了黨爭，領袖們在面臨這種情況時不負責任地訴諸於公投，把本來自己有責任決定的事情簡單地交付給老百

姓來決定。這樣，間接民主就轉變成為直接民主。就其形式來說，公投的確是直接民主的最直接表現，也就是最民主的，但問題在於，公民本身對很多問題是沒有判斷能力的。這並不是說民眾很愚昧，而是正如德國社會學家韋伯（Max Weber）所言，政治是一種「職業」，需要專門的人士（政治家）來從事。[1] 很顯然，收集、分析政策信息需要時間和專業知識，而這些是一般民眾很難具備的。在今天的社交媒體時代，「假新聞」盛行，這更增加了民眾做理性政治判斷的困難。因此，民眾在公投表決之後，對公投的結果又會後悔。這在英國的「脫歐公投」中表現得淋漓盡致。西班牙加泰羅尼亞公投更是如此。

更為嚴峻的是，公投經常導致一個社會的高度分化，社會處於簡單的「是」與「否」的分裂狀態。結果，公投這一最民主的方式導致了最不民主的結果，往往是 51% 的人口可以決定其餘 49% 的人口的命運。

第二，傳統類型的「出類拔萃之輩」正在失去參與政治事務的動機。

就民主政治所設想的「政治人」理論來說，參與政治（即參與公共事務）似乎是人類最崇高的精神。從古希臘到近代民主早期，這一設想基本上有充分的經驗證據，因為無論是古希臘還是近代民主早

1　Max Weber, "Politics as Vocation", in Weber, From Max Weber, tr. and ed. by H. H. Gerth, and C. Wright Mills. (New York: Free press, 1946).

期，從事政治的人都是貴族或者有產者（主要是馬克思所説的資產階級或者商人階層）。貴族和有錢階層往往能夠接受良好的教育，並且不用為生計擔心，是有閒階層，他們中的很多人有服務公眾的願望。韋伯稱這個群體為「職業政治家」。但在大眾民主時代，「政治人」的假設已經不那麼和經驗證據相關了。從理論上説，大眾民主表明人人政治權利平等，不管政治經濟社會背景如何不同，所有人民都有同樣的機會參與到政治過程中去。這樣，很多政治人物不再是專業政治家，政治對他們來説更是一份工作，並且是用來養家糊口的。與過去相比，政治的「崇高性」不再存在。並且在大眾政治時代，政治人物所受到的制約越來越甚。在這樣的情況下，很多「出類拔萃之輩」不再選擇政治作為自己的職業，而選擇了商業、文化或者其他領域，因為那些領域更能發揮自己的作用。

第三，代之以傳統「出類拔萃之輩」的，便是現代社會運動型或者民粹型政治人物的崛起。

無論在發達社會還是發展中社會，這已經是非常明顯的現象。自然，這種現象並不新鮮，從前也發生過。在西方，每當民主發生危機的時候，便會發生社會運動。無論是自下而上的社會運動還是由政治人物自上而下發動的社會運動，都會產生民粹主義式的政治人物。在發展中國家，二戰之後反殖民地運動過程中，曾經產生很多民粹式政治人物。為了反對殖民者，政治人物需要動員社會力量，同時社會力量也已經處於一種隨時被動員的狀態。

今天，無論是發達的西方還是發展中社會，民粹主義的社會運動到處蔓延，既有左派民粹主義的，也有右派民粹主義的；有宗教民粹主義的，也有世俗民粹主義的。民粹主義的社會運動一方面為新型的政治領袖創造了條件，另一方面也為社會帶來巨大的不確定性。

第四，強人或者強勢政治的回歸。

民粹主義政治的崛起正在促使政治方式的轉型，即從傳統制度化的政治轉向到社會運動的政治。從社會運動中崛起的政治領袖往往具有強人政治的特點，即往往不按現存規則辦事。破壞規矩是民粹主義的主要特徵。這不難理解，如果根據現行規則辦事，那麼就出現不了民粹。西方民主政治一般被視為是已經高度制度化了，甚至是過度制度化了。不過，民粹主義式的領袖往往可以對現存政治制度造成輕易的破壞。這一點在特朗普的崛起上就表現得非常明顯。

非西方的政治危機

非西方世界的情況也好不了多少，甚至面臨着更大的危機。西方世界不管怎樣，政治制度化水平相當高，政治力量或者政治人物很難輕易撼動現存制度。但發展中社會的情況就不一樣了。在發展中社會，政治制度化水平往往很低，很多仍然處於初級建設階段，政治力量和政治人物可以輕易破壞現存制度，導致更大的不確定性。

對很多轉型中的體制來說，面臨着兩個最大的不確定性：1.體制的西方（民主）化；2.體制轉型失去了方向，舊的體制不可行了，

新的體制又建立不起來，從而出現僵持局面。

這裏我們可以舉中國台灣地區和俄羅斯的轉型來説明。當然，體制的危機不僅僅發生在中國台灣地區和俄羅斯，也發生在廣大的發展中國家和地區。這些國家和地區早些時候都實行西方式民主，但現在都面臨調整甚至轉型，包括印度和土耳其等。

中國台灣地區在兩蔣時代（蔣介石、蔣經國）實行高度集權的體制，取得了輝煌的經濟和社會建設成就，成為亞洲「四小龍」的一員。但自李登輝時代開始民主化以來，台灣地區的社會經濟處於長期停滯狀態。例如，在 20 世紀 90 年代初，台灣地區的人均國民所得水平和另一個「四小龍」國家新加坡差不多，但今天新加坡人均國民所得已經超過 5 萬 6 千美元，但台灣地區只有 2 萬 3 千美元。盡管新加坡只是一個城市，而台灣地區還擁有農村，但這麼大的差異的確能夠説明台灣地區民主化對社會經濟的負面影響。台灣地區如果不是在蔣經國時代已經提升為發達經濟體，那麼今天的狀況會更為糟糕。

很多人把台灣的問題歸結於民主化，這並不確切。台灣所面臨的問題並不是民主化本身，而是過度的西方式民主化，確切地説，是美國式的民主化。

在任何國家，在社會經濟發展到一定的階段後，社會就會產生政治參與的要求，民主化往往變得不可避免。在這個時候，人們就要找到適合於自己文化環境的民主化方式、確立適合自己文化環境的民主政治。不過，這並沒有在中國台灣地區發生。民主化以來，台灣政黨

之間互相否決，不管誰當選領導人，都做不了事情。經驗地看，如果說台灣地區的民主化不可避免，但是西方式民主化則是可以避免的。問題出在蔣經國時代的政治轉型。

在蔣經國晚期，盡管國民黨已經面臨民進黨的挑戰，但其仍然掌控着各方面的資源，包括人財物。人才方面尤其顯著，國民黨幾乎錄用了社會上大多數最聰明能幹的人才。很遺憾的是，蔣經國沒有設計好國民黨的權力頂層及其權力交替，既造成了國民黨的分裂，也造成了國民黨和社會基礎的脫節。也就是說，國民黨的問題並不光是民進黨的挑戰，而是自己斷送了自己。國民黨衰落到今天的地步盡管可惜，但也是預期之中的。

國民黨的關鍵問題就是沒有處理好「核心」與「黨內民主」問題。蔣經國之後，李登輝被指定為「核心」，其之下有包括連戰、宋楚瑜在內的一大批能幹的政治人物。李登輝為了其「私心」（即實現「臺獨」的目標）就根本不想搞「黨內民主」；不僅如此，李登輝還刻意分化其之下的政治人物。當然，蔣經國挑選李登輝為繼承人負有很大的責任。如果蔣經國時代開始搞黨內民主，那麼台灣就更有可能演變成今天新加坡那樣的「一黨獨大」體制，不至於造成國民黨黨內分裂而很快讓位於反對黨。

一旦西方式民主化開始，台灣地區就走上了「不歸路」。這些年來，台灣政治人物之間的惡鬥是出了名的，根本就產生不了權力核心，深刻影響着台灣的治理制度。在很大程度上，台灣已經進入「後

權威時代」，即建立不起任何權威來。除非發生重大的危機，「亂世出英雄」，很少有人會認為，台灣還會出現一個強勢政治人物。這種政治格局不變，台灣的現狀就很難維持下去。今天，台灣地區已經遠遠被亞洲其他三個「小龍」所拋離。

俄羅斯的情況為我們提供了另一類型的轉型，即失去了方向感。

前蘇聯戈爾巴喬夫的西方民主式的改革，在很短的時間裏就葬送了蘇聯共產黨。之後，葉利欽變本加厲，希望俄羅斯成為一個西方式的「民主國家」。因為國家權力的解體，葉利欽時代的俄羅斯演變成典型的寡頭政治，所謂的民主政治便是寡頭政治。寡頭當道，他們不僅主宰着國家的經濟命脈，而且也是俄羅斯政治的實際操盤手。更為嚴重的是，寡頭們沒有一點國家利益觀念，勾結外國（西方）力量影響俄羅斯內政，出賣國家利益。

普京可以説是崛起於國家危難時刻。2000 年，普京一上臺就不惜一切手段整治寡頭。普京首先要寡頭們脫離政治。當時寡頭得到的明確指令是，他們必須放棄政治野心，才能得到政治的保護，繼續在俄羅斯生存和發展。在強大的政治壓力下，很多不服的寡頭開始流亡國外，有政治野心的則鋃鐺入獄。但是，普京不僅沒有在制度層面解決寡頭問題，反而以新的寡頭替代了老的寡頭，所不同的是新寡頭在政治上是支持普京的。在普京治下，親政府的超級富豪成為了新的寡頭，並且成為克裏姆林宮權力網絡的一部分。

這麼多年下來，普京仍然沒有能夠改變俄羅斯最基本的問題，

即經濟格局的重塑。俄羅斯仍然是寡頭經濟結構。直到今天，俄羅斯依然是原料經濟，經濟結構單一，中小型企業發展不起來。在歐盟國家，中小型企業佔國內生產總值的百分之四十左右，但在俄羅斯只佔百分之十五左右。俄羅斯中小企業不發達，除了上述寡頭經濟結構之外，更有意識形態和政治原因。俄羅斯的一些較小政黨主張發展中小企業，但這些政黨經常被執政黨懷疑，認為他們有政治野心，因此他們提出的正確的主張受到執政黨打壓，不能轉化為有效的政策。在寡頭經濟和政治的雙重擠壓下，俄羅斯的中小型企業沒有很大的發展空間，盡管國家對它們有實際上的需求。正如前蘇聯時期，經濟發展缺少動力已經成為俄羅斯的一個最嚴重的短板；就政治來說，則可能是一個致命性的短板。

普京個人的成功不在內政，而在其外交政策。普京嫻熟地動員和利用了俄羅斯民眾多年壓抑的民族主義情緒。

蘇聯解體之後，俄羅斯國力一路下滑。盡管俄羅斯走向了民主，符合西方的意願，但俄羅斯民眾很快就發現了西方的虛偽性，即西方所關切的是一個弱化、不會對西方構成威脅的俄羅斯，而不是健康發展的、民主的俄羅斯。同時，以美國為首的北約則大肆侵入俄羅斯的地緣政治利益範圍。普京經歷了整個過程，深刻了解民眾的心理。因此，他具有足夠的勇氣來反擊西方，不僅在烏克蘭的克里米亞問題上打了漂亮一仗，而且在其他方面的外交問題上（例如中東問題上）也贏得了民眾的支持，甚至一定程度上得到國際社會的認同。

　　不過，普京外交上的成功在很大程度上對內政發展起到了負面作用。普京面臨的兩難是：西方越反對普京的外交，內部民眾就越是支持他。於是就進入了一個惡性循環，普京越是施展民族主義的外交政策，越能贏得國內民眾的歡迎，尤其是小城鎮和底層社會群體的支持；但同時，普京越受民眾歡迎，越能掩蓋國內不斷積累起來的矛盾。也就是說，當普京可以從強硬的外交政策方面獲取足夠的合法性資源時，他無需通過內部的發展來獲得民眾的支持。不過，就俄羅斯內部發展而言，強硬外交並不是解決問題的有效方法。現在，在外交上，俄羅斯已經成為美國和西方公開的「敵人」，很難通過和西方改善關係來發展經濟。美國總統特朗普剛剛當選時意在改善和俄國關係，但所有和俄國友好的努力都受挫，就很能說明這個問題。

　　更為重要的是，普京所做的一切都不是確立和建設新制度，而是相反。為了掌握政權，普京進行了令人難以相信的政治權力操作。從總統變成總理，再從總理變為總統，就是一個最顯著的例子。俄羅斯盡管有了「民主的」政治體制的構架，但極其脆弱。普京不僅沒有鞏固這一制度，或者改進這一制度，反而利用這一制度的弱點來強化個人權力。普京的一些做法，例如切斷反對黨和國外勢力的聯繫，應當說是對的，也受到民眾的支持。一個國家的政治如果受到海外勢力的影響，那麼必然出現社會政治的分裂，因為海外力量是不需要負責的。但其把反對黨視為「敵人」，將其意識形態化，不聽反對黨的任何意見，包括建設性意見，這反而使得普京忽視了國家面臨的很多問題。

　　即使在普京的執政黨黨內，也沒有確立任何制度機制來協調不同利益和意見。黨內從地方到領導層，派系林立，不屬於普京派系的人的主張經常受到懷疑和打壓，而屬於普京派系的則毫無原則地得到重用。

　　俄羅斯民眾普遍認同不要盲目照搬西方制度。不過，自己的制度又是怎樣的呢？普京並沒有做任何有意義的探索。近年俄羅斯有政治人物甚至提出要恢復傳統的君主制度，普京也不表態，這是很能說明一些問題的。

　　不難發現，無論在體制內外，普京的所作所為不是以制度建設為中心，而是以個人權力為中心的，結果造成了制度弱化而個人權力強化的局面。無論是在戈爾巴喬夫時代還是在葉利欽時代，俄羅斯錯失了制度轉型和建設的機遇，今天的普京仍然在錯失機遇。這些年，普京完全可以通過其掌握的權力進行有效的制度建設，但他並沒有這樣去做。結果，站在強大的普京背後的，便是一個贏弱的俄羅斯。如果說現在普京還能夠支撐這個國家，那麼普京之後又有誰來支撐呢？

　　因此，有觀察家認為，在很多方面，普京的俄羅斯仍然沒有走出前蘇聯模式。盡管政權的支持率仍然很高，但這個支持率主要來自普京本人，而非體制。在前蘇聯時代，政權的投票支持率幾乎可以高達百分之百，也沒有人預測到蘇聯會解體，但它最後的確解體了。有人會認為，這是俄羅斯文化的本質，即一種「危機產生強人、強人製造危機」的循環。不過，這絕對不是一種好的循環，而是惡性循環。

　　歷史地看，無論哪個國家，是否強大的最主要標誌是制度，即一套新制度的出現。強人的出現對這套制度的出現至為關鍵，因為新制度不會從天而降，新制度是需要強人去造就的。不過，強人的出現不見得一定會導致新制度的出現；如果強人只是為了自己的利益，那麼就很難把自己的權威轉化成新制度。如果這樣，那麼強大的只是這個強人，而非制度。

當代中共的「現代性」

　　正是在這樣的國際背景下，十八大以來，中共進行了前所未有的「自我革命」。在十九大會議期間，王岐山在參加湖南省代表團討論時，對十八大以來習近平的作為有一個評介。王岐山説，「習近平從根本上扭轉了中共的領導弱化、黨建缺失、從嚴治黨不力的狀況，校正了中國共產黨和中國的前進的航向。」[1] 這個評介應當説是非常恰當的。十八大以來中共正是在矯正「領導弱化、黨建缺失、從嚴治黨不力」的情況下重新界定和獲取現代性的。

1　新華社 2017 年 10 月 19 日

　　十八大以來提出了「四個全面」，即全面建成小康社會、全面深化改革、全面依法治國、全面從嚴治黨。在這「四個全面」中，最後一個「全面」即「全面從嚴治黨」是最重要的。如前面所述，中國共產黨是中國的政治主體。這一簡單的事實表明，沒有這最後一個「全面」，其他三個「全面」就會無從談起，因為前面三個「全面」都需要中共這個行動主體去實現。如果我們把前面三個「全面」理解為中國的現代化過程，那麼也很容易理解，如果沒有中共本身的「現代化」，其他方面的「現代化」也就無從談起。

　　在十八大到十九大的五年時間裏，中國政治領域發生了諸多重大的變化。這裏所說的「政治領域」的變化指的是在中共內部所發生的變化。中共是中國的政治主體，重大的政治變化都是圍繞中共自身的變化，這一點並不難理解。再者，中共內部的變化也具有「外溢性」，即內部變化會導致其外部各方面關係的變化，包括黨政關係、黨軍關係、黨和經濟的關係、黨和社會的關係，等等。

　　不難觀察到，十八大之前中共所發生的變化大都是調整其外部關係，即執政黨對社會經濟變化作出「與時俱進」的調整和適應。各種調整往往表現為反應性和被動性，在一些時候更是表現為「不得不」的方式。而十八大以來所發生的變化主要是內部的，也就是這裏所說的「自我革命」。黨內所發生的變化已經遠超出內部關係的調整，而是諸多重大關係的重新構造，涵蓋了上至頂層權力運作機制，下至黨內政治生活準則在內的各個領域。因為中國共產黨是唯一的執政黨，

因此其面臨兩種選擇，即「被革命」和「自我革命」。「被革命」就是由他人來「革命」，而「自我革命」則是自己對自己的革命。十八大以來中共選擇的是「自我革命」。通過「自我革命」，不僅避免「被革命」，更是強化中共的領導力量。

在十八大至十九大五年間，中共的「自我革命」表現為圍繞着反腐敗鬥爭而展開的「破」和「立」兩個方面。

反腐敗鬥爭最早始於 2012 年底由中共中央政治局審議通過的「八項規定」，內容包括輕車簡從、嚴格控制出訪隨行人員、嚴格執行住房車輛等配備待遇等具體事項。這場反腐敗鬥爭被普遍視為是 1949 年建國以來最持久深入的運動。根據中紀委網站十九大前發佈的消息，在 5 年時間裏，共處分了 200 萬名黨員，約佔中共全體黨員的百分之二。其中，共立案審查副部級以上中管幹部 280 多人，廳局級幹部 8600 多人，縣處級幹部 6.6 萬人。除了對高層幹部進行反腐敗外，還推動全面從嚴治黨向基層延伸，5 年裏處分鄉科級或以下黨員 134.3 萬人，處分農村黨員幹部 64.8 萬人。

「立」的方面表現為從嚴治黨的制度化。作為執政黨，「從嚴治黨」也一直都是中共高層所特別強調的。自 1987 年中共十三大以來，每次黨代表大會報告都會特別強調「從嚴治黨」。不過，十八大之後則更進一步，提出了「全面從嚴治黨」。這一概念是習近平 2014年在中共群眾路線教育實踐活動總結大會中首次提出，並在之後成為「四個全面」中的最後一個「全面」。不過，正如前面已經指出的，

這最後一個「全面」實際上是最為關鍵的。針對黨風黨紀問題，2015年中共修訂印發了《中國共產黨紀律處分條例》。之後，中共十八屆六中全會更是通過了兩個重要政治文件，即《關於新形勢下黨內政治生活的若干準則》和《中國共產黨黨內監督條例》。

對中共內部所發生的這些變化，無論黨內還是黨外，無論是海內還是海外，很多人很難理解，甚至很不理解。例如針對反腐敗問題，就有很不相同的看法和意見。一些人認為，反腐敗過度了、已經走過頭了。另一些人認為，反腐敗表現為「選擇性」，即表現為「路線」問題。還有一些人簡單地認為，之所以如此反腐敗只是這一代領導人想建立自己的「豐功偉績」罷了。當然，更多的人則持傳統的觀點，即反腐敗就是為了中共的自我生存和發展。

但是，所有這些看法都忽視了中共反腐敗背後的真正目的，那就是對執政黨本身的現代化和現代性的殘酷無情的追求。現代性問題已經不僅僅是執政黨的生存和發展問題，而是中共的性質問題。對現代性的追求表明，中共要對新時期的一系列問題做出確切的回答，包括中共是一個什麼樣的政黨？依靠什麼執政？如何獲取合法性？如何執政？如何治理？等等。

如何解釋中共的現代性？這個問題就需要把中共置於中國近代以來的政治啟蒙運動的歷史及其演進中。作為一個近代政治組織，中共這樣的組織在中國的歷史上從來沒有產生過，它是中國近代政治啟蒙的產物，是在政治啟蒙的運動中萌芽、產生和發展起來的。

中外學界有這樣一個共識，即中國傳統政治體制和現代政治體制的最大不同在於，傳統政治體制的目的在於守舊和維持現狀，而現代政治體制的目的在於轉型和進步。[1] 傳統體制也不是沒有變化，但變化的目標在於維持現狀，就是防止具有「革命性」的變化。漢朝之後，「罷黜百家、獨尊儒術」，從思想上遏制了任何可以催生重大變化的因子。儒家成為唯一的統治哲學，而儒家的核心就是維持統治。德國近代哲學家黑格爾就認為中國沒有歷史。的確，從秦始皇一直到晚清的數千年裏，中國只有朝代的更替，但沒有基本制度的更替。人們既可以説這是傳統政治體制的生命力，但也可以説這數千年裏缺少結構性的變化。

　　現在的政治體制則很不一樣了，主要是因為在政治啟蒙的運動過程中牢固確立了「進步」的觀念，社會是可以有進步的，進步可以是無止境的。從孫中山革命起，數代中國人都在追求變化，都有一樣的目標，即要改變中國，要有進步。在近代啟蒙運動中，人們對從前維持舊體制的儒家個人倫理做了最激進的批評和攻擊。不過，盡管從前的倫理不再可行了，但各派政治力量對未來是怎樣的則沒有共識。中國需要什麼樣的變化？如何追求變化？變化的目的是什麼？各種政治

1　參見 Stuart R. Schram, ed., The Scope of State Power in China (Hong Kong: The Chinese University Press, 1985) 和 Foundations and Limits of State Power in China (Hong Kong: The Chinese University Press, 1987) 兩書中有關中國傳統國家的文章。

力量都持不同觀點。中國共產黨選擇了追求最激進也是最深刻的變化，這也就是中共成立以來所追求的社會主義革命，用革命來推翻舊政權，徹底改造社會，確立一個全新的制度。自然，這裏面也引申出今天中國所面臨的種種「矛盾」，最主要的矛盾就表現在傳統儒家哲學和馬克思列寧主義之間的矛盾，前者的功能在於維持現狀，或者為了生存而調適自己，而後者則是追求變化，而且是無窮盡的變化。

20 世紀 90 年代中期以後，隨着老一代革命出身的政治人物離開政治舞臺，中共開始了一個巨大的轉型，即從原來的「革命黨」向「執政黨」的轉型。[1] 這個轉型方向極其明確，但是對「何謂執政黨？」這個問題，人們的認識並不是很清楚，也不深刻。可以說，自從轉型開始以來，無論在理論層面還是實踐層面，人們對這個問題一直處於探索過程之中。不過，有一點是很明確的，如果一個政黨僅僅是為了執政而執政，那麼必然導致執政黨的衰落。這既明顯表現在前蘇聯和東歐共產黨執政的歷史中，也表現在今天西方那些根據選票計算其執政合法性的政黨的歷史和現實經驗中。

那麼，現代性來自哪裏？現代性不會從天上掉下來，也不會「隨波逐流」而來？整個近代以來，現代性是通過「革命」或者「鬥爭」

1　鄭永年，第四講：人本社會主義、政黨的轉型和中國模式，《中國模式：經驗與困局》，杭州：浙江人民出版社，2010 年版。

而來的。今天，現代性仍然意味着中共如何在向現代執政黨轉型過程中仍然不失其「革命性」。在成為執政黨之後，在其傳統意義上，持續的啟蒙和革命顯然已經很不適應。革命畢竟是要推翻現存制度，而執政則是要維持現行的體制。1949 年之後，受激進啟蒙思想影響的毛澤東仍然要通過社會運動來「繼續革命」，即推翻自己建立起來的官僚體制，至少要避免官僚體制返回舊制度的特點，這和執政黨的本質構成了對立，既造成了黨內政治上的災難性後果，也造就了社會的「普遍貧窮化」（即「貧窮社會主義」）。而「普遍貧窮化」則是毛澤東領導的革命本身所要消滅的目標。

　　毛澤東之後，鄧小平所領導的中共重新界定了中共的現代性，即要解決「普遍貧窮化」這個革命原來的目標。不過，鄧小平時代在重新界定中共現代性的同時，也努力保留着執政黨的「革命性質」。鄧小平所力主推動的「幹部四化」就是很好的例子，即革命化、年輕化、知識化、專業化。「革命化」居首，還是頭等重要的，即只有「革命化」才能促成執政黨在達成其所設定的新的使命的同時實現現代性。但是，因為鄧小平時代的現代性主要是由國家的經濟現代性所規定的，執政黨的現代性不可避免地要受這種經濟現代性的影響。在經濟領域，中國很快形成了 GDP 主義。就經濟發展而言，GDP 主義實際上功不可沒，中國在短短的數十年時間裏徹底改變了「貧窮社會主義」面貌。十八大之前，中國已經躍升為世界第二大經濟體，最大的貿易大國；即使就人均國民所得而言，也從 20 世紀 80 年代初的不

足 300 美元躍升到 8000 美元，如今更是突破了 1 萬美元。更重要的是，中國促成了近 7 億人口脫離絕對貧困狀態。這些成就被國際社會視為是世界經濟史上的中國經濟奇跡。

不過，GDP 主義也深刻地影響着執政黨作為組織本身，影響着其黨員幹部的行為方式。簡單地説，執政黨本身被嚴重商業化了。在十九大報告和修改黨章的説明中，中共已經充分意識到商業化對黨作為組織及其黨員個人的負面影響。

簡單地説，因為商業化，中共失去了其傳統上的「革命性」。早在十八屆六中全會上，習近平在其所講的一段話中就很直觀地描述出了執政黨所面臨的嚴峻局面。習近平説，「在一些黨員、幹部包括高級幹部中，理想信念不堅定、對黨不忠誠、紀律鬆弛、脫離群眾、獨斷專行、弄虛作假、庸懶無為，個人主義、分散主義、自由主義、好人主義、宗派主義、山頭主義、拜金主義不同程度存在，形式主義、官僚主義、享樂主義和奢靡之風問題突出，任人唯親、跑官要官、買官賣官、拉票賄選現象屢禁不止，濫用權力、貪污受賄、腐化墮落、違法亂紀等現象滋生蔓延。特別是高級幹部中極少數人政治野心膨脹、權欲熏心，搞陽奉陰違、結黨營私、團團夥夥、拉幫結派、謀取權位等政治陰謀活動」。[1] 這裏所説的既有執政黨黨員的個體行為方

1　習近平，「在黨的十八屆六中全會第二次全體會議上的講話（節選）」，2016 年 10 月 27 日，《求是》，2017 年第一期。

式，也有他們的集體行為方式；既有地方層面的，也有中央層面的。這裏涉及到派系、寡頭政治、集體墮落等等，而所有這些已經並非「腐敗」這一概念所能涵蓋的了。

再者，商業化更表現在執政黨的外圍組織，尤其是共青團的變化上。習近平對共青團也有過嚴厲的批評。在《習近平關於青少年和共青團工作論述摘編》中，習近平批評共青團，「空喊口號」，「形同虛設」，「四肢麻痺」，「說科技說不上，說文藝說不通，說工作說不來，說生活說不對路，說來說去就是那幾句官話、老話、套話，同廣大青年沒有共同語言、沒有共同愛好，那當然就會話不投機半句多。」「如果青年在前進，而團組織沒有與時俱進，不能成為青年的領頭羊，反而成了青年的尾巴，那何談擴大有效覆蓋面？跟都跟不上！」人們把共青團的現象概括成為「四化」，即「機關化、行政化、貴族化、娛樂化」。可以說，類似的現象也普遍存在於其他組織中間。[2]

無論是黨內所出現的現象，還是共青團所出現的現象，或許是現代商業社會的共同現象，或者說這些現象也具有「現代性」，不管人們喜歡與否。但不管如何，這是中共作為執政黨必須避免的「現代性」。如果執政黨遷就這些「現代性」，隨波逐流，向這些「現代性」投降，那麼其衰落就變得不可避免了。

2　中共中央文獻研究室編輯，《習近平關於青少年和共青團工作論述摘編》，北京：中央文獻出版社，2017年。

　　因此，中共需要通過重新確定自己的使命，復興其革命性，再次界定自己的現代性。如上所說，毛澤東的設想是通過「繼續革命」保持執政黨的現代性，但其實驗沒有成功。鄧小平所界定的國家經濟現代性成功了，但執政黨本身出現了重大問題。十八大以來，執政黨通過大規模的反腐敗鬥爭，「去除」政黨的商業性這種「現代性」弊端，通過確立新的使命和建設新的制度機制，規範黨組織和黨員幹部的行為來重新界定黨的現代性。

　　在中國，「政黨」的概念是近代從西方引入的，但引入之後其含義發生了重大的變化。在西方，政黨是競選「選票」的工具，在此之外並無其他功能。在中國，政黨是政治行動的主體，而行動不僅僅是求生存和發展，還要引領國家各方面的發展。就是說，政黨的現代性不是被變化着的環境所被動規定和界定的；恰恰相反，執政黨要通過行動來主動規定自身的現代性，追求和獲取自身的現代性。通過不斷更新和規定其現代性，執政黨才能在不斷更新自身的同時，保持其引領社會發展的使命感。[1]

1　參見 Zheng Yongnian, The Chinese Communist Party as Organizational Emperor: Culture, Reproduction and Transformation (London and New York: Routledge, 2010)。

現代性與政黨的新使命

　　確立新時期的新使命是中國共產黨追求現代性的關鍵。如前面所說，在大眾民主時代，西方政黨主要是通過選票計算來獲取其合法性的。也就是說，社會決定了執政黨的現代性，而非相反。在精英民主時代，西方也是通過精英之間的共識來執政的，普通老百姓沒有選舉權，決策都是精英的事情。但在進入「一人一票」的大眾民主時代之後，政治精英就失去了決策的自主性。這裏的邏輯其實也很簡單，因為選票是社會成員給的，社會性決定了執政黨的性質。這也就是前面所討論的今天西方政黨危機的根源，「隨波逐流」，政黨本身失去了自己的發展方向；政黨不僅失去了自身的凝聚力，失去了整合社會的能力，反而演變成分化社會的政治力量。

　　在中國，情況是相反的。中共的合法性是通過確立其使命、實現其使命來獲取和實現的。換句話說，中共的合法性來自於其是否能夠兌現向社會做出的許諾。這裏的邏輯也很明顯，即執政黨不僅要有使命，更要有能力實現使命，從這個意義上說，中共也是一個「使命型」政黨，並以自己的使命整合和引領社會。

　　所以，在每一個重大時期，執政黨領導層需要對社會經濟發展現狀作出一個「基本判斷」，再在這個判斷之上確立自己的新使命。中共歷次全國代表大會召開，最重要的議題就是要回答「從哪裏來？」、

「現在到了哪裏了？」、「未來往哪裏去？」的問題。中共十九大也是如此。回答這三個問題需要一個基本判斷，而這個基本判斷對執政黨確立新使命是最重要的。只有有了這個基本判斷，中共才能確定新的使命和未來的發展方向。有了這些之後，才會有具體的行動方案，主要表現為政策。

1949 年毛澤東領導的中國共產黨完成了建立新中國這一近代以來最艱巨的任務。在新中國成立之後的 30 年裏，一套國家基本政治制度得以建立起來。盡管改革開放之後，中國制度的方方面面發生了變化，但基本制度構架是毛澤東時代建立起來的。當然，正如我們在後面會論述的，這套基本政治制度在新時代仍然需要完善和改進。

進入改革開放新時期後，1987 年中共十三大提出了黨在社會主義初級階段的基本路線，這也是一個基本判斷。1992 年鄧小平「南方談話」後，中共提出了「社會主義市場經濟」的概念，這也是鄧小平理論的重要內容。在中共十四大上，中共再次強調這一黨的基本路線要管一百年。

新時代，新判斷，新使命。今天，中國發展又到了另一個新時代。新時代不僅僅是一個名詞，它是中國共產黨基於中國社會經濟發展水平達到一定階段，但發展還不平衡不充分的現實，所做出的新的基本判斷。十九大報告中指出：「中國特色社會主義進入新時代，我國社會主要矛盾已經轉化為人民日益增長的美好生活需要和不平衡不充分的發展之間的矛盾。」與此同時，中國社會主要矛盾的變化，沒

有改變中國共產黨對中國社會主義所處歷史階段的判斷，中國仍處於並將長期處於社會主義初級階段的基本國情沒有變，中國是世界最大發展中國家的國際地位沒有變。

　　盡管中國改革開放以來取得了巨大的成就，也贏得了很多國際上的掌聲，但是執政黨也看到自己所處的時代和內外部的環境。社會主義不是「敲鑼打鼓」就能幹出來的。中共領導層具有十分清醒的頭腦，在充分肯定自身所取得的成績基礎之上，直面挑戰並展望未來，對所面臨的問題有着非常嚴峻和冷靜的思考和判斷。這也是十八大以來，執政黨關切「兩個百年」的重要背景。

　　改革開放一開始，鄧小平就規劃中國現代化發展的三步走戰略。第一步，從 1981 年到 1990 年，國民生產總值（GDP）翻一番，解決人民的溫飽問題。這在 20 世紀 80 年代末已基本實現。第二步，1991 年到二十世紀末，GDP 較 1980 年翻兩番，達到初步小康。第三步，到 21 世紀中葉，人均 GDP 達到中等發達國家水準，基本實現現代化。鄧小平也在二十世紀中葉強調，中國要在下個世紀中葉（也就是本世紀中葉）實現「民主富強」的國家。此後，因為中國的加速發展，到江澤民、朱鎔基執政時期，執政黨對 20 世紀 80 年代的規劃作出了修訂，提出 2021 年中共建黨 100 周年 GDP 較 2000 年再翻兩番，基本實現現代化；到 2049 年中華人民共和國建國 100 周年時，建成現代化國家的兩個 100 年計劃。

　　這次，十九大報告更描繪了走向未來的藍圖：從 2017 年的十九

大到 2022 年的二十大，是「兩個一百年」奮鬥目標的歷史交匯期。十九大報告中，對從 2020 年到 2050 年之間 30 年的現代化目標再作出兩階段具體規劃：第一個階段從 2020 年開始，在全面建成小康社會的基礎上，再奮鬥 15 年，基本實現社會主義現代化；而第二個階段，從 2035 年到本世紀中葉，在基本實現現代化的基礎上，再奮鬥 15 年，把中國建成「富強、民主、文明、和諧、美麗」的社會主義現代化強國。這個將持續 30 年的新兩步走規劃，就是新時代中國特色社會主義發展的戰略安排。

應當說，這幅藍圖的描繪就是基於上述這個基本判斷。從經濟上說，中國已經到了全面建成小康社會的決勝階段。從這些年的政策討論來看，中國的焦點已經從如何避免中等收入陷阱轉移到如何把國家提升為一個高收入經濟體，即富裕社會。中國目前人均國內生產總值（GDP）超過 10000 美元，按照「十三五」規劃，到 2020 年人均 GDP 要達到 1.2 萬美元。這個經濟目標鑒於現在的發展勢頭和中共強大的動員能力，一般認為，這個目標並不難實現，因為每年有 6.5% 的經濟增長就可實現。

不過，如果要從中等收入提升到高收入經濟體，困難是顯見的。在東亞，到現在為止，能夠逃避中等收入陷阱、進入高收入的經濟體只有 5 個，即日本和亞洲「四小龍」。這 5 個經濟體能夠成為高收入經濟體有其特殊的歷史條件。其一，在這些經濟體成長時期，世界（主要是西方）經濟處於快速上升時期，並且它們都屬於

西方經濟體，西方對它們「照顧有加」，至少沒有設置多大的市場進入障礙。其次，這些經濟體的體量也比較小。再次，這些經濟體的政府能夠形成有效的經濟政策或者產業政策，成為學界所說的「發展型政府」。

但中國今天的情況很不相同。其一，中國的經濟體量巨大。日本是世界上第三大經濟體，但今天中國的經濟體量是日本的兩倍還多。其二，世界經濟形勢不樂觀。西方到現在為止還沒有徹底走出自 2008 年世界金融危機以來的陰影。從西方經濟現狀看，要恢復正常成長仍然需要很長一段時間。因為中國和世界經濟的高度融合，中國內部的發展必然受制於世界總體經濟形勢。外加新冠疫情對全世界經濟和全球化造成的沖擊，全球經濟形勢恐還將繼續惡化下去。其三，中國和西方經濟體之間經常因為各種因素（例如西方所謂的國家安全、意識形態和政治制度）而產生矛盾，西方不樂意對中國全面開放市場。中美貿易戰、科技戰和產業之間脫鈎的前景並不樂觀。因此，中美之間的經貿關係如何發展？第一大經濟體和第二大經濟體之間會不會繼續開展貿易戰？兩國目前的所謂「新冷戰」狀態是否會繼續惡化下去？這些都是人們所非常關切的問題。

但是，較之這 5 個經濟體，中國也有自身的優勢。

中國是個大陸型經濟體，內部發展潛力巨大。以前日本經濟學家提出了東亞經濟發展的「雁形模式」，說的是東亞如何從日本開始經濟起飛，然後擴展到其他經濟體。日本是亞洲第一個實現現代化和經

濟起飛的經濟體，之後隨着日本內部勞動力成本的提高等因素，一些附加值低的產業開始轉移到其他經濟體，而日本本身轉向附加值高的產業。亞洲「四小龍」繼日本之後實現了經濟起飛。之後，經濟現代化擴散到馬來西亞、菲律賓、泰國等等。

中國是後來者。不過，中國內部本身就構成了一個「雁形模式」。直到今天，只有東部沿海地區經濟基本實現了現代化，中部正在起飛，西部仍然有待進一步開發。就技術而言，盡管外部環境並不明朗，但經過四十來年的發展，技術也已經積累到了一個可以實現起飛的程度。總體而言，中國仍然是一個中等收入國家，還有很多窮人。這些都指向中國今後發展的巨大空間。同時，就外部而言，中國也在通過包括「一帶一路」在內的策略大力發展國際經濟、開拓國際市場。也就是説，中國在今後一個階段裏有潛力逃避中等收入陷阱把自己提升為高收入經濟體。不過，這裏有一個前提條件，那就是存在一個有效政府。

更為重要的是，中國社會在滿足了溫飽、總體上實現小康的情況下，其他方面的需求也在與日俱增，例如對美好環境、社會公平正義、政治參與等的需求，進而顯現出中國經濟和社會、經濟和環境或者物質文明和精神文明之間的發展不平衡。這種不平衡性既是問題，但也可以變成進步的動力。所以，十九大報告中提出要「更好推動人的全面發展、社會全面進步」。

「以黨領政」與內部「三權」體制的形成

　　十九大報告已經宣佈中國會正式成立國家監察委員會。學界和政策界迄今為止大都從法律意義上來研究這一變化，而沒有對這一變化的政治意義有足夠的認識。不過，這的確是一個極其重大的政治變化，是中國政治體制的一個重大變化。簡單地說，中國正在形成一個「以黨領政」、內部「三權分工合作」的政治體制。我們下面會討論到，這一變化可以說是近代以來中國對適合自己文化的政治體制的探索的一個里程碑。

　　在當代政治中，這個體制的形成和十八大以來的反腐敗鬥爭中所取得的經驗有關，甚至是其直接的結果。

　　在這方面，主導反腐敗鬥爭的王岐山扮演了一個關鍵角色。2017年 3 月 5 日，時當「兩會」期間，王岐山在參加北京代表團的審議時講了一番話，提出了一個全新的政治概念，即「廣義政府」，之後新華社特意發表了一篇題為「王岐山：構建黨統一領導的反腐敗體制：提高執政能力、完善治理體系」的新聞稿。但很遺憾的是，這篇講話沒有引起人們多大的注意，尤其是中國學術界的研究興趣。不過，很顯然，王岐山並非隨性而發，而是指向了中國的政治制度建設，一種新的制度即「以黨領政」和「內部三權」已經呼之欲出。

　　王岐山是這樣説的：「中國歷史傳統中，『政府』歷來是廣義的，

承擔着無限責任。黨的機關、人大機關、行政機關、政協機關以及法院和檢察院，在廣大群眾眼裏都是政府。在黨的領導下，只有黨政分工、沒有黨政分開，對此必須旗幟鮮明、理直氣壯，堅定中國特色社會主義道路自信、理論自信、制度自信、文化自信。」[1]

不過，人們也注意到，這不是他第一次講「廣義政府」了。2016 年年底，在會見美國前國務卿基辛格的時候，他就講了一次，「完善國家監督，就是要對包括黨的機關和各類政府機關在內的廣義政府進行監督。」這就是監督全覆蓋，比如，巡視和紀檢組派駐「不留死角」，也是在呼應「廣義政府」。王岐山這裏是作為紀委書記的身份而講的「身份」話，同樣沒有引起人們足夠的關注。

但正如王岐山在之後 2017 年 3 月兩會的講話所展示的，「廣義政府」的意義遠遠超出了紀委系統，而涵蓋了中國的整個政治制度。那麼，提出「廣義政府」要解決和能夠解決中國政治制度頂層設計的什麼問題呢？這裏就需要回顧一下中國近代以來尤其是改革開放以來，中國對黨政關係的討論和爭論了。

黨政關係可以說是近代以來中國政治最為核心的問題。孫中山先生在早期試圖把西方的議會制度引入中國。但在西方式民主政治在中國的實踐慘遭失敗之後，孫中山先生就提出了「以黨立國」和「以黨

1　新華社，2017 年 3 月 15 日

治國」的概念。這一概念之後就轉變成政治實踐，國民黨和共產黨盡管在意識形態上不同，但兩黨都是這一概念的實踐者。[2]

在很大程度上說，正是因為共產黨對這一概念的應用較之國民黨更為全面和徹底，共產黨才贏得了政權。但在 1949 年中華人民共和國建立之後，中共沒有及時從革命黨轉變為執政黨，而是進行「繼續革命」，黨政關係因此不僅沒有得到及時的調適，更走向了一個極端。在改革開放之前，經常出現「黨政不分」、「以黨代政」的情況，在「文化大革命」的一段時期裏更是乾脆「廢除」了政府。這種極端的情況不僅給頂層權力機構造成了混亂，也導致了國家治理危機。

「文革」結束之後，中共高層對頂層體制進行了全方位的反思，其中最主要的就是黨政關係。這顯著表現在鄧小平在 1980 年 8 月 18 日在政治局擴大會議上的一個題為「黨和國家領導體制的改革」的講話。[3] 在這篇講話中，鄧小平提出了「黨政不分、以黨代政」的問題。之後，到了 20 世紀 80 年代中後期，在政治改革討論最為熱烈的那段時期，執政黨提出了「黨政分開」的改革理念。盡管作為一種理念，這個概念在當時被人們廣為接受，但作為制度實踐的情況則不一樣了。包括鄧小平在內的所有領導人從來就沒有否定過共產黨對政府

2　參見鄭永年，《中國民族主義的復興：民族國家向何處去》，香港：三聯書店，1998 年；
　　北京：東方出版社，2016 年；第五章。

3　鄧小平，「黨和國家領導體制的改革」，《鄧小平文選》第二卷，北京：人民出版社，
　　1994 年。

的領導;恰恰相反,共產黨的領導是他們一直所堅持的。從學術研究來看,人們可以説,當時的中共領導人的確意識到毛澤東時代「黨政不分、以黨代政」的危害性,決意要改變這種制度,但對黨領導下的「黨政關係」到底是一種什麼樣的關係並不很明確。在實踐層面,「黨政分開」更出現了很多困難,少則黨政合作協調不好,多則黨政處於對立面,甚至發生衝突,造成巨大的內耗。20世紀80年代末之後,執政黨就不再提這個概念。

但這個概念的影響力是持續的。20世紀90年代以來的學術界和政策界各種正式和非正式的討論,例如「軍隊的國家化」、「司法獨立」、「憲政」這些被視為是「右」的或者「自由化」的提法或多或少與「黨政分開」有關聯,因為所有類似提法背後的邏輯都是一樣的,即把軍隊和黨、司法和黨、法律和黨等分開來,甚至把兩者對立起來。另一邊,左派的反彈也很強烈,從他們的討論來看,似乎中國應當回到改革開放之前的黨政不分、以黨代政體制。

不過,學術和政策界左、右兩派的表述都沒有反映中國政治體制的實際運作情況,更沒有影響到執政黨本身對黨政關係體制的探索。基本上,這些年的探索是沿着鄧小平所確定的大方向行走的,執政黨已經放棄了「黨政分開」的概念,而形成了「黨政分工」的共識。這很容易理解,因為中國是共產黨領導的體制,在這個體制下,「黨政分開」沒有任何現實的可能性。不過,即使如何把「黨政分工」這個概念轉化成制度實踐,也一直是一個「摸着石頭過河」的過程。現

在，經過這麼多年的實踐，大制度構架已經明了，即「以黨領政」。

在這個背景下，王岐山所定義的「廣義政府」的一個理論貢獻在於，執政黨本身也是「廣義政府」的內在一部分，而傳統上執政黨則被置於政府之外，似乎執政黨是一個獨立於政府之外的政治過程。「廣義政府」的定義更符合中國政治的實踐，因為執政黨及其領導的政府處於同一個政治過程，並且是這一過程不同環節中的最重要的「利益定義者」和「利益相關者」。或者說，中共不僅僅是中國整個政治過程的主體，更是這個過程本身的塑造者。很顯然，十九大報告和黨章修改說明更是明確了中共的領導權，即「黨政軍民學，東南西北中，黨是領導一切的。」

那麼在「廣義政府」的制度下，如何體現「以黨領政」體制呢？從制度設計和實踐趨向來看，就是要處理好內部三權之間的分工、協調和合作關係，即決策權、執行權、監察權。

內部三權分工和合作體制是中國傳統和現代政治體制的混合版。傳統上，「內部三權」自漢朝開始一直是中國傳統體制的最主要特徵。在數千年歷史中，這一體制在不同朝代有所變化，但基本結構沒有發生過太大變化。[1] 在近代，孫中山先生在中國傳統中提取了「兩權」，即考試權和監察權，並把西方的三權和中國傳統的這兩權結合在一

1　錢穆，《中國歷代政治得失》，北京：三聯書店，2001 年版。

起，塑造了一個「五權體制」，即立法、行政、司法、考試和監察。孫中山先生盡管強調「以黨治國」，但其所設計的這個體制過多地受西方影響，並沒有充分考量到執政黨在這「五權」中的位置，並且對如何把考試和監察兩權有機地和西方的三權整合起來也欠缺考量。當然，這也是因為孫中山先生沒有很多機會來實踐其設計的「五權體制」，他所說的「五權體制」更多的是一種理論設計。

從今天台灣地區的情況來說，「五權體制」在實踐中很難運作。西方式的民主化一來，監察權和考試權很快就被邊緣化，形同擺設。更為嚴重的是，因為缺失執政黨的地位，台灣地區實際上形成了「雙首長制」，即總統和行政院，加上立法院的黨爭，民主化使得政府長期處於不作為甚至癱瘓狀態。

而今天中國的「三權體制」可以說是根據傳統和現實的制度進行的創新或者再造。在十八大之前，如前面所討論的，執政黨所要解決的是「黨政不分、以黨代政」的問題。鄧小平在前引講話中就指出：「着手解決黨政不分、以黨代政的問題。中央一部分主要領導幹部不兼任政府職務，可以集中精力管黨、管路線、方針、政策。這樣做，有利於加強和改善中央的統一領導，有利於建立各級政府自上而下的強有力的工作系統，管好政治職權範圍的工作」。這裏鄧小平強調的是「黨政分工」，並沒有「黨政分開」的意思。黨要管政治，管決策，即黨的自身建設、路線、方針和政策等最重大的問題，而政府則是管執行，即行政。盡管黨政分工和合作關係仍有很大空間加以改進，但

在這方面已經積累了不少經驗。這也是王岐山否定「黨政分開」而強調「黨政分工」的歷史和理論背景。

十八大以來，盡管沒有公開明確討論黨政關係，但在實踐方面則取得了相當的進展。可以從如下幾個大方面來看。

首先，最重要的是「以黨領政」，即黨的領導位置的「法理化」。如上所述，提出「廣義政府」概念意在厘清楚黨和政、黨和軍、黨和法等的關係。在「基層」方面則表現在黨在企業（包括國企和民企）、社團組織、基層農村等組織中的正式法理位置。一個簡單明瞭的事實是，既然黨從來沒有離開過任何組織，到今天為止無所不在，那麼就不能忽視黨的存在。理性的做法就是給黨一個法理的領導位置。從這個角度說，黨便是「廣義政府」的一部分。十九大報告和黨章修正說明對黨和其他組織和實體的關係說得非常明確，可以說涵蓋了「以黨領政」（黨政關係）、「以黨領經」（黨和經濟的關係）、「以黨領社」（黨和社團的關係）等等方面。

其次，監察權的建設。十八大之前，黨的紀律檢查委員會和政府之間的關係沒有理順和處理好。黨的紀律檢查委員會屬於黨的機構，其有足夠的政治權力，但在執行過程中沒有足夠的法理依據（例如對黨政幹部的「雙規」）。同時，設置在政府（國務院）的監察部既沒有足夠的權力又缺少獨立性，很難對政府實施有效的監督，往往是「左手」監管「右手」。十八大之後在北京、浙江和山西等地試點實行的國家監察委員會則是通過整合黨政這兩方面的組織，重建監察權。

國家監察委員會從屬於最高權力機關即全國人大、但獨立於執行機關即國務院，在內部是獨立一極權力。這就類似孫中山先生所設計的「五權」中的一權。

再次，更為重要的是「大法治」概念的確立。十八屆四中全會確立的「法治」改革中的「法治」，並非學術界所討論的狹義法治概念，即立法和司法領域，而是廣義法治概念，因為其適用範圍更為廣泛，包括執政黨本身在內的所有組織機構和個人。「大法治」極其重要，因為法要調節內部三權（決策權、執行權和監察權）之間的關係。

「以黨領政」體制下的三權分工、協調和合作制度構架基本確定。可以預見，今後相當長的一段時期裏，如果不發生激進民主化或者革命，中國政治制度的改革、調整和調適都會在這個構架內進行。或者說，這三權的分工和合作構成了中國未來改革的宏觀制度背景。

也很顯然，這三者之間的關係，除了「以黨領政」原則得到確立和體現之外，還有很多地方需要改進。例如，現在的執行權往往被「三明治」化，受決策和監察兩權的制衡過多。一方面是決策權向行政權滲透，另一方面是監察權對行政權的過度監管。這種「三明治」化的情形往往導致了執行（官僚）權的「不作為」。又如，監察權得到確立和擴張，但監察權本身如何得到制約呢？如何防止監察權的濫用呢？再如，監察權和決策權之間的關係又是如何呢？諸如此類的問題既是理論問題，也是實踐問題。

不過，這些問題的存在也表明，中國政治體制仍然存在着巨大的

創新和發展空間。很顯然，十九大決定成立的「依法治國委員會」是推進大法治的主體領導組織，需要回答這些問題。

政治責任制與總書記角色的變化

另一個重大的制度變化，並沒有表現在十九大報告和黨章修改說明中，而是體現在 2017 年 10 月 27 日新一屆中央政治局首次全體會議和集體學習之後中央政治局通過的《中共中央政治局關於加強和維護黨中央集中統一領導的若干規定》。

十八大以來，全面從嚴治黨的一條重要經驗就是，抓「關鍵少數」，就是黨內高級領導幹部，而中央政治局又是關鍵少數中的關鍵。列寧主義把共產黨領導層界定為「無產階級先鋒隊」。十九大在這方面有一個還沒有被人們關注的很大創新，即提出「政治家集團」的概念。「政治家集團」不僅僅是一個新概念，而且是新制度。這個規定對政治局委員有很具體的要求。比如，重大問題要主動報請黨中央研究，落實中央部署期間，還要向黨中央及時匯報進展；向黨中央推薦幹部，強調誰推薦誰負責，等等。

一個更明確的要求就是，政治局委員每年要向黨中央和總書記書面述職。這個述職要求還包括中央書記處和中紀委、全國人大常委會

黨組、國務院黨組、全國政協黨組、最高人民法院黨組、最高人民檢察院黨組，都要每年向中央和總書記述職。

這些新的規定加上十八大以來的一些制度安排表明黨的總書記的職責範圍的變化，既強調總書記的權力，更強調總書記所承擔的政治責任。在一定意義上說，這些變化意味着在執政黨的領導頂層已經形成了一種新的權力運作模式，兼具總書記制和主席制特點。這些變化既是黨內核心的要求，也是黨內民主的要求。從理論上說，演變中的這種制度可以成為黨內核心和黨內民主的制度契合點。

黨主席制是中國共產黨從 1945 年到 1982 年所實行的黨內最高領導人職務制度。黨主席制度主要是解決黨內核心問題。中國共產黨是中國唯一的執政黨，其使命是國家的長治久安，但要實現這個目標的首要前提是對中國共產黨本身實現有效治理。正如中國其他方面的改革，黨建的核心也是黨的頂層設計。黨的最高層的政治責任制度應當是黨內改革頂層設計的重中之重。

中共十八屆六中全會確立了「領導核心」的概念。不過，「核心概念」的提出僅僅是第一步，如果要把這一概念轉化為制度，一種兼具總書記制度和黨主席制的體制安排是一個可行的選擇。

首先的問題是，為什麼需要領導「核心」？從世界歷史經驗來看，任何政治組織最重要的制度就是政治責任制度的確立。任何一個組織和體制的運作都要求存在一個權力「核心」。從原始部落社會的「首領」、封建時代的「國王」、帝國時代的「皇帝」到近代國家的「總

理」或「首相」（內閣制）和「總統」（總統制），都是一個國家和一個社會的權力核心。探討這樣一個「核心」歷來就是政治哲學和理論的核心任務。從柏拉圖的「哲學王」、孔孟的「賢能」、近代馬基雅維利的「君主論」到現代的各種政治領袖（內閣制和總統制）理論，都是圍繞着如何產生權力核心問題的。實際上，除了無政府主義外，很少有人會否認權力核心的重要性。

近代以來，馬基雅維利、霍布斯、馬克思、韋伯等西方思想家無一不是以探討如何產生一個有效的國家和組織為己任的。不過，不同時代有不同的重點。在早期，人們關切更多的是國家組織及其核心如何形成的問題。例如在馬基雅維利和霍布斯看來，對任何社會來説，再也沒有比無政府的狀態更可怕了，因此人類不管以何種形式何種手段都要產生和形成一個有效的組織（政府）。在他們之後，人們的關切點則逐漸轉移到如何防止這個組織和核心濫用權力的問題，表現在各種自由主義理論上，因此人們討論如何用民主的方式產生領導人（權力核心）及其如何制約這個核心（例如三權分立）等問題。無論是首腦的產生、維持和退出，其行為、其責任等各個方面都被賦予了民主的內容。首腦必須由人民選舉產生，其權力來自人民；同時首腦不能濫用權力（分權與制衡）；人民保留讓首腦去留的權利（定期性選舉或者罷免）；首腦必須對其政治行為負責；等等。在西方，一般認為，民主是解決人類既需要首腦同時又能保證首腦不濫用權力的最有效的機制。

　　簡單地說，迄今為止的西方政治制度史所要解決的問題有二：1.如何產生一個有效的「核心」；2.如何保證這個「核心」不濫用權力而腐敗。

　　類似問題在中國也一直存在着。傳統上，政治權力的「核心」是皇帝。就皇權來說，其「核心」的確立是一個長期的過程，至少包括三個階段，即如何成為或者產生核心、如何維持核心、如何退出核心。

　　如何成為核心？這個問題很簡單，那就是「打天下」。用現代言語來說，唯一的途徑就是通過革命奪取政權，在革命過程中成為核心。開國皇帝之後則是通過傳統上認可的繼承制度產生新皇帝。在第二階段，即成為皇帝之後，皇帝是否成為真正的權力核心也是一個很大的問題。對很多皇帝來說，其「核心」的地位只是理論上的，而非經驗上的。很多皇帝實際上只是虛設的，真正的權力掌握在他人手裏，在家族、太監或者官僚體系手中。能夠維持「核心」地位取決於很多因素，例如個人性格、知識背景、能否平衡各種利益、能否控制軍隊等。維持的過程很不容易，一些皇帝成為「暴君」，而更多的則是「昏君」，毫無作為，「明君」就是那些既能維持「核心」地位，又能有所作為的皇帝，但在歷史上並不多見。第三階段，即退出「核心」，即讓位於新皇帝，這個過程更難。繼承制看似簡單，但很複雜。歷史上，這方面沒有做好。皇帝是終身制，盡管生前就指定了繼承者，但老皇帝死了之後才真正讓位，這個過程經常導致重大宮廷危

機，甚至是整個國家的政治危機。

近代以來，中國的歷史和政治形態發生了實質性的變化，但權力「核心」問題則延續下來。中國共產黨作為核心政治組織是革命的產物，直到今天中共仍然是中國政治力量的主體。為什麼這個核心組織本身需要一個領導核心？簡單地說，領導核心關乎維持組織有效運作和責任承擔問題。這裏人們經常引述鄧小平 1989 年政治風波之後的經典論述。不過，人們不能過於簡單地把鄧小平的論述解釋為鄧小平指定江澤民為「核心」的要求，因為鄧小平這裏所強調的更多的是政治責任承擔問題。就其實質來說，鄧小平所要解決的主要問題就是：1. 如何產生有效的核心；2. 如何在此基礎之上保證黨內民主以避免核心專斷而犯大錯誤。鄧小平復出之後的所有體制改革舉措都是圍繞着這兩個主題進行的。

十六大之前，中共的表述為「以江澤民同志為核心的黨中央」，但十六大之後改為「以胡錦濤為總書記的黨中央領導集體」，十八大一方面延續了這個提法，即「以習近平為總書記的黨中央」，但少了「領導集體」的概念。現在看來，十六大時的情況是為了發展黨內民主的需要，因此特別強調「領導集體」。但當時的人們對黨內民主和領導核心之間的關係沒有足夠的認識，制度設計跟不上，不能在領導核心和黨內民主之間實現制度平衡。結果，黨內民主似乎發展了，但權力核心不見了。沒有權力核心，黨內民主演變為頂層的「分封主義」，政治局常委「一人一塊領地」，權力過度分散和制衡，結果造

成了很多負面的影響。

第一，退休政治人物繼續成為執政主體。盡管退休政治人物總是會想辦法來延續其政治影響力，但如果對現任領導產生過度的制約，那麼體制就很難正常運作。這種情況在毛澤東時代也產生過，即「一線」和「二線」的問題，退居「二線」的領導人積極干預甚至主導「一線」領導人，導致權力和責任的不一致性。第二，現任領導層不能形成有效的政策，更不用說是執行政策了。胡錦濤領導層開始時也有宏偉的改革計劃，但之後很難形成有效的政策而推行下去。第三，腐敗盛行。盡管也有反腐敗動作，但受黨內既得利益阻礙，反腐很難有效開展。第四，黨內寡頭政治形成，即官方所說的「團團夥夥」。周永康、令計劃與軍中的徐才厚和郭伯雄都屬於黨內典型的「寡頭政治」。第五，黨指揮不了槍。「黨指揮槍」是共產黨執政的核心。軍中「團團夥夥」形成，不僅導致了巨大的腐敗，而且導致軍隊干預政治。第六，最重要的是沒有人承擔政治責任。任何政治體制下，承擔政治責任是任何一個體制有效運作的要求。在十八大之前所謂的「集體總統制」下，經常出現集體決策導致無人決策，集體負責導致無人負責的局面。在權力過度分散的情況下，即使主要領導人想負責任，但也經常無能為力，心有餘而力不足。所有這些現象的存在和惡化，使得十八大之前執政黨處於深刻的政治不確定性之中。

十八大以來所發生的諸多變化，最顯著的特點莫過於「制度化」。例如，四個新成立的領導小組，即中央國家安全委員會、中央

全面深化改革領導小組、中央網絡安全和信息化領導小組和中央軍委深化國防和軍隊改革領導小組，和以往的各種領導小組很不相同。以前的領導小組是非正式的，也是非制度化的，它們的產生、運作、決策等等過程都是不透明的，不為外界所知曉。但新成立的領導小組是正式化的，各個過程是透明的。除了「中央軍委深化國防和軍隊改革領導小組」，其他幾個小組的組長都是習近平，副組長則是李克強，其他的幾位常委則根據工作的需要分配到不同的小組。同時，小組的會議也是定期召開，並且討論的議題公諸於眾。尤其重要的是，它們解決了幾個重要的問題，包括權力過於分散、效率低下、協調缺失、「團團夥夥」和政治責任等等。

在西方，一些人簡單地用西方意識形態來看「核心」問題，把「核心」和專權、專制和權力濫用聯繫起來，這使得「核心」問題變得非常敏感，阻礙了人們對「核心」問題的討論和研究。但不討論不研究的情況並不是說「核心」事實上不重要了；恰恰相反，今天這個問題比以往任何時候都來得重要。

我們在前面討論了西方國家所面臨的權力危機，也討論了包括中國台灣地區和俄羅斯體制轉型的困局。同樣，中國如果不能把握好體制的轉型，日後國家方方面面的發展就必然成為大問題。中國共產黨對此一直具有高度的警惕心理。中共再次確立「核心」概念也是具有這個考量的。不過，圍繞着「核心」概念，有很多理論和經驗問題需要深刻研究，至少包括如下幾個方面。

　　第一，如何把「核心」從概念轉化為制度，即「核心」的制度化。這裏涉及到兩個相關的問題。1）用「核心」概念表達「總書記」這一制度職位是否足夠？正如我們在下文會討論到的，這種表達方式還是不夠，因為就「核心」所包含的「總書記」的制度權力來說，還是不能盡到作為最高領袖的政治責任。2）如果不夠，那麼用什麼制度方式來表達呢？

　　第二，「核心」和黨內民主問題。十八屆六中全會公報在重提「核心」的同時也強調了黨內民主。「核心」和黨內民主並不矛盾，但如果沒有黨內民主，「核心」就會演變成個人集權甚至專權。顧名思義，這個「核心」是領導集體的「核心」，必須基於領導集體之上，而這種關係也必須表現在具體的制度上。

　　第三，「核心」與接班人問題，也就是從一個「核心」到另一個「核心」的問題。正如前面所強調的，「核心」是制度意義上的，那麼也必須通過制度化的手段完成「核心」移交的過程。

　　第四，「核心」與社會民主的問題。這個「核心」不僅僅是針對全黨而言，也是針對全國而言，因此這不僅僅是黨內民主的問題，更是社會民主的問題。共產黨是中國政治的核心力量，作為黨的「核心」也必須處理黨與非黨（社會）的關係問題。

　　既要確立「核心」的制度地位，又要處理好核心與集體領導之間的關係、核心與黨內民主之間的關係、組織的等級性與政治平等要求之間的關係，那麼實行一種總書記和黨主席制兼具的制度安排不失為

一種有效的方式。在很大程度上説，這種制度較之其他方法更具有歷史合法性和合理性。

「總書記」是改革開放以來中國共產黨最高負責人職位的正式名稱，由中央委員會全體會議選出，是中國現行政治制度下排名最高的領導職務，總書記負責召集中央政治局會議和政治局常委會會議，以及主持中央書記處工作。按照《中國共產黨章程》，中央委員會總書記必須從中共中央政治局常委中選出。總書記任期與中央委員會委員相同，五年一屆，但沒有規定連任次數。

不過，黨的主要負責人的職位、稱呼，歷史上有過幾次變化，在很長時間裏實行的是黨主席制度（見下表）。

黨的主要領袖稱呼和制度的演變

1	1921 年一大為「中國共產黨中央局書記」。
2	1922 年二大、1923 年三大為「中國共產黨中央執行委員會委員長」。
3	1925 年四大為「中國共產黨中央執行委員會總書記」。
4	1927 年五大、1928 年六大為「中國共產黨中央委員會總書記」。 1943 年至 1945 年為「中國共產黨中央政治局主席」。
5	從 1945 年七大到 1982 年十二大為「中國共產黨中央委員會主席」， 簡稱「中共中央主席」。
6	1982 年十二大以來，為「中國共產黨中央委員會總書記」， 簡稱「中共中央總書記」。

　　總書記職務創立於 1925 年的第四次全國代表大會，在 1945 年第七次全國代表大會被中央委員會主席一職取代，直到 1982 年第十二次全國代表大會上重新設立總書記制度。也就是説，在 1945 年七大到 1982 年十二大召開前，中共中央實行的是主席制，其主要負責人職務的正式稱呼是中國共產黨中央委員會主席，簡稱中共中央主席。

　　1945 年 6 月 19 日，中共中央舉行七屆一中全會，中共中央政治局主席和中共中央書記處主席兼中央書記處書記毛澤東，在會上被選為中國共產黨中央委員會主席，此後終身擔任黨主席的職務。

　　1945 年的中共七大黨章規定：中央委員會主席即為中央政治局主席與中央書記處主席。中央委員會依工作需要，設組織、宣傳等部與軍事、黨報等委員會及其他工作機關，分別辦理中央各項工作，受中央政治局、中央書記處及中央主席之指導監督。

　　1956 年中共八大黨章規定：中央委員會的主席和副主席同時是中央政治局的主席和副主席。中央委員會認為有必要的時候，可以設立中央委員會名譽主席一人。

　　1969 年中共九大黨章規定：黨員對於黨組織的決議、指示，如果有不同的意見，容許保留，並有權越級直至向中央和中央主席報告。在主席、副主席和中央政治局常務委員會領導下，設立若干必要的精幹的機構，統一處理黨、政、軍的日常工作。

　　1973 年十大黨章規定：黨員對於黨組織的決議、指示，如果有不同的意見，容許保留，並有權越級直至向中央主席報告。在主席、

副主席和中央政治局常務委員會領導下，設立若干必要的精幹的機構，統一處理黨、政、軍的日常工作。

1975 年「七五憲法」規定：中國共產黨中央委員會主席統率全國武裝力量。

1977 年十一大黨章規定：黨員有權對黨的各級組織和各級領導工作人員提出批評和建議，並有權越級直至向中央委員會和中央委員會主席提出申訴。黨員對於黨組織的決議、指示，如有不同的意見，容許保留，並有權在黨的會議上提出討論，有權越級直至向中央委員會和中央委員會主席報告，但在行動上必須堅決執行。

1978 年「七八憲法」規定：中華人民共和國武裝力量由中國共產黨委員會主席統帥。

在黨主席下，很自然地產生了黨中央副主席，簡稱中共中央副主席。從 1956 年八大到 1982 年十二大，設有副主席一職，任此職者都是中共中央政治局常委。也就是說，黨主席制和政治局常委制度是並行的。八大以後（1956 年 — 1969 年），副主席為劉少奇、周恩來、朱德、陳雲、林彪，其中林彪為五中全會增補，十一中全會後唯一的副主席。九大以後（1969 年 — 1973 年），林彪為唯一的副主席。十大以後（1973 — 1977 年），副主席包括華國鋒（1976 年 4 月成為第一副主席），周恩來、王洪文、康生、葉劍英、李德生、鄧小平。十一大以後（1977 年 — 1982 年），副主席包括葉劍英、鄧小平、李先念、汪東興、陳雲、趙紫陽、華國鋒。

歷史地看，圍繞黨主席制度變化，有幾點經驗值得強調。1. 在早期，因為工作和形勢的需要，變化不斷，黨的最高領導人職位沒有能夠制度化；2.1945 年之後，毛澤東一直是實際的黨的領導；3. 黨主席對軍隊的權力得到不斷的制度化；4. 黨主席主要抓政治權力，尤其是聯繫普通黨員的權力，即普通黨員有權利「上書」黨主席。和普通黨員的聯繫一直是毛澤東的個人關切。

這段時期最終出現毛澤東的「個人專制」和黨主席制度沒有直接和邏輯的關聯，而是有很多因素的，包括毛澤東個人無可置疑的權威、黨內民主和集體領導的缺失、很不確定的國際環境等。

1982 年 9 月，中共召開十二大，修改黨章，決定不再設中央委員會主席，只設中央委員會總書記；並規定，總書記職能為負責召開中共中央政治局會議和中共中央政治局常務委員會會議、主持中共中央書記處的工作。與主席職務不同的是，現在的總書記召集並實際支持中央政治局及政治局常委會會議，但沒有會議的最終決定權，在重要決議上需要多數委員通過。這一重大變化主要是兩個原因。其一，政治上的考量，因為涉及到權力轉移，方便地從黨主席轉移到總書記。其二，強調集體領導，防止毛澤東式的個人集權。

經驗地看，無論就地域面積還是人口規模而言，治理中國這樣大的國家，中央政府的權力需要集中，而在中央政府層面，最高層的權力也需要集中。這一點無論從中國數千年的歷史，還是從改革開放以來的經驗來説，已經無需很多論證，這方面的共識在政府和社會

層面都是有的。社會上一些人的顧慮是權力集中是否會過度，造成集權或者專制。因此，對執政黨來説，需要探討的就是一種能夠照顧到權力集中和黨內民主的制度安排，這也是鄧小平在改革開放之後所探索的。

一種兼具總書記制和黨主席制的制度安排可以説是比較理想的。如前所説，在現行總書記制度下，制度的集權程度還不足。黨代表大會產生中央委員，中央委員產生政治局和政治局常委。在政治局常委中，強調的是成員之間的平等。總書記可以説是「班長」，主持政治局會議；再者，各常委之間有分工但責任並不夠明確。前面已經指出了，在一人負責一塊的情況下，分管人幾乎擁有最終的權力。盡管總書記是最高負責人，但並沒有參與各方面的事務。在一些情況下只起到一個「橡皮圖章」的作用。這樣不僅產生了權力和責任之間的不一致，更是為「團團夥夥」（即「寡頭政治」）的產生提供了制度基礎。

十八大以來，為了解決這個問題，採取了幾方面的措施：1. 成立了幾個強有力的領導小組，總書記本人任組長（前面已經論述）；2. 在政治局常委內部，其他系統分管者，無論是全國人大常委會委員長、總理、政協主席還是其他角色，都向總書記匯報；3. 提出了「核心」概念（前面已經有論述）。這些新的安排有效，但除了領導小組，其他兩項仍然有待進一步制度化。其他分管不同系統的常委向總書記匯報的制度基礎是什麼並不很清楚。此外，如前所説，「核心」只是一個概念，沒有制度體現。

　　增加黨主席制的制度成分就可以在這些基礎上再進一步，把這些加以制度化，同時強化制度的民主成分。中國不實行西方式的「三權分立」，即立法、行政和司法。如上所說，中國傳統有自己的三權分工和合作，即決策、行政和監察。隨着國家監察委員會的設立，內部三權體制開始成形，黨政分工變得明朗起來。正如 20 世紀 80 年代的經驗所顯示的，黨政分開並不符合中國政治的實際，而黨政分工不僅可以，而且必須。從理論上說，黨必須管好決策權（最高的權力）和監察權，而行政權更多的是屬於政府。中國的廣義政府不僅包括國務院，而且也包括全國人大、政協等機構，但並不是所有政府部門都屬於行政。全國人大和政協等就明顯屬於政治事務，在決策權方面，應當屬於黨務範疇。再者，黨內事務繁多，也需要分工，包括組織、意識形態、紀律和政法等。

　　這些部門的專職化不可避免。現代社會治理的最重要的特徵就是功能分化和專職化。不過，在專職化的同時，既要強化各個部門之間的協調性，又必須避免「獨立王國」的形成。要實現這個目標，兼具總書記制和黨主席制的制度安排會行之有效。在這樣一種制度安排下，可設主席一名統領全局，設若干名副主席分管上述一個或者幾個重要系統。這樣，在重大事情上，主席可以掌控全局；而對各系統領域內部的一些事情，各分管者（副主席或者常委）在負責的同時有向主席匯報和述職的義務。這就可形成主席負責制度，既有分工合作，又可以防止「團團夥夥」的產生。

　　這一制度也是有序接班制度的前提。對中國共產黨來說，接班人問題事關重大，處理不好會影響黨內高層甚至全黨。很簡單，接班安排涉及到權力從一個「核心」轉移到另一個「核心」。要實現有序轉移，現行領導團體必須強有力才能夠達成共識。如果現有領導團體不能達成基本共識，那麼接班問題會變得困難。很多年來，在接班人問題上，中共總體上說是朝着結合中國本身的賢能制度（或者說選拔制度）和黨內民主（或者說黨內票決制度）的方向發展。而無論是選拔還是選舉，都需要有序進行，這也需要有足夠的權力來協調。

　　這種制度也有望改變黨和社會的關聯。無論是一黨制下，還是一黨獨大制下，執政黨最大的危險是演變為行政黨。黨的主要任務是「抓政治」，政治衰落了，黨必然會遇到麻煩。自毛澤東開始，中共考量得最多的就是如何避免黨的官僚化和行政化從而脫離基層和社會。一旦執政黨陷入行政事務，官僚化不可避免，脫離社會也不可避免。現在執政黨尤其是高層和社會的關聯比較有限，主要通過黨代表大會、全國人大和政協等平臺。不過，這些平臺本身也面臨着「官僚化」的傾向。一種兼具總書記制和黨主席制的安排可以使得黨的領導層從行政事務相對脫身，更多地關注黨務。在有必要的時候，甚至可以設沒有行政職務的、專職地方黨務的副主席。在這個構架中，這些年一直在討論的黨代會常任制也是一個選擇。

　　十八大以來，頂層權力分佈已經發生了很大變化。十九大之後政治局新的「述職」規定使得總書記成為體現實際上的黨主席制度的權

力範疇。這種制度安排為未來的變化打下了基礎。或者説,「述職制度」是黨主席制度安排的一個重要方面。不管怎麼説,一個有效集中和民主的頂層設計有利於執政黨本身的長治久安。

頂層制度的「校正」與鞏固

在十九大之前,海外尤其是西方各界最關切的就是中國政治會朝着「逆制度化」或者「去制度化」方向發展。一些人把十八大以來的集權、頂層設計、制度變化、反腐敗等都視為是「逆制度化」或者「去制度化」的行為。客觀地説,這方面的擔心也存在於國內的一些人中間。這些年在中國異常熱的美籍日裔學者福山在這方面具有代表性。福山認為,美國是世界上制度化最高的國家,甚至高得過於僵硬了。而中國則相反,是制度化水平最低的國家之一,因為中國不存在西方那樣的「分權制衡」制度,任何一位領導人都可以隨意改變現存的制度。因為這些年西方政治的變化及其所帶來的巨大的不確定性,福山已經不再談論西方的「高制度化」了。很顯然,特朗普執政之後,一直和現存體制處於對立狀態。特朗普把現存體制置於一邊,往往通過自己的非正式渠道行使權力。這從一個側面説明了西方制度並非「固若金湯」,也有脆弱的一面。

　　但對中國，西方還是感到不那麼放心。這可從西方對十九大的反應可以輕易看出。他們看不懂中國的體制，不放心中國的體制。就中國的體制，一些即使比較公正的西方人也會認為存在着一個「致命」的缺陷，那就是福山所提出的命題：中國避免不了出現「壞皇帝」。這個問題盡管敏感，但不需要迴避，因為任何一個政治體制都面臨這個問題。即使是西方的民主制，也並沒有解決出現「壞皇帝」的情況。歷史地看，西方選舉制度既不能保證把最優秀的人才選舉出來（最優秀的人往往選擇不從政），也沒有避免產生類似希特拉和墨索里尼那樣的獨裁者。今天西方那些老百姓所不能認同的政治人物何嘗不是人民選舉出來的呢？只不過，今天把他（她）選上去，明天又把他（她）選下去。

　　在中國，提出「壞皇帝」的問題也並非毫無道理。中國傳統數千年裏，不僅出了很多好皇帝（明君），但的確也出了很多「壞皇帝」，並且一出現「壞皇帝」，過去好皇帝所打下的江山、所積累的建設就會被摧毀。不過，有一點必須明確，西方一些人犯了一個很大的錯誤，即他們繼續用看傳統皇帝的方法來看今天的中共領導人。今天中共的「黨權」盡管在一些方面類似皇權，但兩者之間具有本質的不同，前者是集體權力，而後者則是個人和家庭權力。

　　如果把「黨權」視為是一種集體權力，那麼就不難看出改革開放以來的中共是如何解決出現「壞皇帝」這個重大政治問題的。簡單地說，中國絕對出現不了像特朗普那樣的人物，毫無行政經驗就掌握了

國家政權。改革開放以來，中國已發展出一套成熟的幹部選拔制度，無論是最高層的接班人還是普通幹部，所選拔和重用的都是具有豐富治國理政經驗的人。即使不同時代領導層的「質量」不同，但和其他國家的領導層比較而言，中國並沒有產生很多國家包括民主國家所經常發生的「低質量」領導層的情況。在後強人政治時代，即自20世紀90年代以來，執政黨並沒有出現過犯「顛覆性錯誤」的情況；相反，一旦發現有可能出現顛覆性錯誤，執政黨領導層就會立即糾正之，例如近年來的反腐敗鬥爭。

習近平多次強調，中國有權利探討一種更好的政治體系。十九大前後所發生的一些重大變化，很清楚地證明了這一點。我們可以從這幾方面來説。

（一）領導幹部限任制和年齡退休制度的鞏固

這方面需要詳細説一下。十九大之前，海內外討論最多的就是王岐山是否繼續留任。自20世紀90年代以來，在政治局常委層面，中共一直實踐着民間稱之為「七上八下」的做法，即超過67歲就不再考慮留任了。盡管即使這個實踐不再繼續，也很難説是破壞制度，因為這是一個非正式的安排，從來就沒有被賦予過法理地位。正如我們在下面會看到的，具有法理地位的規定是一個人擔任同一個領導崗位不超過兩屆（即十年）。

不過，「七上八下」這個實踐已經為很多人所認同，變成了一個

「不成文法」。正因為如此，很多人就非常關切王岐山的去留。從這個角度來看，王岐山十九大正式從政治局常委的位置上退休的意義重大，這表明這個「不成文法」得到了鞏固。同時，人們也應當看到十九大產生了「能下」的制度，改變了以往「只能上、不能下」的實踐。有些十八大已經是政治局委員的領導盡管還年輕，但這次不再留任政治局崗位，不過還是保留了中央委員的身份擔任比較不重要的職位。

鄧小平時代對中國政治制度有諸多創新，主要包括四項，即限任制度、年齡限制、精英選拔制度和黨內集體領導或者黨內民主。在很長歷史時間裏，在所有這些方面，幾乎所有社會主義國家都沒有解決好，蘇聯和東歐沒有解決好，中國本身也沒有解決好。「文化大革命」所發生的一切就很能説明問題。因此，「文革」一結束，以鄧小平為核心的中共領導層就開始在這些方面「立規立矩」。應當強調的是，也正是因為這些制度創新，使得中共和其他社會主義政黨有了不同的命運。當其他社會主義政黨要麼解體要麼衰敗的時候，中共卻變得越來越強大。

經驗地看，這些制度來之不易，是長期「鬥爭」出來的。1978年中共十一屆三中全會召開後，領導幹部制度改革被提上議事日程。1980年2月，中共十一屆五中全會明確提出了廢除實際存在的領導幹部職務終身制。會後，中央政治局會議通過了《關於喪失工作能力的老同志不當「十二大」代表和中央委員候選人的決定》。中共中央

於 1982 年 2 月 20 日作出了《關於建立老幹部退休制度的決定》。
1982 年 9 月中共「十二大」通過的新黨章明確規定：黨的各級領導
幹部的職務都不是終身的，都是可以變動或解除的，對年齡和健康狀
況不適宜繼續擔任工作的幹部，應按規定離休或退休。與黨章的規定
相適應，軍隊隨後建立了《現役軍官服役條例》，地方各級政府也都
相應地作出了各類幹部離休和退休的規定及措施，並得以貫徹落實，
從而使幹部退休納入了制度化的軌道。

這些規定最終反映在了中國的憲法上。1982 年五屆人大五次會
議通過修訂後的《中華人民共國憲法》作出規定：國家主席、國務院
總理、全國人民代表大會常務委員會委員長、最高人民法院院長、最
高人民檢察院檢察長等領導職務，實行任期制，每屆任期 5 年，連
續任職不得超過兩屆。同時，憲法對省以下各級地方人民政府、人大
常委會、人民法院和人民檢察院的主要領導職務也分別規定了任期和
任屆。

進入二十世紀 90 年代，為適應普遍建立領導職務任期制的客觀
需要，1994 年中共十四屆四中全會以後，中央領導集體在許多重大
會議上都明確提出要建立黨政領導幹部職務任期制。2000 年 8 月，
中共中央下發的《深化幹部人事制度改革綱要》提出要「實行黨政領
導職務任期制。」2002 年中共十六大報告再次提出要「實行黨政領
導幹部職務任期制」。2004 年 9 月中共十六屆四中全會通過的《關於
加強黨的執政能力建設的決定》再次重申要「實行黨政領導幹部職務

任期制度」。為了進一步規範黨政領導幹部的任期，中辦發 [2006]19 號文件發佈了《黨政領導幹部職務任期暫行規定》《黨政領導幹部交流工作規定》和《黨政領導幹部任期迴避暫行規定》等三個法規文件，從而為黨政領導幹部任期制提供了一套相對完整的制度性規範。

《黨政領導幹部職務任期暫行規定》提出了如下基本原則：一、黨政領導職務每個任期為 5 年；二、黨政領導幹部在同一職位上連續任職達到兩個任期，不再推薦、提名或者任命擔任同一職務；三、黨政領導幹部擔任同一層次領導職務累計達到 15 年的，不再推薦、提名或者任命擔任同一層次領導職務。

《黨政領導幹部交流工作規定》也作出如下規定：一、縣級以上地方黨委、政府領導成員在同一職位上任職滿 10 年的，必須交流；二、在同一地區黨政領導班子中擔任同一層次領導職務滿 10 年的，應當交流；三、新提拔擔任縣（市、區、旗）以上地方黨委、政府領導成員的，應當有計劃地易地交流任職；四、縣級以上地方紀檢機關（監察部門）、組織部門、人民法院、人民檢察院、公安部門的正職領導成員，在同一職位任職滿 10 年的，必須交流；五、新提拔的一般應易地交流任職。副職領導成員在同一領導班子中任職滿 10 年的，應當交流。黨政機關處級以上領導幹部，特別是從事執紀執法、幹部人事、審計、項目審批和資金管理工作的領導幹部，在同一職位任職滿 10 年的，應當交流。

這些規定中都強調了同一職位任職 10 年後「應當交流」或「必

須交流」的限制原則。

最高領導職位限任制至為關鍵。限任制度的實施使得中國的體制和很多西方國家的總統制並無太大區別。顯然，對於防止在毛澤東時代普遍存在過的個人專制，限任制是一個有效的制度工具。當一個人或一個家族統治一個國家數十年，政治體制就不可避免會傾向於營私舞弊、濫用職權，為社會所不容。很多國家發生顏色革命，其中一個主要因素就是領導人個人長期的專制統治。在現代社會，人們尤其是年輕人，很不願意看到一個特定領導人在政治舞臺上表現數十年。

年齡限制同樣非常重要。它為高齡政治領導人和官僚提供了一個退休制度。其他政治體制當中，退休制度適用於公務員。但在中國，退休制度適用於所有黨政官員，包括政治領導人、公務員、人大代表、社會組織負責人以及所有其他重要的政府和准政府組織。

限任制和年齡限制使中國的政治精英能夠以極快的速度自我更新，因而可以有效地反映代際變化和利益變化。與許多其他政治體制相比，中國的政治體制有利於迅速地、大規模地更換政府官員。中國每年有數以萬計的官員離職，又有同等數量的官員接替。這種迅速的流動盡管有其弊端，但卻無可辯駁地體現着時代的變化。

不過，無論是限任制和年齡限制制度仍然處於變化過程之中。2018 年全國人大「修憲」取消了國家主席和副主席任期兩屆（即 10 年）的限制。根據官方的解釋，這是為了使得黨和國家制度的一致性。的確，之前限任制和年齡限制都指的是國家權力機構，而非黨的

權力機構。取消了兩屆的限制一方面是糾正之前黨和國家機構之間的「不一致性」，同時為未來制度的進一步變遷引入動力。

（二）「政治家集團」選拔制度的「校正」

如果說鄧小平時代所立的「限任制度」和「年齡制度」得到了鞏固，那麼後兩項制度即「領導幹部選拔制度」和「黨內民主制度」則得到了「校正」（用王岐山的術語來說）。在很多政治體制尤其是民主政治當中，要想獲得政治權力，就必須獲得足夠多的選票。事實上，多年來，中共也開始實行了黨內票決制，在測量某被考察對象（潛在的領導人）在他（她）的同事以及民眾之間受歡迎程度的時候，票決制變得越來越重要。再者，在票決之前，還存在一個額外的選拔程序。這個被考察對象必須滿足諸如教育、工作經驗（在不同地區以及不同級別上任職）和很多其他考核指標的所有要求。因此，在中國政壇，不可能產生在其他政治體制內所發生的「黑馬」現象，即使有所謂的「黑馬」，他（她）已經在體制之內，並且已經滿足了級別的要求。

事實上，中國有幾千年的精英主義歷史。傳統上，所謂的「士」就是專業統治集團。今天，中共在人才錄用方面越來越依賴這種體制。

不過，這方面一直屬於一個探索過程之中。從十九大前的實踐來看，一個總的趨勢是黨內票決制脫離了選拔制度的原初意義，而快速

滑向了西方式「票決制」，黨內政治生態因此迅速惡化。這種情況既發生在地方層面，例如十九大之前遼寧等地拉票賄選、破壞選舉案，更發生在中共高層，例如周永康、孫政才和令計劃案。十九大通過重新設計選拔制度，「校正」了這個趨勢。

如何「校正」？我們不妨引用新華社 2017 年 10 月 24 日發表的的題為《肩負歷史重任　開創復興偉業——新一屆中共中央委員會和中共中央紀律檢查委員會誕生記》和 2017 年 10 月 26 日發表的題為《領航新時代的堅強領導集體——黨的新一屆中央領導機構產生紀實》中的關鍵段落來說明之。

新華社發表的第一篇是有關「兩委」選拔和選舉的，這篇報道的重要段落引述如下：

2016 年 2 月，中央政治局常委會會議專門研究十九大有關人事準備工作，決定成立十九大幹部考察領導小組，習近平總書記親自擔任組長。

一年多來，習近平總書記先後 3 次出席省區市和中央單位黨委（黨組）主要負責同志會議並作重要講話，對十九屆「兩委」人選考察工作進行動員部署，提出明確要求；多次聽取考察組情況匯報，對相關工作作出重要指示。

2016 年 6 月，中央政治局常委會、中央政治局會議審議通過了

《關於認真做好十九屆「兩委」人事準備工作的意見》，對十九屆「兩委」的總體要求和人選條件、結構等提出了明確意見。

2016 年 7 月，十九大幹部考察領導小組審議通過了《十九屆「兩委」人選考察工作總體方案》，對提名名額分配、考察方法步驟以及組織實施等作出具體安排。

按照中央統一部署，2016 年 7 月至 2017 年 6 月，十九大幹部考察領導小組先後組建 46 個考察組，分批對 31 個省區市和 124 個中央和國家機關、中央金融企業、在京中央企業等單位進行了考察。中央軍委也派出 10 個考察組，對全軍 29 個大單位和軍委機關戰區級部門進行了考察。

「兩委」人選的推薦、考察、提名，嚴格按照中央規定的程序和方法進行，總體上經過「綜合分析研究，確定考察單位」、「談話調研和推薦，確定考察對象」、「深入考察，提出遴選對象」、「聽取考察組匯報，提出建議名單」4 個大的步驟，全面考察幹部的德、能、勤、績、廉。

十九大幹部考察領導小組先後召開 7 次會議，中央政治局常委會先後召開 6 次會議，逐一聽取各考察組的匯報，研究提出了十九屆「兩委」候選人預備人選建議名單。

對每個人選都做到幹部檔案必審、個人事項報告必核、紀檢監察

機關意見必聽、線索具體具有可查性、信訪舉報必查；對巡視、審計反映的情況，受黨紀政紀處分情況等，深入分析、作出評判；對幹部「8小時外」情況延伸了解。一道道關口，使廉政考察「硬」起來。對考察中發現的疑點和了解到的線索，考察組認真核查，不放過任何一個問題和疑點。有人反映一名幹部移栽古樹到自家院落，考察組立即派人暗中實地查看；有人反映一名幹部打電話為其領導拉票，考察組專門與當事人談話，並請省委及組織部通過其他途徑從多方面進行核實。在「放大鏡」下，一些有「硬傷」的幹部被排查出來。在某地，考察組了解到兩名呼聲較高的幹部涉及廉政問題後，堅決將其排除在會議推薦參考名單外。考察結束後，這兩名幹部因涉嫌職務犯罪被立案偵查。

堅持差額考察、差額遴選、好中選優，綜合考慮人選條件和提名名額、結構等情況，有152名考察對象沒有列為遴選對象。

不搞「大會海推」「劃票打勾」。據一位多次參加「兩委」人選考察工作的同志介紹，以往考察工作第一步是召開省區市黨委全委（擴大）會議，進行投票推薦。這種「大會海推」「劃票打勾」的辦法選幹部，由於信息不對稱，很多人投關係票、人情票，選出來的不一定都是最優秀的幹部，而且帶來拉票、賄選等諸多弊端，甚至催生出「期權」「期貨」交易。這樣的民主變了味，走偏了方向。幹部不負責任，黨組織卸掉了責任，黨的領導被弱化。

針對這一問題，2014 年黨中央修訂印發《黨政領導幹部選拔任用工作條例》，重新定位了民主推薦的功能作用：不是不要票，而是不「唯票」。

堅持黨的領導和充分發揚民主相結合，體現在推薦方式的改進上——先進行談話調研、聽取意見，提出參考名單後，再進行會議推薦。

一位幹部反映，動輒幾百人「大呼隆」的投票場面不見了，但談話範圍擴大了，談話內容深入了。考察組找他們面對面談話，廣泛深入聽取意見，「這是真名實姓、實名推薦，參加談話的比過去參加會議推薦的人數還要多」。

據統計，考察組平均每個省談話 1500 多人次，比過去參加會議推薦的人數大大增加。每次談話作用也不盡相同，有的重在舉薦聚焦，有的重在比較遴選，有的重在深入評價，有的重在具體研判。

考察組在充分聽取意見基礎上提出的會議推薦參考名單，需要上報十九大幹部考察領導小組同意，這是第一次民主基礎上的集中；會議推薦後，考察組還要將考察對象初步人選再次上報審批，這是進一步的集中。

經過精準科學的深入考察、比較擇優，十九大幹部考察領導小組研究提出了十九屆「兩委」人選遴選對象。2017 年 9 月 25 日，中

央政治局常委會統籌考慮，研究提出「兩委」候選人預備人選建議名單。9月29日，習近平總書記主持召開中央政治局會議，審議通過了「兩委」候選人預備人選建議名單，並決定提交黨的第十九次全國代表大會選舉。

大會期間，各代表團以差額選舉方式對「兩委」人選進行預選。提名十九屆中央委員候選人222名，差額18名，當選204名，差額比例為8.8%。提名候補中央委員候選人189名，差額17名，當選172名，差額比例為9.9%。提名中央紀委委員候選人144名，差額11名，當選133名，差額比例為8.3%。

10月22日晚和23日上午，大會主席團第三次和第四次會議通過了經預選產生的「兩委」候選人名單。

候選人名單中，十八屆中央委員會組成人員中繼續提名132名，佔35.1%；新提名244名，佔64.9%。十八屆中央紀律檢查委員會組成人員中繼續提名10名，佔7.5%；新提名123名，佔92.5%。

10月24日上午，人民大會堂大禮堂內，氣氛莊重熱烈。在習近平主持下，大會舉行正式選舉。經過發放選票、填寫選票和投票、計票，出席大會的2300多名代表和特邀代表選舉產生了新一屆中央委員會和中央紀律檢查委員會。

新華社的第二篇是關於最高領導層領導人的選拔的。引述如下：

2017 年從年初開始，習近平總書記就如何醞釀產生新一屆中央領導機構人選問題，認真聽取中央政治局常委同志的意見。大家一致贊成，在總結黨的十六大、十七大、十八大有關做法的基礎上，借鑒十九屆「兩委」人選和省級黨委換屆考察工作的做法和經驗，採取談話調研的方式，就新一屆中央政治局、常委會、書記處組成人選，中央軍委組成人選以及需要統籌考慮的國務院領導成員人選和全國人大、全國政協黨內新提拔人選等，在一定範圍內面對面聽取推薦意見和建議。

2017 年 4 月 24 日，習近平總書記主持召開中央政治局常委會會議進行專門研究，討論通過了《關於十九屆中央領導機構人選醞釀工作談話調研安排方案》。談話調研和人選醞釀工作在習近平總書記直接領導下進行。

在黨和國家高層領導人選產生方面，我們黨有着優良傳統，不斷進行積極探索，有經驗也有教訓。黨的十七大、十八大探索採取了會議推薦的方式，但由於過度強調票的分量，帶來了一些弊端：有的同志在會議推薦過程中簡單「劃票打勾」，導致投票隨意、民意失真，甚至投關係票、人情票。中央已經查處的周永康、孫政才、令計劃等就曾利用會議推薦搞拉票賄選等非組織活動。

　　堅持問題導向，中央對新一屆中央領導機構人選的產生方式進行創新和改進，強調堅持民主方向、改進民主方法、提高民主質量，決定在對十九屆「兩委」委員人選深入考察、嚴格把關基礎上，通過談話調研、聽取意見、反覆醞釀、會議決定等程序逐步醞釀產生中央領導機構人選。

　　從 2017 年 4 月下旬至 6 月，習近平總書記專門安排時間，分別與現任黨和國家領導同志、中央軍委委員、黨內老同志談話，充分聽取意見，前後談了 57 人。

　　根據中央政治局常委會的安排，中央相關領導同志分別聽取了正省部級、軍隊正戰區職黨員主要負責同志和其他十八屆中央委員共 258 人的意見。中央軍委負責同志分別聽取了現任正戰區職領導同志和軍委機關戰區級部門主要負責同志共 32 人的意見。

　　這種採取個別談話調研、面對面聽取意見建議的方式，得到了參加談話同志的一致讚譽。大家普遍感到，方案考慮周全，工作安排細緻，程序設計周密，紀律要求嚴格，這樣反映出的意見更全面、更真實、更準確。

　　黨和國家領導職務也不是「鐵椅子」「鐵帽子」，符合年齡的也不一定當然繼續提名，主要根據人選政治表現、廉潔情況和事業需要，能留能轉、能上能下。

　　在綜合大家意見建議的基礎上，2017 年 9 月 25 日，中央政治局常委會提出了新一屆中央領導機構的組成人選方案。

　　新一屆中央紀委領導成員人選建議方案，由中央紀委、中央組織部有關方面經過醞釀討論，向中央提出。新一屆中央軍委組成人選建議方案，由中央軍委經過集體討論，向中央提出。

　　9 月 29 日，中央政治局會議審議通過了新一屆中央領導機構人選建議名單，決定提請黨的十九屆一中全會和中央紀委一次全會分別進行選舉、通過、決定。

　　10 月 24 日，黨的十九大選舉產生了新一屆中央委員會和中央紀律檢查委員會。10 月 25 日，黨的十九屆一中全會選舉產生了新一屆中央領導機構。

　　這兩篇報道提供的諸多細節的內容和意義很自明，無須多作解釋。總體上看，改革開放以來，中共結合了中國傳統「選拔」體制和現代「選舉」制度，或者說「賢能政治」與「民主政治」來產生「政治家集團」。但十九大無疑對「選拔」制度做了重大的創新。這些創新並非如西方一些人所說的，與民主背道而馳，恰恰相反，這種「選拔」制度的創新是中國避免西方民主陷阱、追求優質民主的關鍵。

（三）「集體領導體制」和「黨內民主制度」的校正

「集體領導體制」是在鄧小平時代設計並開始實行的。毛澤東時代的個人獨裁幾乎使整個黨面臨崩潰的邊緣。作為個人獨裁的受害者，鄧小平設計了集體領導制，由中央政治局常務委員會的成員集體實行政治領導。這個體制以內部多元主義為特徵。在中共的最高領導層，成員之間有着很大的制約與平衡。中共中央政治局常委會作為最高權力決策機構，往往被外界視為權力高度集中的政治體制或威權主義的象徵。然而，正如前面所分析的，在十八大之前，政治局常委各個成員擁有幾乎同等的權力，各自負責一個領域的決策，並在那個領域有着最大的發言權和決策權。一些中國學者將這個體制稱為「集體總統制」，意思是說，國家的主要決策是由集體做出的。

這一制度在十八之前產生了很嚴重的問題。之前已經討論過，十八大之前，政治局常委管轄的領域過於分散，由於政治局常委的每個成員只負責各自的領域並在該領域享有最大發言權，政治局常委內部的分工體制是趨於向分散化發展的，幾乎沒有有效的協調。因此，人們所說的「集體總統制」經常導致沒有總統，集體決策導致無人決策，集體負責導致無人負責的局面。這種體制類似於頂層的「分封制」。正是這種制度特徵才造成今天人們所看到的「周永康現象」，即「團團夥夥」現象，或者政治學上所說的「寡頭政治現象」。令計劃現象與軍中的徐才厚和郭伯雄現象也屬於這個類型。黨內「團團

夥夥」的形成使得頂層權力不再正常運作，而是存在過度的制衡。更嚴重的是，黨內「團團夥夥」的形成直接威脅到了執政黨的生存和發展。

十八大之後才改變了這個局面，主要是新成立了幾個領導小組，克服了從前的頂層「分封制」，避免各自為政，協調功能大大強化。同時，這些小組的運作方式也和以往的不同，那就是正式化。從前也有不同的領導小組，但不公開，社會並不知道它們在做什麼；與此不同，現在的這些小組是公開的，活動公開透明。小組的正式化應當被理解成「更加制度化」，而非「去制度化」。如在前面已經提到過的，十九大通過建立主要領導幹部向黨中央和總書記述職制度，形成了事實上的黨主席制度，大大提升了這方面的制度化程度。

（四）繼續探討接班人制度

十八大以來，反腐敗所涉及到的不僅僅是已經退休的高級官員，包括政治局常委，諸多被調查的高級幹部則是現任官員，包括政治局委員、軍委委員等。這也使得人們相信，一種新的關乎接班人的制度也在形成。沒有一個人可以逃避腐敗的整治，即使是被視為是接班人的人選；也沒有人可以安穩地「等待着」做接班人。但正如十九大對「兩委」和「中央領導機構領導人」「選拔制度」的新探索，接班人選拔制度也已經躍然紙上了。

說到底，如果能夠通過這樣的「選拔制度」產生一個「政治家集團」，那麼這個「政治家集團」本身就是接班人。

制度建設「永遠在路上」

一個國家崛起的核心就是制度崛起，而外部崛起只是內部崛起的延伸而已。制度是人類文明的積累。對任何國家尤其是對發展中國家來說，制度建設是一切，所有其他方面的進步必須以制度的進步來加以衡量。盡管制度是人確立的，但制度比人更可靠；歷史地看，制度更是人們衡量政治人物政治遺產的最重要衡量標準。

自從中國近代以來傳統皇朝國家制度被西方一而再、再而三打敗之後，中國的數代精英一直在尋找適合中國現實的制度建設。

從晚清到孫中山再到國民黨，期間經歷了諸多失敗。直到 1949 年中華人民共和國成立之後，中國才開始了在沒有外力干預下的內部制度建設。毛澤東一代政治家的政治功勞不僅僅在於他們統一了國家，更是確立了中國政治制度的基本構架。鄧小平時代的制度進步尤其顯著。毛澤東時代，各種社會政治運動對毛澤東自己確立起來的制度造成了巨大的衝擊和破壞。鄧小平一代經歷了這個痛苦的時代，因此把制度建設置於頭等重要的位置。正如前面所討論到的，今天我們

所看到的很多制度都是在鄧小平時代確立起來的。這也是鄧小平時代持久影響力的制度保障。直到現在為止，人們可以討論如何改革或者改進這些制度，但沒有人可以輕易否定和取消這些制度。這些制度一旦被黨政官員和大眾所接受，便具有了自我生存能力。

鄧小平之後，20 世紀 90 年代的中國在制度建設上又有了很大的進步。為了加入諸如世界貿易組織等國際組織，中國實行了「接軌」政策，即改革自身的制度來與制度的國際標準接軌。進步尤其表現在經濟方面，整個社會主義市場經濟的制度構架就是在這個時期確立的。同時，在政治上，一九九七年中共十五大上，把「法治」寫入黨和政府的文件，並把「法治」確立為政治制度建設的目標。

儘管十八大以來外界關切的焦點在於中國反腐敗鬥爭和經濟的新常態，但如果站在未來的立場來看，十八大以來最主要的進步在制度層面。甚至可以說，無論是大規模的反腐敗鬥爭還是經濟新常態，都為其他方面的制度建設提供了一個環境和條件。當 GDP 主義盛行的時候，制度建設很難提上議事日程；同樣，當腐敗盛行的時候，政治體制和執政黨本身的體制建設也很難被提到議事日程上來。

十八大以來的制度進步並不表明中國的制度建設已經完成了。在任何國家，制度建設永遠不會終結。如果有了「歷史終結」的觀點，那麼就是制度衰敗的開始。西方是這樣，中國也是這樣。正因為如此，十九大在「校正」了此前一些制度發展偏差的基礎上，明確了未來制度發展的方向、目標和路徑。十八大之後成立了全面深化改革領

導小組，把中國各方面的改革提到一個新的高度。十九大成立了全面依法治國領導小組。「依法治國」是中共十八屆四中全會的主題，是中國最大的政治改革方案。毋庸置疑，全面依法治國領導小組的目的就是為了推進中國全面的制度建設。

可以預見，到中華人民共和國成立一百周年時，一個以法治為中心的新型中國政治制度或者中國模式必將屹立在世界的東方。

第六章

中國改革的現狀與未來

　　我雖然在新加坡工作，但我是中國人，農民的經歷讓我站在中國農民的角度來看中國的改革。以前毛澤東同志進行革命時也始終關注農民問題，認為農民問題是中國革命的根本問題。我現在仍然覺得，農民問題也是中國當代改革的根本問題。盡管現在很多農民變成城市市民了，但情況沒有發生根本的改變。雖然他們居住在城市，我認為他們還是抱有農民的心態，而不是城市市民的心態。不解決這個根本問題，中國的改革和發展仍然會比較麻煩。

　　我首先講講我對中國改革的一般看法，然後講講十八大以來我們所聚焦的改革問題。

中國改革的路徑選擇

（一）改革只能找突破口，每一個都是攻堅戰

　　我以前寫過一本小書叫《中國改革三步走》。我認為，從總體上說，任何一個國家的發展和改革都可以分成政治、經濟、社會三大方面。從西方和亞洲的日本和「四小龍」的成功實踐中，我提出一個思路：先經濟改革，再社會改革，後政治改革，也就是先生產、再分配、最後才是民主。這不是一個價值判斷，而是從很多社會包括西

方、亞洲日本和「四小龍」改革發展成功實踐中總結出來的。中國也屬於東亞社會的一部分，我覺得中國有可能也往這個方向走。

這（三步走）意味着某一階段會有一個主體性的改革，比如第一階段先經濟改革，但社會改革、政治改革要配合。第二階段主體是社會改革，但經濟改革、政治改革也要配合。如果是革命，那麼可以全面推行，因為革命往往是破壞。改革的理想也是要全面推進，但實際上是做不到的。任何一個國家碰到的問題都很多，不可能幾百項改革一起推進，（在一個特定的階段）改革只能以某一方面為主。改革只能找突破口，每一個都是攻堅戰。

從歷史上看，先進行經濟改革有一定的道理。我們現在看到了西方民主，但很多人並不懂西方早期是怎麼發展過來的。我覺得還是先發展經濟。我們今天所看到的西方「一人一票」的大眾民主實際上是 20 世紀 70 年代後才開始的。西方很多方面的經濟和社會制度發展都是在精英民主的時候進行的。一戰前基本上投票權屬於極少數的有財產的男性，工人階級是沒有投票權的，婦女更不用說了。比如瑞典，這個國家被亨廷頓教授視為是第一波民主的典範，但到了 1971 年女性才有公民投票權。再比如我們現在視為最民主的國家美國，歷史上長期實行奴隸制，到了林肯時代才廢除。通過（黑人）民權運動，1970 年以後黑人才開始有政治權利。不管怎麼説，我們現在所看到的「一人一票」的民主並不是歷史上就存在的，它產生的時間很短。

　　實現「一人一票」民主之前，西方首先要解決經濟發展的問題。馬克思所處的時代就是「先經濟」的時代，是原始資本主義。社會主義運動產生以後，工人階級慢慢進入政治過程，到了二戰以後大眾民主才快速發展。根據歐洲的經驗，我們可以認為，很多基本國家制度必須在一個國家民主化之前建立好，否則以後就沒有機會建立了。

　　這是事實不是理論。我們從西方的歷史來看，大部分國家的基本國家制度是在民主化之前建立的，包括我們所看到的社會政策、社會制度、福利制度等。比如，法國的教育制度是拿破崙時代建立的，德國的世界上第一個社會福利政策是在俾斯麥時期建立的。

　　當然，民主化以後，民主政治確實對這些制度尤其是福利有很大的推進。一般來說，我把基本的國家制度分成三類：第一類是民主化以前必須建立的制度；第二類是必須在民主化以後建立的制度；第三類是在民主化之前建立起來，民主化以後會轉型的制度，轉型可以往好的方面轉，也可以往不好的方面轉。

　　東亞社會的成功也是經歷了這樣的三步走，先經濟，後社會，再政治。東亞社會在很長時間裏出現了我們政治學裏面講的威權主義政體。比如李光耀的新加坡。在威權主義政體下，新加坡把經濟從「第三世界」推向了「第一世界」，在此過程中再進行社會政策、社會組織、社會福利建設。

　　很多人說日本是亞洲的經濟奇跡，但是別忘了，日本、亞洲「四小龍」更是一個社會奇跡。日本在經濟起飛的二十多年以後，不僅

經濟從「第三世界」到「第一世界」，社會發展上更取得了巨大的成就，最重要的標誌就是把中產階級做大到 70% 多。這是一個偉大的成就。當然每一個經濟體在發展中產階層過程中所採用的方法是不一樣的，日本採取工資倍增計劃和社會政策，中國的台灣地區大力發展中小企業，新加坡發展政府企業和社會政策，中國的香港地區也是在促進中小型企業的發展基礎上推行社會政策。

在社會改革獲得推進後，這些經濟體才開始進行民主化。從簡單的投票行為來説，一個人均 GDP1000 美金的社會可以投票，一個人均 GDP10000 美金的社會也可以投票，但兩個社會的民主行為完全不一樣。人均 GDP1000 美金的社會，就像我們從中國農村選舉所觀察到的那樣，人窮的時候選票不值錢，一包香煙、一塊肥皂就影響了選票。這不難理解，人均 GDP1000 美金的時候，大部分人還沒有受過高等教育，沒有理性思考的能力，投票的行為很容易受左右。到了人均 GDP10000 美金的時候，投票行為就不一樣了，大部分人已經受過高等的教育，可以理性思考了，而小恩小惠就很難影響選票了，至少人們不會採用暴力的形式。所以日本、亞洲「四小龍」的發展，是世界歷史上最為和平的，避免了歐美早期發展所出現的大規模的暴力行為。

改革如果按照先經濟、後社會、再政治這樣「三步走」是比較理想的，但是每一個社會不見得一定會按此三步走。比如亞洲和拉美很多國家就不是這樣的，他們在人均 GDP 很低、社會經濟還沒有

發展的情況下就開放政治過程，結果產生了非常多的問題。從理論上看，這些國家都具備了西方所說的那些條件，多黨制、憲政、法制、開放的媒體等，但都是名不符實。這些國家實行多黨制，每一個政黨都想分大餅，而不是做大餅，因此社會經濟一直發展不起來。

我們國家這幾年一直在討論中等收入陷阱問題。一些國際組織包括世界銀行對此進行了調查研究，表明二戰以後一百幾十個國家，只有十幾個國家逃避了中等收入陷阱，而這十幾個國家裏面大部分是中東那些擁有能源、石油的國家，能源價格漲上去了，人民就富裕起來了。除了這些國家之外，其他的五個經濟體都在亞洲，即日本和亞洲「四小龍」，它們就是按照改革的「三步走」進行的，做得非常成功。

20 世紀 50 年代，在西方的眼中，亞洲有兩個民主的「明燈」或者典型，一個是緬甸，一個是斯里蘭卡。這兩個國家當時開始實行西方式民主，經濟開始發展。但結果呢？到現在，它們仍然面臨很多問題。到了 60 年代，西方說亞洲又有兩個民主「明燈」，一個是泰國，一個是菲律賓。不過，這兩個經濟體到現在也還是面臨諸多問題。前兩個國家仍然處於低度發展階段，而後兩個國家長期陷入中等收入陷阱。因此，我們應該從理論和實踐上來研究，改革的秩序應當是怎樣的，發展的秩序應當是怎樣的。

（二）中國自身的改革實踐與路徑選擇

對中國而言，也可以在任何階段開放政治過程。不過，如果從西

方的經驗，從亞洲的日本和「四小龍」的經驗來看，我覺得還是三個階段論比較好一些。根據我自己的觀察，中國實際上可能也是在這樣進行改革。我們從 20 世紀 80 年代開始進行改革開放。鄧小平時代，中國都是以經濟改革為主體。20 世紀 80 年代中期，中國也進行過政治改革，但是碰到了很多問題，所以沒有繼續下去。20 世紀 90 年代的改革把經濟層面的國家制度建立起來，並且加入了世界貿易組織。經濟改革取得了巨大的成就。20 世紀 80 年代初的時候，中國人均 GDP 連 300 美金都沒到，現在已經到了 10000 多美金。我們的經濟總量更不用說了，從那麼小的一個經濟體到現在成為世界第二大經濟體。如果像現在這樣發展下去的話，今後十多年裏趕上美國的經濟總量不會有很大的問題。

與經濟優先的 GDP 主義相伴隨，中國也出現了環保、社會等很多方面的問題。因此，中共十六大以來中央提出兩個重大目標，即「科學發展觀」和「和諧社會」。可以看出十六大以後，社會改革已經提到議事日程上來，通過社會改革來培植社會力量。這個思路，我認為非常正確。

同時，鑒於有效的國家制度是高質量民主的保障，所以制度建設我們也必須踐行，但制度建設是不是馬上就像西方那樣開放政治過程呢？我對此持保留態度。我覺得中國的人均 GDP 還很低，現階段還是要重視社會經濟的發展，尤其是社會建設。

十八大以來的改革進步

這裏，我主要想講講十八大以來我們做了些什麼。

十八大以後的改革思路有很多變化，這是積極的變化。正因為此前我們一直抓經濟改革，忽視了政治上的變革，忽視了社會的變革，很多問題積累起來了，尤其在政治上。也不難理解，十八大以來的變化首先發生在政治領域。

（一）以集權推動頂層設計

十八大以來主要做了什麼？一是反腐敗，二是改革的頂層設計，而背後最重要的是集權。「集權」是一個中性詞，不見得是不好的，關鍵是要看怎麼去做，以及目的是為了什麼。十八大以後，至少有一段時間，集權是非常有必要的。以前我們的改革是比較分散化的，現在需要全國一盤棋；要進行頂層設計，就要集權；要克服既得利益對改革的阻礙，就要集權。當然，這一波的集權和此前是很不一樣的。

大家都知道十八大以來中國集權的表現形式，即在政治局常委這一級成立了幾個新的領導小組。清華大學的一位教授寫過一本書，說中國有九個總統，美國只有一個總統，中國九個總統比較好。從學者的角度來講，現在的集權就是為了糾正這種現象，這非常有必要。在

任何政治體制中，集權是非常重要的。在現實生活中，九個總統其實到最後是一個總統都沒有的，集體負責就是沒人負責，集體領導到最後就是沒人領導。

在胡溫時代，出現了九個常委，一人一票制，就是人們經常說的「九頭鳥制度」，每個人負責一塊；並且光有分權而沒有協調，這樣就出現了很多問題。任何一個政治制度最大的特點，就是要有政治責任，誰來負政治責任是一個重要的問題。我們這樣一個體制下很難說誰在負責。一人管一塊，缺少協調是很不好的現象。這種現象，從學術的角度來說，可以將其稱為「頂層分封制」，一個人分封一塊，在這一塊他說了算。後來出現了周永康、令計劃、徐才厚和郭伯雄那樣的事情，我們就需要做制度反思。這些現象的產生是因為這些人壞還是因為這個制度的缺陷，我認為兩方面的原因都有。制度的缺陷是有的，因為沒有制約機制。比如在政法系統，就是周永康說了算，沒人能夠制約他，他當然會做壞事。就像鄧小平從前說過的，沒有好的制度，最好的人也會做壞事。

當然，十八大以後就有了改進。以前是一人一票，後來成立了幾個領導小組，除軍事方面的領導小組外，習近平是組長，李克強是副組長，其他的幾個常委都分到不同的組裏面，這樣權力的協調性就高。這是一種比較好的協調機制。

也有一些外國朋友在批評，認為設立這些領導小組是不是搞個人集權？實際上，現在成立的四個領導小組跟以前的領導小組很不一

樣。以前的領導小組我們在外面是不知道的，不知道誰是組長、誰是副組長，組織成員是誰，他們有沒有開會，討論了什麼，等等，我們一切都不知道。而現在的這些領導小組是正式的、公開的、透明的，每一次開會都會告訴公眾，開了什麼會，做了什麼事情，都會報告給公眾，這是開放的。正式的和開放的組織是可以制度化的。這種變化是一大進步，制度化是大家能夠看得到的東西。

就頂層設計而言，十八屆三中全會、四中全會發佈的兩個改革文件，海內外一片叫好。三中、四中全會之後我在新加坡做了一個演講，我判斷習近平總書記所計劃的並不是他兩個任期之內的事情，他做的規劃是後三十年的事情。兩個改革文件加起來一共五百多項改革，哪是兩屆能夠做得完的？尤其法治改革是很難的改革。所以，我當時說是規劃三十年。現在看來三十年都太短了一些，是規劃三十五年。毛澤東思想管了三十年，鄧小平理論管了三十五年，習近平在規劃後面的三十五年，剛好到中華人民共和國一百周年。

這個規劃就是頂層設計，一方面深化經濟改革、實現全面小康社會，這些是發展；另一方面就是圍繞法制和法治的制度建設。

這幾年我們不講「政治改革」了，這很容易理解。一講到「政治改革」，整個國家就會陷入無窮盡的爭論。「政治改革」這個詞本身就已經被高度的意識形態化了。左派有左派的解讀，右派有右派的解讀，沒有一點共識。我認為，四中全會提出的以法治為核心的制度建設就是最大的政治改革。這是非常不容易的改革，中國需要好幾代人

努力往這個方向發展。近代以來西方也是花了 150 多年才把法治制度建設起來的，何況他們還有古希臘的法律傳統。

（二）反腐敗、反寡頭

反腐敗更為重要。我認為，十八大之所以開得很艱難，就是由於當時的腐敗。盡管這次反腐敗的目標是打老虎和拍蒼蠅，但主要是打老虎。

在政治學層面，人們會把周永康、令計劃、徐才厚和郭伯雄這一類人稱之為政治寡頭。我不知道我們有沒有人會把這幾個案子做案例學習，在新加坡我們是把他們做案例研究的。看周永康、令計劃、徐才厚和郭伯雄的例子，他們從中央到地方、橫跨中央幾個部委，是非常典型的政治寡頭案例。軍隊裏面的腐敗更厲害，徐才厚、郭伯雄，兩個都是軍委副主席。

習近平總書記有很好的條件來反腐敗。他反腐的條件是歷史形成的。如果他不反腐敗，那麼這些寡頭在五年、十年之後又會怎樣呢？無論從利益鏈條還是制度化方面，寡頭格局就會變得非常牢固，一旦形成這種局面，腐敗就再也反不動了。如果這樣，中國會變成葉利欽時代的俄羅斯，或者今天的烏克蘭。這裏要多説幾句烏克蘭。大家都認為烏克蘭問題是由於北約跟歐洲、俄羅斯之間的關係處理不當造成的，其實不是。烏克蘭最大的問題是形成了政治寡頭，一些寡頭親俄羅斯，一些寡頭親西方。寡頭之爭產生了這個國家的民主政治。不

過，建立在寡頭之上的民主是最惡劣的民主政治形式。如果不解決寡頭政治問題，烏克蘭很難有好的希望。

還有一個我非常關注的國家是越南。越南政治會怎麼走？很多人認為他們的政治格局比較好。我們的頂層是「三合一」制的，即黨的總書記、國家主席、軍委主席三合一。越南的頂層是四駕馬車，人們發現，四駕馬車背後是不同的利益集團，有些親美國，有些親中國，還有些跟社會力量結合起來的，在很大程度上與烏克蘭特別像。前幾年，因為越南不滿中國在南海搞石油鑽探，發生了針對中國的抗議運動。後來越南共產黨還是認識到了，如果再不壓下去，共產黨說不定就要被推翻了。不過，我認為他們寡頭的基本政治架構已經形成了。從這個角度來看，越南也不是一個好的發展方向。中國要怎麼改？我覺得還是要仔細研究。

反腐敗主要是反寡頭，這個任務要完成。反寡頭就是最大的政治。好多人說現在反腐敗是選擇性的；其實，從世界範圍來說，所有的反腐敗都是有選擇性的。反腐敗是一個政治任務，政治就是有選擇性的，有選擇性沒有什麼錯，關鍵是怎麼樣走向未來，是搞制度建設，還是個人專權？

在這方面，俄羅斯就沒有做好。大家現在很崇拜俄羅斯的普京，特朗普也崇拜普京。但普京之後的俄羅斯會遇到很大的困難。為什麼？俄羅斯從蘇聯戈爾巴喬夫開始就走錯了方向，即搞激進變革。葉利欽時代完全聽西方的，但最終被西方所拋棄。普京有一點做對了，

就是一上來就反寡頭。他知道問題的症結在哪，寡頭也確實被他反下去了。現在的問題是他用新的寡頭替代舊的寡頭，把不聽話的寡頭打下去了，扶持的是聽話的寡頭。並且所有做的事情都圍着他一個人轉。現在俄羅斯甚至有人討論要不要恢復君主制度？普京也不表態。人們覺得普京就是一個現代君主了。這非常危險。他不是像我們這樣搞制度建設，從制度上探索一條未來道路。因此，他一會兒當總統，一會兒當總理，這種做法有些不可思議。

2017 年 4 月，一位英國非常有名的教授昆廷・斯金奈在北大演講，講馬基雅維利。我覺得，馬基雅維利這個人能夠回答我們現在所遇到的很多問題。現在世界遇到了那麼多的困難，問誰去呢？我認為一個是問馬基雅維利，一個是問霍布斯。馬基雅維利是搞個人權威的，而霍布斯是要把個人權威轉化成制度的。普京就是一個典型的馬基雅維利主義者，但他忽視了霍布斯。霍布斯要建立制度。普京反寡頭非常重要，但反寡頭之後呢？建立預防寡頭的制度也同樣甚至更為重要。

現在，主要的寡頭都被反下去了，如果發現了大老虎還是會抓的。今後的主要任務是搞制度建設，預防新寡頭的出現和形成。不過，今天，拍蒼蠅也已經變得很重要。從政治的功效來說，現在打大老虎甚至不如拍蒼蠅的功效大。現在社會對哪一個中央委員被抓起來已經沒什麼特別的反應，但是社會上發生一件事情，比如，山東的高利貸、四川學生自殺等，都會引起全國性的群情激憤。所以，人們希

望王岐山書記要把拍蒼蠅也提到議事日程上來。中國現在走到哪裏都是「霸」，校霸、村霸、水霸、電霸等等，什麼都是「霸」，非常影響政府與社會之間的關係。

十八大以來，各方面的改革進程都在進行。但是為什麼大家感到不滿？為什麼「改革」一詞變得那麼敏感了？改革到底發生了什麼事情？我近來也跑了很多省份去看。在很大程度上，我覺得還是跟反腐敗有關係。這是一個矛盾。首先，反腐敗必須進行，因為中國可持續的發展總不能建立在腐敗基礎之上；如果不反腐敗，我們以後不可能實現可持續發展。不過，客觀地來說，反腐敗也會影響下面的很多幹部，進而影響到政府的行為。

現在的經濟改革深化很難，經濟增長出現了一些問題。當然，任何經濟體不可能永遠都是兩位數增長，今天的下行是必然的。但是，我們需要比較穩定的下行，如果從 10% 到 7% 到 5%，這樣一直下去是非常不健康的。我們要怎麼樣實現穩定下行呢？

中國的經濟發展問題是典型的政治經濟學問題。我覺得，中國經濟所遇到的一些問題可能只有 25% 取決於經濟要素，而 75% 取決於政治要素，一些經濟問題實際上是由政治問題引起的。改革開放以來，我們的經濟一直是四條腿走路，中央政府始終是改革的頂層設計者，真正具體執行改革的是四個主體，即地方政府、國有企業、民營企業、外資。但是這些年來這四個主體發生了什麼？國有企業跟地方政府基本上不太作為。我曾經去一個地方考察，地方領導跟我講了一

件事情，說天津發生大火後，一個荷蘭的公司以前在天津，現在待不下去了，想搬到本地，這是一個很大的項目，非常好的項目。他做完了程序，就讓領導去批。領導怎麼說的呢？他說，「我明年就要退休了，你這種事現在不要做了，這裏有風險。」

反腐敗總體上非常健康，但有些地方有一點做得不好，就是下面的官員互相舉報。互相舉報是很有效、但讓大家非常心寒的一件事情。因為互相舉報，大家就互相制約不做事情。互相舉報有很多問題。中國人在人與人之間的競爭中有不好的心態。競爭並不是說我要比你做得更好，而是我先要把你拉下來，拉下來之後我再幹活。有好多人都希望別人犯錯誤。這種文化心態也是阻礙我們進步的。因此，好多人現在都選擇「軟着陸」。有些幹部說，反正我不幹活、不接電話，坐在辦公室好好學習，我就不會犯錯誤。這不是說反腐敗本身不好，而是裏面有一些細節我們可能沒有注意到。

又如，政商關係非常重要。政府需要依靠企業家來推動經濟發展。但是，企業家怎麼發揮作用呢？以前的政商關係當然不行了，現行的政商關係又是怎樣的呢？我們現在也沒有發展出真正有效的新型政商關係來。現在去地方做調查，想跟政府官員吃一頓飯，官員都避之不及。其實，這個是沒有必要的。你可以規定吃飯的標準。像新加坡，政府只給一個標準，例如午餐一個人可以多少錢，晚餐多少錢，但不管你在什麼地方吃飯，是五星級酒店還是大排擋。這樣做可能更好一點。

（三）意識形態

我跟很多外國企業家交談，發現外國企業家看中國政治就是看意識形態的變化，他們對意識形態的變化非常敏感。事實上，中國因為法治程度仍然比較低，意識形態的變化就變得重要起來。我們得承認，我們在法治制度上有進步，但還不像歐美社會那樣制度化。歐美社會哪怕出現了特朗普這樣的民粹主義者或者法國式的民粹主義，還是會有對私有產權和財產的保護的。鄧小平 1992 年的南巡很成功，就是因為他確立了社會主義市場經濟的概念。鄧小平說，市場經濟是沒有意識形態的，是一種工具，資本主義和社會主義都能用。在這樣的情況下，大家都有信心搞經濟。但是，最近這段時間又有一些極左的東西出來了，外資看見了，就擔憂中國的未來。

有一段時間，大家都在批評李嘉誠不愛國，因為他從大陸撤資。但如果你到香港和企業家作些交流，就會發現，李嘉誠的心態其實就是很多外資企業的心態。很多外國資本家都在討論如何從大陸安全撤資的問題，而不像以前那樣討論如何進入中國市場。國內的這些意識形態看起來只是左右派之爭，可能是一些小事情，但是對國際社會影響非常大。對於國際社會來說，意識形態是人們觀察中國社會發展的一個風向標，我們內部覺得不那麼重要的事情，到了海外卻非常重要。這是一個大問題，以後該怎麼解決？需要思考。

我們需要意識形態，問題是需要一個什麼樣的意識形態？事實

上，中國很難説有實質性的意識形態，而且也不允許存在和引入我們不能接受的意識形態。那麼中國現在的意識形態是什麼樣的？可能這個問題沒有幾個人能夠説清楚。

我跟搞宣傳工作的一些官員交流過。我説，我想象中的宣傳部門跟現在的宣傳部門是不一樣的。我想象中的宣傳部門應當把全國13億人中最優秀的學者集中起來，來討論我們國家的核心價值觀是什麼，共享價值觀是什麼，國家意識形態是什麼，而不僅僅是管控。如果是管控，這一功能交給其他權力部門，根據法律來管理就行了。

我們幾千年的歷史上，皇帝很重視意識形態。我覺得，在現階段，可以適當地把黨的意識形態和國家的意識形態分開來。在新加坡，這兩者是分開來的，黨的意識形態放在黨內講。黨的意識形態是精英意識形態，精英的意識形態不可能讓每一個社會人員都接受，因為每一個社會成員不可能都像共產黨員那樣有認識。所以，我們還需要建設國家的意識形態。

我們現在的問題是，社會層面對黨的精英意識形態理解不了，但又沒有什麼能夠讓大部分老百姓所接受的意識形態。

我在華南理工大學公共政策研究院開會時，提出了三個關於基層治理的問題：第一，現在的中國共產黨在不在統治基層？第二，現在統治基層的是不是我們傳統所認識的共產黨？第三，中國共產黨應當是怎麼樣的一個共產黨？從學術的角度，我們可以提出這樣大膽的問題。我們確實需要想一想，我們需要建設一個什麼樣的社會？意識

形態非常重要，如果沒有意識形態，我們國家那麼大，出現那麼多問題，怎麼才能把這 13 億人口整合起來。

　　現在社會的分裂，比如說中國台灣地區社會的分裂，除了經濟、政治、社會外，意識形態是非常重要的一個因素。現在中國的左、右派從來不對話，網上吵、互相吵，現實中還約架。在一定程度上，社會層面的意識形態內戰早已經開始了。現在是共產黨有能力控制；一旦控制能力變低，社會就會變得非常混亂。

中國改革的未來走向

（一）發展經濟，避免中等收入陷阱

　　十八大以來是救黨、反腐敗、反寡頭的政治，十九大以後還是要救經濟。我非常認同「四個全面」的提法，全面實現小康社會還是很重要的，也是不容易實現的。現在中國陷入中等收入陷阱的可能性仍然很大，我們必須逃避這個陷阱。陷入中等收入陷阱國家的情況是很糟糕的。泰國、菲律賓以及拉美的很多國家，現在的收入跟幾十年前的收入差不多，政治腐敗、社會衰敗、暴力橫行等現象一直存在，這些都是由於陷入了中等收入陷阱導致政治社會太過於分化的結果。

　　我為什麼一直強調中產階級非常重要？我不認為現代的政黨是整合社會的力量，政黨是分化社會的力量，社會只能自己整合自己。西方社會今天所出現的問題，就是因為中產階級變小了。西方以前的成功是因為中產階級做大了。現在特朗普要在美國搞的那些東西，盡管有人對他有意見，但我覺得他的判斷是正確的，至於是否做得到則是另外一個問題。在 2008 年世界金融危機之前，美國有 70%－75% 左右的中產階級，但現在已經掉到了 50% 以下，這是説不過去的。

　　歐洲也是這樣。從前中產階級很大，社會是一個橄欖形的社會，但現在中產階級普遍變小。如果中產階級佔到 75% 左右，任何一個政黨，無論是左派還是右派，都要照顧中產階級的利益，就不會走向極端。但如果一個社會，就像泰國，50% 是窮人、50% 是富人，那麼農民選出來的總理城裏人不接受，城裏人選出來的總理農民不接受，永遠都會是一個鬥爭的局面。

　　所以，中產階級是一切，中國今後考核幹部官員的指標應當是能不能把中產階級做大。珠三角、長三角這些地區人均 GDP 差不多 2 萬美元了，但是，大陸要從現在的 1 萬美元達到台灣地區今天的水平，即 2.6 萬美元，仍然需要相當長的一段時間。

　　發展還是硬道理。現在老百姓過慣了好生活，如果工資不增加，生活變壞了，就會非常不滿意。為什麼以前抓大老虎的時候激動人心，現在大家不那麼激動了呢？這是因為，對於很多老百姓來説，抓了那麼多的大老虎跟他們有什麼關係？老百姓去找政府辦事情反而更

不方便了。官員不腐敗了，可是商人們的生意更難做了。很多老百姓支持反腐敗，但是他們也關心自己的經濟生活是不是越過越好。無論對國家還是普通老百姓，今後的發展都是非常重要的。

如何從十八大以來的救黨轉型到十九大以後的救經濟？這就要求適度地分權。一定要把發展經濟的四個主體——地方政府、國有企業、民營企業、外資的積極性發揮出來。如果不發揮出來，中央的頂層設計只能放在上面，很難落地。

日本和亞洲「四小龍」能夠逃避中等收入陷阱有他們有利的條件。首先他們的經濟體量小。以前我們說日本的經濟體量很大，但是現在日本的經濟總量連我們的一半都不到。第二，日本和亞洲「四小龍」有很好的國際環境，他們基本上是西方世界的一部分，西方（美國）一直對他們開放市場，這方面沒有遇到很大的阻力。日本和「四小龍」發展上升時期，西方也處於二戰以後長時間的發展上升時期，它們借了這個世界發展的「東風」，基本上沒有受到很大的發展阻力。但是，今天中國企業「走出去」受到西方的阻力就非常大。如果我們的地緣政治搞不好，以後這種阻力會越來越大。我們面臨的國際環境並不好，以後還有可能會變得更糟。

當然我們應當對中國的經濟發展保持樂觀態度。比起其他國家，我們進行了大規模的工業化，大規模的基礎設施建設，有很好的人力資源，創新精神強勁。從所有經濟要素來說，我們並不差。所以我們要做一些政治上和政策上的調整，重新把經濟推上去。

（二）推進制度建設，發展內部多元主義

我寫過一篇文章，強調如何評價我們的制度進步。長期以來，我們光是用 GDP 來衡量我們的進步。GDP 總量和人均 GDP 當然很重要。不過，我們也不能忽視我們在制度上的進步。從國家的長治久安來說，制度進步是非常重要的。

為什麼到今天鄧小平還有這麼大的影響力，就是因為他對整個國家的貢獻就是制度建設。今天，我們很多好制度都是鄧小平先生建立起來的，包括國家主要領導人兩屆任職、退休制度、集體領導制度等。這些是避免大部分一黨制國家形成個人專制的最有效的方法。還有現在所說的法制和法治，盡管還沒有完成，但也是從鄧小平開始建立起來的。如果鄧小平沒有所有這些制度建設，光有一個「南巡講話」，他就不會對今天的中國有那麼大的影響力。我們要用制度來衡量。江澤民、朱鎔基時代對中國經濟制度的建設，胡溫時代對社會建設、社保制度的建設，都有諸多貢獻。

這一代領導人在十八大以後已經做了這麼多事情，所有條件都具備了，接下來就是要大力推進制度建設。實際上，他們也在這麼做。就拿反腐敗方面來說，制度建設這幾年進步不少。

從前，中國的反腐敗並不是沒有制度，而是制度建設的方向不那麼對，反腐敗機構太多，太分散、太分權了。十八大之後，王岐山做得很好，一切權力歸中紀委。現在，我們正在建設一個跟國務院

平行的監察委，這是一個非常大的進步。監察委是國家廣義政府的一部分，具有法律的權威和中紀委的政治權力，可能解決雙規制度中存在的一些問題。雙規制度有一定的缺陷，屬於沒有辦法的辦法。我覺得，共產黨對自己的黨員幹部要文明一點、友善一點。如果共產黨對自己的黨員幹部不友善、不友好，共產黨的幹部對老百姓的態度和方法會更惡劣。黨員幹部也是人，好多問題是制度造成的，並非他們的天性就壞。我們要從制度開始，要友善對待，他們也是人。如果你對他們不好，他們對老百姓肯定不好，這是一個必然的規律。

中國這麼大的一個文明，整體來說，我們還是要考慮未來政治怎麼走的問題。我在開頭說民主政治是中國改革要走的最後一步，但要實行什麼樣的民主呢？這也是我思考很多年的問題。

我提出一個概念，稱為「內部多元主義」。我把西方的多黨制稱為「外部多元主義」，你不認可這個政黨，就可以脫離這個政黨，組建反對黨。我對西方基於「一人一票制」之上的多黨民主持悲觀看法。以前，英國的反對派是忠誠的反對派，英國議會下面兩個政黨，就像中國傳統的左丞相、右丞相，兩個人提的意見不一樣沒問題，但都是具有建設性的意見。而現在的反對黨，是互相否決的，為了反對而反對，根本不講任何道理。凡是你主張的，我就反對，就是為了反對而反對，所以兩黨什麼都做不成。

20世紀90年代初福山寫了《歷史的終結》一書，認為西方自由民主體制是人類歷史上最好的也是最後的政治制度。但現在福山不這

樣認為了。西方民主下一步怎麼走,對西方來說非常關鍵,到現在還沒有明確的答案。

　　近年來,我們和一些歐洲、美國學者(包括福山)開討論會的時候,也會把中國模式放進去討論,看看中國的發展模式。中國模式怎麼樣來解讀?我自己把它稱為是「內部多元主義」,我們走的是開放的一黨制。當然,我們有民主黨派,不過民主黨派不是嚴格意義上的政黨,有點像社會組織。中國共產黨是不是西方意義上的政黨?我覺得不是。那中國共產黨是什麼樣的政黨?我寫了一本書,把中國共產黨稱為是一個「組織化的皇權」,是古代統治權力在現代的轉型。區別在於,皇權是基於個人和家庭之上,而黨權是基於集體和組織之上。這個概念並沒有貶義,只是一個分析的概念。這是我們的現實,我們應該在這個現實之上回答未來的問題。

　　黨內利益多元,這是客觀的現實。以前,傳統的皇權是不可以民主化的,但現在的黨權是可以民主化的,因為它是一個組織。所以,我們說黨內民主一定要做好。內部多元主義就是黨內民主,黨要開放。像從前一位領導人所說的,黨是鐵打的營盤,而領導則是流水的兵。領導人、黨員都是流水的兵,營盤要對所有社會成員開放;如果不開放,封閉起來,社會就會有很多麻煩。

　　為什麼現在西方出現了那麼多麻煩?理論上說,民主是有助於開放的,但實際上並不是這樣。現在的民主體制下都是強大的既得利益。美國的民主黨和共和黨有什麼區別呢?他們都是既得利益,也是

為既得利益服務的。特朗普很聰明，他看到了這一點。盡管他也是既得利益的一部分，但為了獲得政治權力，他就「脫離」了建制，轉向支持體制外利益。所以，美國的那次總統選舉並不是傳統意義上的共和黨與民主黨之間的競爭，而是體制內外的競爭。歐洲也有類似的情況。我覺得，西方民主不是像福山說的「歷史的終結」，而是還會有大幅度的變化。這個我們大家都可以自己觀察，因為任何政治體制的有效性是由其他經濟社會條件決定的。

中國現在怎麼走？我個人是反對走多黨制路線的。這不是理論問題，而是實踐問題。簡單地說，我們現在根本就沒有這個條件。為什麼我那麼反對寡頭？如果寡頭政治形成了，就跟二十世紀二三十年代的軍閥寡頭政治差不多。我們的制度建設遠遠不夠。我最近在思考我們 50 後、60 後這兩代人的政治責任。我們在經濟發展方面已經取得了巨大的成就，但怎麼做制度建設？怎麼實行黨內民主？

現在，我們重新提出了核心的概念，這非常重要。鄧小平認為，共產黨體制要求有一個核心，第一代是毛澤東做核心，第二代是鄧小平做核心，第三代是江澤民做核心。核心並不是簡單的權力問題，更重要的是要表明誰來承擔政治責任。如果真正認識到中國政治的邏輯，那麼核心是非常必要的，這是政治的責任。下一步，我們要解決的問題是：核心如何和集體領導找到一個切合點？如何和黨內民主找到一個切合點？這些方面，我們要做很多的理論和實踐上的探索。

還有中央與地方關係。1994 年分稅制改革以後，中央與地方關

係實際上一直在變化。現在，在一些方面，中央、地方呈現一種緊張關係，地方缺少有效的發展動力。毛澤東以前說中央和地方「兩條腿走路」。現在中央和地方也要一起走路，那麼怎麼走呢？現在的體制下，錢都收到中央去了，但是責任卻一直收不上去；中央政府有錢，但是沒有多大的責任，地方政府沒錢但要承擔很大的責任。怎樣責權聯動？從權力的邏輯來說，已經集中起來的權力要放下來很難，唯有怎麼使中央多承擔一些責任。

（三）重視社會建設，擴大中產階級規模

我們的社會建設這幾年進步並不大。社會建設應該是今天中國頭等重要的改革領域，決定了下一步經濟改革和政治改革會不會成功。我們現在面臨的困難都是因為社會改革、社會政策沒有做好或者做得不夠。我們的經濟一直在說要從出口導向轉向內需社會，建立內需社會才能夠實現可持續的發展。那麼，為什麼內需社會建立不起來呢？簡單地說，我們的中產階級太小。

我在前面說日本、亞洲「四小龍」最成功的地方就是把中產階級做大到 75% 左右。我們現在的中產階級有多大？大家對中產階級的定義不一樣，但一般比較合理的估計是 25% 左右。經濟增長 40 來年了，增長率比日本和亞洲「四小龍」還高，為什麼我們的中產階級比例還是那麼小？這是一個很大的問題。沒有中產階級就沒有消費社會，消費社會跟中產階級是等義詞，互相可以替換。為什麼中產階級

還那麼小呢？因為我們的中產階級沒有社會制度基礎。

比如在英國，老百姓的存款率很低，有錢主要用於消費。他們幹嘛要存款？房子很便宜，看病不要錢，讀書不用錢，那麼存錢幹什麼用？這就是社會政策在起作用。北歐社會更是這樣，企業家的稅收很高，達到60%，甚至更高。他們基本上實現了馬克思所描繪的社會主義社會，大家住的房子差不多，小孩上學不要錢，看病不要錢，富人跟窮人唯一的區別是可能出差坐公務艙，紅酒喝好一點，就這樣一點點的差別。北歐國家的社會政策更是保證了清廉政府。新加坡、中國的香港地區是高薪養廉，但北歐社會政府官員的薪水並不高，可以說是低薪下的廉潔。這裏社會政策發揮了主要作用。

我以前寫過一篇很長的文章，探討怎麼反腐敗的問題。反腐敗不能光靠反腐敗機構的設置，而是要通過完善包括公務員制度改革、行政改革、社會改革等一整套的政策制度來保證一個清廉的社會。朱元璋的反腐敗夠厲害，但是沒用，因為沒有一整套的系統。所以，社會改革是最重要的反腐敗的方法。

為什麼現在中國老百姓仇富仇官？還不是因為貧富差距大，社會不公平？而這也是社會建設問題。實際上，中國的中產階級很可憐，買了房子變房奴，小孩上學變孩奴，一個人生了大病一家人幾乎可以算是傾家蕩產。而在歐洲，社會被社會政策保護起來了。其實，無非就是社會保障、醫療、教育，公共住房，就是這些東西，為什麼我們不做呢？我們算過，如果不包括農村，即使在不增加新房子的情況

下，存量房就足以讓每一個城市居民有 40 多平米了。現在還要大蓋房子，為什麼不像新加坡那樣做公房呢？北京、上海、廣州、深圳這些城市，房價漲得一塌糊塗，而房地產的泡沫仍然巨大。

我最近一直在提倡中國要走分散的城市化道路。世界上一個普遍的規律是「窮人的城市，富人的鄉下」。德國的城鎮化率非常高，但 80% 的人口居住在 2 萬人口以下的小城鎮。我們過去的城市化道路方向錯了，即把所有的優質資源全往那幾個城市堆。有一位退休領導給我說，在優質資源這樣高度集中的情況下，中國要做好醫療改革，門兒都沒有。所有人都想去北京上學、上北京去看病，因為最好的教授、最好的醫生都在北京，去北京是人心所向，什麼也阻止不了。我們的資源太過於集中在幾個大城市，大城市化的弊端很難破解。資源要分散，至少不能再繼續往大城市堆了。

農村現代化也勢在必行。如果現在農村的情況繼續下去，農村人口流出性的衰落不可避免。農民有錢了就到城市去買房，哪怕家裏有房也不住。政府對農村就那麼一點投入，而且沒有社會資本的流入。農村現在是單向地流出。要有雙向流動，讓社會資本也到農村去，這樣才會平衡一些。光靠政府一家，政府資本進去了，能好一陣子；政府的資本一抽出來，情況馬上變糟糕。這不是可持續發展。

所以，社會建設是重中之重。社會建設做不好，以後政治開放更麻煩。中產階級是一個很好的社會主體，但我們現在把它高度政治化了。「公民社會」也是很好的一個概念，現在也把它政治化了。總有

人覺得「中產階級」一定要跟政府分權，如同在西方那樣。但實際上則不然。像在日本和新加坡，中產階級都是支持政府的，因為中產階級是政府培養出來的，肯定是支持政府的。這跟西方的模式不一樣。我們的很多學者和官員既不了解西方也不了解東亞社會，只會把一些現象做簡單的「政治化」。公民社會是很好的，深圳的公民社會就挺好。社會成長了，政府的負擔就會減輕。歐洲的一些國家，幾個月沒有總理也沒有關係。日本大災難的時候，政府並不作為，但老百姓自己很作為。

我們是社會主義社會，社會主義就是應該以社會為主體，但我們老是忘了建設社會。我覺得，我們對公務員、幹部的很多考核，其他什麼標準都不重要，就看看他們的社會建設做得怎麼樣。社會建設好了，我們就會有大好的明天。所以我還是一個社會主義者。

第七章

改革或者不改革所面臨的風險

引言

　　就改革的頂層設計而言，中共十八屆三中全會通過的《決定》是改革開放以來最具有頂層設計性質的改革方案，它的確考量到了改革的系統性和綜合性，因此涵蓋了包括政治、經濟、社會、文化和軍事等在內的所有主要領域的改革。不過，《決定》畢竟是一個宏觀的藍圖，需要很長的時間去實現。在實現這個藍圖的過程中，如果原來的頂層設計設想不當、或者得不到執行、或者執行不當，就會出現各種風險。

　　所有頂層設計都會帶有理想的因素，否則也不會稱之為頂層設計了。改革就是要朝着人類理性所設定的目標邁進。不過，所有頂層設計的理性成分則要在實踐中不斷得到修正，這不能解讀為改革者向實踐投降和妥協，而是要減少隱含在理想主義中的不切實際的成分，使得改革更具有可行性和可操作性。所以，執行很重要。執行就是實踐，要在實踐中找到原來設計的不足，改進原來的設計。

　　當然，如果改革者過分遷就實踐中所面臨的問題和困難，那麼就談不上改革了。原因很簡單，過分遷就現狀，就會變成維持現狀。

　　今天人們討論中國改革的風險，主要是改革實踐或者執行過程之中的風險。這裏，人們首先必須要區分「改革成本」與「改革風險」兩個概念。任何改革既有成本，也有風險，但兩者是兩件不同的事

情。「沒有免費的午餐」，改革也是這樣。改革必然包含成本和風險，但成本是可控的，而風險在一些情況下會變得不可控。因此，改革者既要關切改革的成本，更需要擔心改革的風險。

那麼，今天中國所面臨的改革風險是什麼呢？風險千千萬萬，有大有小，人們有必要找到那些有可能變得不可控的風險。正如改革是綜合全面性的，風險也是綜合全面性的。在人們討論經濟改革風險的時候，也必須注意到經濟改革所能產生的政治和社會風險，而討論到政治和社會改革風險的時候，也要關注到其對經濟所能產生的風險。在本章中，我們根據一段時間以來對中國改革現狀的經驗觀察，對改革或者不改革所面臨的風險做一些初步的分析。

政治風險

從政治上說，改革的最大風險就是「改革力度不足」甚至是「不改革」。無論是什麼領域的改革或者怎樣的改革，歸根結底都是政治問題。人們首先應當清楚地意識到，盡管改革會帶來風險，但從近幾十年的中國實踐經驗來看，最大的風險來自「改革不足」甚至「不改革」。今天中國社會所面臨的風險，大都是過去沒有改革或者沒有足夠的改革所導致的，例如經濟方面的金融風險、地方債務風險、房地

產泡沫風險等,政治領域的官員腐敗、某些政府官員不作為、政府信任危機等,社會領域的社會分化、激進化甚至暴力,宣傳領域的輿論主導陣地丟失等。從政治上說,因為「不改革」而產生的風險往往變得不可控,而由於「改革」而產生的風險往往是可控的。

很顯然,因為過去「不改革」或者「改革不足」而積累起來的風險,也只有通過今天進一步的改革來消化和消除。不過,正是因為過去已經積累起了那麼多的問題,今天的改革面臨着巨大的風險。而現實所面臨的這些巨大的風險,對今天的改革又產生着巨大的制約作用。一方面,一些風險已經大到改革者不敢進行改革的程度,另一方面,要消化這些既存的風險,中國需要與從前不一樣的改革,而這種不一樣的改革本身又產生着新的風險。

那麼,中國面臨一種怎樣的改革局面呢?十八屆三中全會的《決定》從頂層設計的角度推出了總體改革方案。高層一直在大力呼籲改革,社會對新的改革充滿高度期待,但改革並不能馬上見到效果並惠及社會層面。人們只聽到了各種改革話語,但很難找到省部級及以下充滿動力的改革執行者。中國所面臨的問題是:誰來執行改革?中央政府是改革的設計主體,也是中央所及的一些領域的改革主體,但中央政府絕非是所有改革的改革主體。在更多的領域,地方政府、企業尤其是國有企業和社會才是改革的主體。現在的問題很明朗,中央高層在呼籲改革,但各個部委沒有什麼大動作;地方政府、企業和社會對改革的執行也沒有什麼大的回應。

　　那麼，為什麼會出現這種情況呢？從政治上說，至少有四個重要因素影響着人們的改革動力。

　　首先是權力集中和改革之間的矛盾。中國早期改革的特點是分權，即把權力從上級政府下放到地方、企業和社會，讓它們去執行改革。但現在的改革已經不一樣了，很多領域的改革需要集權。過去很長時間裏沒有改革或者改革不足，既「培養了」龐大的既得利益，也累積起來了巨大的改革風險。所以，新的改革設計和執行需要集權。原因很簡單。如果沒有一定的權力集中，既難以克服所面臨的龐大既得利益的阻力，也難以化解所累積起來的風險。

　　同樣重要的是，改革必須要有人來擔當和負責。改革是執政黨的一種使命，它必須是一種責任制。歷史上看，沒有人負責的改革就沒有出路。而責任制則表明各級主要領導人要親自把改革責任擔當起來。因此，根據這兩個需要，在中央層面已經成立了全面深化改革領導小組，省一級政府也成立省級全面深化改革領導小組，由省委書記來擔任。實際上，這個領導小組也可以理解為「改革的責任小組」。

　　但改革從傳統的分權轉型到集權模式也給改革的執行帶來了影響。一是心理上的。從前的改革是分權式的，大家習慣了分權式的改革，現在要進行集權式的改革，就覺得不習慣了。二是人們對實際權力的考量。主導中國官場政治文化的核心就是「為了權利而權力」，一些政府官員不知道權力的目的不是權利，而是要為國家和社會做事情的。集權就觸動了他們手中的權利，就感覺到不自然，好像若有所

失。在這樣的情況下，一些領導人和政府官員對改革並不熱心，好像一集權，改革就不是自己的事情了，而是主要領導的事情。一些人的心態就是，「反正權力都在你手裏，那麼你去改革吧！」

第二，改革執行難和我國現行的人事制度有密切關聯。改革需要執行，而執行是由人去執行的。我們經常説，政治路線決定了之後，幹部就是決定性的，就是這個道理。很顯然，路線能否實行下去，主要看是否有得力的路線執行者。

現行人事制度和改革之間的矛盾可以從如下幾個方面來看。首先，中國沒有像發達國家那樣的「組閣制度」。人們經常把「組閣制度」誤認為是權力分贓制度。但實際上，組閣制度很重要的一個功能就是政策的制定和執行。無論是總統還是總理，或者各級政府首腦，都是需要一個強有力的政策制定和執行的團隊，這個團隊就是內閣。在一定程度上，中國沒有內閣制度，表明各級首腦沒有自己的政策制定和執行團隊。其次，我國只有人事退休制度，而沒有人事退出制度。一個官員，如果不犯錯誤，就可以一直留在崗位上，不管其是否有能力執行政策。而要把一個幹活不力但也沒有犯錯誤的官員調離崗位，成本經常非常高。再次，我國的人事任命經常「系統化」，也就是不同「系統」（也稱「口」）的領導人對本系統的人事任命具有很大的權力，「系統」之外的幹部很難進入。人事任命部門化經常導致人事部門的既得利益和利益的部門化。改革需要方方面面的配合，一些系統想改革，但別的系統不想改革，這就導致了內部消耗，改革不力

的結局。

　　第三，今天的改革與反腐敗同行。在今天的中國，改革首先需要反腐敗，或者說，反腐敗是改革的前提。多年來，腐敗盛行，腐敗既影響到政府自身的社會治理能力問題，更影響到政府的合法性水平。最顯著的就是導致了社會對政府官員的深度不信任。現在政府的難處在於，即使要進行一些有利於社會大眾和社會整體的改革，也得不到社會的信任。就是說，在政府贏得社會的信任之前，推出最好的改革方案也難以得到社會的理解和支持。反腐敗顯然就是政府重拾社會信任的一種有效方法。當然，反腐敗更是市場秩序所要求的。腐敗，尤其是官商勾結的腐敗，往往破壞市場秩序。在中國，因為政府和企業之間的緊密關聯，在一些領域已經出現了類似寡頭經濟的現象。這種現象必須通過反腐敗來得到糾正。

　　不過，事物都會有多個方面的。反腐敗必然對改革產生一些「負面」的影響。在各級幹部官員當中，現在有一些人心裏不定，擔心自己會不會出事情。於是，一些幹部就採取「靜觀其變」的態度，「不動」比「動」要好。原因也很簡單，很容易理解。改革就表明要「動」，而「動」必然會觸及到身邊的各種利益關係，那些利益受到改革影響的人會有抵觸，經常會去揭改革者的老底，也就是通常人們所說的「整材料」。在這樣的情況下，人們選擇了「不動」。

　　當然，出現這樣的情況和中國今天反腐敗的方式也有關係。從理論和原則上說，中共對其黨員幹部和官員的約束是相當嚴厲的，對

腐敗的不容忍就是舉措之一。改革開放以來，反腐敗實際上是周期性的，幾乎每隔一段時間都會有這樣的運動。同時，歷屆領導也努力把反腐敗提升到法律和法規層面，每一屆新政府總是會在這方面制定新的法律和法規。這樣，從 20 世紀 80 年代開始，中國已經出臺了無數這方面的法律和法規。但因為很少做出努力去清理老的法律和法規，就經常使得腐敗沒有明確的定義。例如根據早期的規定，數千元人民幣的「賄賂」就可以被視為是腐敗。在中國這樣的人情社會，「禮尚往來」的文化根深蒂固。很多正常的「禮尚往來」式的社會交往都可以被視為是「腐敗」。在這樣的情況下，一些幹部官員選擇「不動」是可以理解的。

同時，在反腐敗的同時，各級政府也在建立一些預防腐敗的機制。反腐敗本身就不是目標，目標在於建立清廉政府。如何建立清廉政府？總體上，無論是官方還是社會，一個普遍的共識就是通過把「把權力關在籠子裏」。為了建立清廉政府，一些省份率先進行制度改革試點。例如，個別省份就已經開始搞權力的「負面清單」，明確規定省委省政府主要領導幹部官員不能做什麼。例如規定，省主要領導人不管財政、人事、項目等等大權，因為從以往的經驗看，正是這些方面的大權沒有受到限制，才導致了地方官員尤其是「一把手」的腐敗。這樣做具有足夠的政治理性。但是「負面清單」的做法和改革往往是相矛盾的。如果「負面清單」過長，那麼領導人就不知道該做什麼了。改革當然不能和腐敗等同起來，也不能簡單地把改革過程中出

現的一些問題視為是腐敗。

改革是要幹活的，沒有人幹活，那麼任何改革都是不可能的。實際上，主要領導人通過「不幹活」的方法來實現清廉，這又會是變相的腐敗，甚至是更大的腐敗。要知道，主要領導崗位是中國政治生活中最為稀缺的資源，站在領導崗位而無所作為，就是最大的腐敗。再者，靠不幹活來求得清廉，這並不算有本事，真正的本事就是既幹活又清廉。不管如何，在對腐敗還沒有做出科學的規定之前，要求各級領導大刀闊斧地進行改革會是一件很困難的事情。

第四，「不改革」的風險也來自於改革的主體沒有明確起來。現在總的趨勢是，中央政府已經變成了改革的主體，而其他則是改革的對象。其實不然。單就經濟改革來說，中央政府是改革的頂層設計者，同時有很多領域的改革，中央政府是改革的主體，例如財政、稅收、貨幣、土地政策等等。但在大部分領域，尤其是地方、企業和社會層面的改革，中央政府並非是改革的主體，改革的主體是地方、企業和社會。三中全會《決定》的主題是市場化，而市場化可以理解為建立各種市場平臺。因此很多人認為，中央政府可以通過確立市場平臺來推動改革。不過，類似的想法過於簡單，並沒有看到中國改革的複雜性。人們必須考量到在市場平臺上活動的主體。地方、企業和社會應當都是市場平臺的主體，如何發揮地方、企業和社會的積極性是市場化改革實施的關鍵。

現在中央政府動起來了，但地方、企業和社會仍然無動於衷。

於是，有關方面在大力呼籲要宣講改革。不過，歷史地看，改革不需要做很多宣講，要很多宣講的改革就很難做好，甚至失敗。要宣講表明改革者並沒有找到改革的主體，或者並沒有為改革的主體找到足夠的動力。20世紀80年代農村土地承包制的改革、村民自治制度的建立、90年代的國有企業民營化的改革，當時中央政府並沒有做什麼宣講，地方、企業和社會各方面自己就早已經動起來了，中央政府就順勢推舟。如果改革具有足夠的自下而上的動力，那麼中央政府就會處於一個比較主動的地位。中央政府並非一定要接受各種自下而上的改革，而是可以根據國家和社會的長遠利益，或者接受和支持某一種改革，或者拒絕和否決某一種改革。但如果自上而下的改革遭到自下而上的抵制，那麼中央政府就會處於一個比較被動的局面。

不過，中國也有自上而下的集權式改革的成功經驗。最典型的就是20世紀90年代的「分稅制」改革和中央銀行制度改革。照理說，這樣的改革很困難，因為要把財權和金融權從地方集中到中央來。但當時的改革者採取了有效的策略，主要是政治權力、行政權力和利益重新分配之間的有效協調，結果也成功了。加入世界貿易組織也是自上而下的，盡管社會層面有人大叫「狼來了」，但高層還是毅然決策。加入世界貿易組織之後的短短一段時間裏，中國經濟出現了巨大的變化，成功了。那個時候，對這些改革也有些宣講，但沒有講多少。改革主要是行動，而非話語。

那麼，現在為什麼計劃得好好的改革和改革的主體都動不起來

呢？這是需要人們深刻思考的問題。可能有人會說，這是因為從前的這些改革主體現在已經演變為龐大的既得利益了。這話有一定的道理。但既得利益的存在並不表明改革的不可能性。20 世紀 80 年代和 90 年代，方方面面的既得利益也是存在的。沒有一個社會是不存在既得利益的。改革沒有動作主要是改革者的策略問題。

無論是 20 世紀 80 年代還是 90 年代，改革之所以能夠推進並且成功了，主要是因為改革者用有效的方式培養了新利益。新利益成長起來之後是對改革者最大和最有效的支持，改革者可以利用新利益對老的既得利益構成的壓力，克服它們的阻力，從而推進改革。歷史上看，很難找到通過依靠老利益來改革老利益的成功改革例子。中國現在主要的問題是法律、制度和政策層面都沒有向新利益傾斜。沒有新利益的出現和成長，改革者的權力再集中，也不足以克服現存既得利益。很顯然，中國改革的前途取決於高度集中起來的權力能否公平培養出新利益來。

經濟風險

經濟改革的風險取決於經濟改革的目標。很顯然，三中全會《決定》所界定的經濟改革的主題是全面確立中國的市場經濟。盡管社會

主義市場經濟是 1992 年中共十四大所確定的經濟改革的目標，但到現在為止，中國還沒有建立一個有效的市場經濟。市場經濟確實有了，但在很多方面並不是人們所想要的市場經濟。有人稱之為「壞」的市場經濟，這是一種形象的説法。主要原因在於改革者並沒有對市場經濟想得透徹，總是在市場和政府的思維構架裏打轉，簡單地把市場經濟理解為政府和市場之間的關係。很多人更是簡單地把市場經濟理解為政府退出經濟，以為政府一旦退出經濟，市場經濟就會自然產生和發展。很顯然，在很大程度上説，直到今天，很多人仍然陷於政府和市場的思維結構裏面。

簡單地説，市場經濟至少由三個要素組成，即市場平臺、市場主角和市場角色之間的交易規則。這三個要素缺一不可。

市場就是交易的地方，即 marketplace，也就是交易的平臺。這個平臺要麼是自然形成的，要麼是人為建立的。在這個平臺上交易的就是交易者，就是市場的主角。沒有平臺，交易者無法交易；而沒有交易者，那麼平臺也是沒有用的。但更為重要的是，交易者之間的交易必須具有規則，沒有規則，交易者就無法交易。規則既可以是自然形成的、已經演變成「文化規則」的東西，也可以是後天人為制定的表現為理性的東西，例如法律和法規。

因此，要建成比較完備的市場經濟就要做這三件事情，所謂的風險也就是這三件事情能否做成。首先來看市場平臺建設。這是基礎，就像蓋房子的結構一樣，沒有結構，房子肯定是建不起來的。市場平

臺是分層次的,最簡單的就是把中國的市場分成四個層次,即地方初級市場、跨地區和省份的區域市場、全國性市場和國際市場。從中國的現實來看,非常有意思的是,兩頭的市場平臺即地方初級市場和國際市場都非常好,而中間兩塊非常差。

地方區域市場是自下而上的,是地方交易者自發形成的,很少牽涉到政府的作用。這種市場在中國具有悠久的歷史傳統。一般來說,只要政府不阻礙這個市場的產生和發育,這類市場會運作得相當有效。即使在改革開放前的反市場年代,這類市場也是存在的,只是處於地下並且規模很小。改革開放以來,這類市場得到了大解放,發展得異常迅速。現在這類市場遍布全國各地,可以說只要有經濟活動的地方,就有這類市場。做得好的地方,這類市場已經和國際市場接軌。最著名的就是浙江義烏的小商品市場。

這個市場具有幾個鮮明的特點。第一,平臺自發形成,或者在政府有限的幫助下形成;第二,市場呈現開放性和包容性,市場准入門檻非常低,因此交易者眾多;第三,交易規則是在交易者之間自由交易的基礎上自發形成的,價格等所有因素都由市場來調節。因為交易者眾多,很難被少數人所操縱,因此人們普遍認為交易具有公平性。

國際性市場也做得很好,但這裏的功勞不單是中國的,而在很大程度上是國際資本所為。中國國際市場的形成既是國際市場隨着國際資本進入而延伸到中國的結果,也是中國主動和國際市場接軌的結果。因為這個市場是西方市場的延伸,而西方市場經濟總體上來說

比較發達，所以在這個市場平臺裏，規則相當成熟和清晰。盡管這個
市場也避免不了政治因素，但因為這個市場的開放性和多元性，也很
少能夠被少數人所操縱，市場規則一般都能夠發揮作用。因此，這個
市場普遍受中國各類市場角色的歡迎，無論是國有企業還是民營企業
都想進入這個市場。這解釋了很多中國現象。例如，人們發現，很長
時間以來，中國各省之間的貿易互相依賴度遠遠低於各省和國際市場
貿易依賴度的水平，也就是説，中國各省的經濟和國際經濟的整合程
度要高於各省之間的整合程度。又如，像浙江義烏這樣的小商品市場
在國內得不到有效擴張，但很成功地發展出了國際市場，並和國際市
場整合。實際上，大部分中國的公司都很樂意和國際公司發展業務，
而不是和國內的同行發展業務。這種情況不僅僅和中國外向型經濟有
關，而且也是因為國內公司之間比較難發展出信用關係，反而和國際
公司能夠發展出信用來。

那麼，為什麼國內的兩類市場即跨地區和省份的區域市場和全
國性市場反而發展得差呢？人們可以從市場平臺、市場角色和市場交
易規則三方面尋找根源。在這兩個層面，市場平臺很難自發自下而上
地產生，而需要政府發揮積極作用，其中最主要的是基礎制度設計和
法律的制定。如果基礎制度設計還可以由企業界自己來提供，那麼法
律必須由國家來提供。中國歷史上曾經出現過此類市場平臺，例如山
西的票號和安徽的徽商。這些市場平臺沒有政府的許可和幫助就很難
確立和運作起來。在今天的中國，這樣的平臺很難形成的原因是多方

面的。中國是一個行政主導的政治體系，行政和市場往往難以區分開來。行政的特點就是其分割性，就是說各個區域是由不同的行政單位治理的。因為政治和經濟不分，因此行政的分割性也自然決定了市場的分割性。這樣就造成了人們經常所說的一種現象，那就是，中國是「市長經濟」而非「市場經濟」。直到今天為止，對經濟發展來說，政府間的競爭的重要性要遠遠大於企業之間的競爭。市場角色方面也存在着嚴重的問題。在這兩個層面，長期以來，市場的主體主要是國有企業。到目前為止，跨區域和全國性的經濟部門的主體還是國有企業。當然在一些部門，也出現了民營企業，但其力量還不是很強，很難和國有企業和國際企業競爭。

　　也就是說，在這兩個領域，盡管存在着市場，但市場經常是被壟斷的、不開放的。市場的角色有限，市場准入門檻很高，而非一般企業所能進入，因此到現在為止，這兩個市場平臺上的主角亦然是國有企業、少數民營企業和國際企業。這種情況也決定了這兩個領域市場規則不成熟、不清楚，交易缺少公平性。道理也很簡單，因為這兩個領域的交易規則必須呈現為法律或者法規，而法律和法規必須是由政府來制訂和實施的。同時，因為這兩個市場平臺上的主體是國有企業，那麼就出現一些重大矛盾，例如，政府如何對自己的企業和其他「非自己」的企業做到平等對待呢？政府如何來規制自己的企業呢？政府如何約束自己不去干預自己企業的微觀運作呢？

　　三中全會《決定》的主題是要建設市場經濟，說穿了就是要建設

這兩個層面的市場平臺、培養使用這兩個平臺的交易者、為這兩個平臺制訂交易規則。表達為政策語言就是，要通過市場平臺的建設來調整經濟結構，讓更多的企業進入這兩個平臺，鼓勵它們之間的競爭，從而在提高經濟效率的同時促進社會公平。

那麼這些方面的改革風險又會如何形成呢？簡單地説，這裏的改革風險在於市場建設和政策之間的矛盾。經濟改革是要進行市場建設，而市場建設為導向的經濟改革需要政策來推動，但並非所有的政策都能推動市場建設，政策制定和執行不當反而會導致市場結構的惡化，甚至是倒退。市場建設和政策之間的矛盾表現在中國經濟改革的方方面面，我們這裏只舉兩個例子。

第一個例子是金融改革。金融改革也涉及到上面説的三個方面，即金融平臺建設、金融業者（銀行和其他金融機構）的培養和金融交易規則的制訂。金融改革是三中全會《決定》的一個重點改革。中國的經濟總量已經是世界第二，但金融結構不足以支撐這個龐大的經濟體。金融改革的主要問題就是結構的不平衡。結構的不平衡表現在很多方面，但主要是國有銀行壟斷問題，就是説，當民營經濟已經是經濟的半壁江山（甚至更多）的時候，還不存在服務於民營經濟的金融結構。大型國有銀行是服務於大型國有企業和少數大型民企的。用行政的方法要求國有銀行服務中小型民營企業，失敗的可能性遠遠大於成功的可能性，因為這樣做是違背經濟規律的。這已經為過去的經驗所證實。這就要求建立服務於民營企業的中小型民營銀行，要培養中

小型民營銀行，既要求適合於它們的市場平臺，也要求服務於它們的市場規則。那麼，如何入手來達成這樣的結構（平臺）改革？

有效的政策就是利率自由化。從政策執行的角度來看，利率自由化也容易做，因為這樣會提供一個動力機制。不過，問題並不是那麼簡單。簡單的利率自由化有利於大型國有銀行。這些年影子銀行和非正式部門的金融機構的大發展，背後就是國有銀行。如果讓國有銀行利率自由化，那麼結果必然會導致結構的進一步惡化，也就是導致國有銀行壟斷的進一步制度化。三中全會《決定》提出要建立中小型民營銀行是為了建設一個平衡的結構。一個有效的辦法就是先容許民營銀行先利率自由化，讓民營銀行成長到一定的時候，再讓國有銀行利率自由化。20 世紀 80 年代的企業改革也是這樣的，當時國有企業和民營企業的稅率是不一樣的。

但不管如何，在實踐中，如果沒有切實可行的金融改革方案，結果很可能是國有銀行更大的壟斷，經濟結構更大的失衡。

這裏要舉的第二個例子是混合所有制。混合所有制被規定為中國經濟制度的主要特徵。從改革的角度來說，也是經濟結構轉型問題，其中一個目標就是要實現國有企業和民營企業的均衡發展問題。這既是市場平臺問題，也是市場角色問題。現在很多人都在討論這個問題，但大多數人都是從經濟邏輯來討論的，忘掉了政治權力邏輯和市場本身的邏輯並不相同。國有企業和民營企業互相持股，這是一個理想的說法。問題在於國有企業和民營企業的政治權力是不對等的。無

論是國有企業讓民營企業持股，還是民營企業讓國有企業來持股，搞不好都會出現重大問題。

　　人們可以分成兩種情形來討論。第一種是民營企業持股國有企業，第二種是國有企業持股民營企業。就第一種情況來說，即民營企業持股國有企業，問題已經出現了。2008 年金融危機之後，民營企業生存困難，一些企業就開始抱國有企業的「大腿」。從表面上看，這是民營企業的自願行為，但實際上則不然。背後真實的原因是民營企業為了買一個保險，不僅僅是經濟上的保險，而且也是政治上的保險，因為當時政府方面的「四萬億」方案，國有企業在很短時間內獲得了大發展，同時有效地擠佔了民營企業的空間，民營企業因此想通過抱國有企業「大腿」的辦法來獲得一些發展空間，不致於就地死亡。但結果又如何呢？正如大家所看到的，就是國有企業的大擴張和壯大與民營企業的進一步萎縮，也就是走向了調結構的反面。國有企業的擴張和壯大是應當的，但問題在於這種擴張和壯大不是因為國有企業的競爭力，而是因為有權力相助（即「四萬億」）。當時，如果權力公平一些，把四萬億中的一部分導向民營企業，也不至於造成那麼大的結構失衡。

　　正因為 2008 年之後出現了嚴重的「國進民退」現象，三中全會《決定》之後，現在人們開始考量如何讓民營企業持股國有企業的事情，企圖藉此來擴展民營企業的空間。但這裏風險巨大。情況很顯然。從企業自身的角度來說，好的國有企業是不會容許民營企業來持

股的，「我做得好好的，為什麼要你來持股？」；另一方面，壞的國有企業是民營企業不想來持股的，「你做得不好，為什麼要我來持股？」在這兩種情況，唯一的可能就是政府使用政治權力和行政權力來迫使國企和民企之間的「婚姻」。這裏的風險有兩方面。第一，如果通過政治和行政權力讓民營企業持股國有企業，那麼民營企業大有可能都會被拖累，導致失敗。第二，如果通過同樣的辦法來迫使好的國企讓民營企業來持股，那麼就會發生 20 世紀 90 年代中期的民營化浪潮一樣，導致大量的國有資產的流失。同時，這種持股的紅利必然流向那些和政府有關聯的個人和企業，就是人們所說的「內部私有化」，而絕對不會流向普通老百姓，因此會造成更大的社會不平等。

那麼，第二種情況即讓國有企業來持股民營企業，結果又會怎樣呢？很簡單，結果會更糟糕。我們可以理性地假設，壞的民營企業，國有企業一定是不會去持股的；國有企業要的是好的民營企業。不過，這裏就會出現問題，好的民營企業不太會自願讓國有企業來持股，甚至反對讓國有企業來持股。但在現實中，民營企業很難抵抗，因為如果民營企業抵抗的話，其生存環境一定會惡化。國有企業必然會利用其和政府官員的關係，給民營企業製造種種麻煩，不讓民營企業活下去。這樣說不是虛構，人們可以去看看 20 世紀 50 年代的公私合營改造的故事。公私合營改造就是要建立混合所有制。結果，這個改革在很短的一段時間裏就完成了，成功了。可惜，這不是因為民營企業的自願改造，而是政治權力所致。很簡單，當政府控制了民營

經濟賴以生存的物資供應和市場這兩個環節，民營企業只有投降的份了。到目前為止，很多人都沒有對混合所有制想得透徹。中國存在着不同所有制，也就是混合所有制經濟，這已經是現實。但並不能把混合所有制簡單地理解為不同所有制企業之間的互相持股。

也存在着另外具有操作性的改革。例如，在不同領域可以實行不同所有制，在不同領域可以引入不同比重的所有制企業，在所有領域可以引入市場機制。如何理解？在自然壟斷領域、在對國傢具有重大戰略意義領域、在公共服務領域，國有企業可以佔據主導地位。但在大多數競爭性領域，民營企業可以佔據主導地位。在國有企業佔據主導地位的領域，既可以引入多個國有企業，也可以引入一些民營企業，主要是強化它們之間的競爭。不過，在所有領域，無論是國有企業領域還是民營企業領域，都需要引入市場機制，來提高效率。

可以確切地說，如果各類所有制企業的市場平臺建設不好，各類所有制企業的發展就不會平衡，在這樣的情況下，市場規則或者說法制經濟（市場經濟就是法制經濟）就遙遙無期了。法律可以人為地制定，但法律的執行和實施則取決於相對平等的主體（即市場）間的互動。市場經濟導向的改革主體必須是地方、企業和社會，因為這些才是市場平臺的主體。

總體上說，三中全會的《決定》是一個全面市場化的改革文件。中國的確需要一個優質市場結構。但如果政策執行不好，反而會破壞本來已經是不理想的市場，導致更糟糕的市場。

社會風險

　　和政治風險（權力）和經濟風險（資本）相比，中國改革或者不改革所面臨的社會風險更大。原因很簡單，在政治、資本和社會三者之間，社會是最弱的一方。最弱的一方也表明對改革或者不改革的風險的承受能力也最差，風險因此也就越大。那麼，三中全會之後的改革或者不改革會對中國社會造成哪些主要風險呢？

　　三中全會《決定》的主題是市場化。而對中國社會所能帶來的最大風險便是社會領域的更大規模的市場化。改革的早期，改革者並沒有把經濟領域和社會領域分開來，簡單地把經濟政策應用到社會領域。社會領域主要包括社會保障、醫療衛生、教育、公共住房等，從世界的經驗來看，這些領域，政府應當扮演一個主要作用，輔助於市場機制。這個領域的市場機制和經濟領域的市場機制並非是同一件事情。經濟領域的市場機制的主要目標是提高資源配置的效率，但社會領域的市場機制的主要目標是政府提供公共服務效率的最大化。中國在社會領域的改革顯然出現了大問題，也就是説，改革者把經濟政策引入社會領域，導致了社會領域的過度市場化。人們甚至可以説，中國過去經濟的高速發展在一定程度上是通過破壞社會領域而取得的。

　　20世紀90年代後期就開始了醫療領域的市場化，導致醫院變成

了暴富產業。1997 年發生了亞洲金融危機，為了應對危機，政府進行了教育的產業化，教育變成了暴富產業。2008 年發生了全球性金融危機，為了應對危機，政府進行了房地產的產業化，房地產變成了暴富產業。在這些社會領域，中國的產業化遠比西方發達國家還要高，也比大部分發展中國家要高。20 世紀 80 年代，英國首相撒切爾想搞社會保障和教育的私有化，結果以失敗告終。很多西方資本主義國家都做不到的東西，在中國卻都做到了。當然，這並不是值得贊許的成就。西方的社會保護遠比中國好。經濟發展水平比中國低很多的國家的社會保護也比中國做得好。社會領域遭到極大的破壞，就導致了中國社會的不穩定狀態。

正因為這樣，這些年，中國高層開始重視起經濟轉型和政府轉型，社會改革的議程也開始變得重要起來。三中全會的《決定》也涉及到社會事業的改革。但是，應當指出的是，與市場化導向的經濟改革相比，對社會事業的改革強調得不多，還很不夠。尤其是對社會改革和社會事業建設過程中的政府作用談得不多，給人的感覺還是從前的思路，即把經濟政策應用到社會領域，這個思路仍然在繼續。也就說，即使在社會領域，改革也是以市場化為導向的。

一些人就開始擔心中國會不會演變成二十世紀皮諾切特時期的智利。在當時的智利，軍人政權使用政治權力和行政權力推行西方激進的新自由主義經濟政策，即私有化。結果，新自由主義徹底摧毀了智利的社會基礎，使得這個國家陷入長期的混亂狀態。中國反對私有

化，取而代之的是提倡市場化。不過，如果以政治權力和行政權力來推行市場化，也會出現人們不想看到、竭力想避免的結果。

實際上，對大部分老百姓來說，經濟改革是否成功主要是看這些社會領域的服務供應是否充分。經濟改革給少數人帶來了巨大的財富，但對老百姓來說，財富便是社會保障、醫療、教育和住房等。當人們說，經濟改革的好處必須惠及人民的時候，也主要是指這些方面。對普通人來說，財富來自自己打工的收入，這份收入必須負擔得起購買所有這些社會領域的服務。一旦這些社會領域被市場化（注意區別於政府向市場購買而提供給社會的市場化），即成為有錢有勢者創造巨額利潤的地方，那麼普通人不可能負擔得起購買自己所需要的服務。因此，即使在資本主義國家，這些服務大多是政府提供的，而不是資本提供的。當然，西方國家普通老百姓爭取到這些服務也是一個痛苦的過程，即長期的、不乏暴力的工人階級運動。

中國的老百姓現在已經得了改革的「疲乏症」，即不相信政府的改革。他們這樣做，並非一點道理都沒有。很簡單，因為過去已經有太多的改革不僅沒有給老百姓帶來好處，反而是損害了老百姓賴以生存的社會基礎。改革是 GDP 導向的，是以破壞社會為導向的，改革越多，老百姓受損越大。因此，人民對政府及其改革缺乏信任度。在這樣的情況下，人們對改革消極就不難理解。如果實施三中全會《決定》的改革在實踐層面仍然延續這種破壞社會的模式，那麼社會風險會大到不可控制的程度。今天的中國社會在很多方面和十九世紀末和

二十世紀初的歐洲並沒有多大的差別，只強調經濟發展，而忽視社會建設和社會保護。

前面已經討論過，對今天的改革，中國社會沒有什麼積極的反應，主要原因在於社會看不到改革和自己有什麼關聯；相反，社會普遍擔心自己會在新的一輪改革中再一次受損。但這種情況也同時說明了，今後階段的改革是否成功，取決於改革能否為大多數老百姓帶來實實在在的好處，而這些好處最顯著的就是在社會領域。對改革者來說，要激發社會對改革的熱情，就要從社會改革中找到突破口。

社會的風險也來自今天產業發展的結構特徵。盡管中國經濟發展的水平低於西方發達國家，但中國產業結構的發展也出現了類似於歐美發達國家的現象，即今天的一些產業能夠產生巨大的 GDP，但產生不了很多就業，能夠產生絕少數富翁，但產生不了龐大的中產階級。當今社會，任何國家都會把重點放在信息、金融等產業上，因為這些產業生產着巨大的 GDP 和附加值。不過，這些產業很少像傳統製造業那樣能夠通過製造巨大的就業機會來培養出一個龐大的中產階級隊伍來。相反，這些產業的特徵就是不產生就業機會，但能夠製造出絕少數巨富者，而大部分在此領域的工作者都是低收入者。

在歐洲，這種情況就導致了受過教育的青年人大量失業的情況。在發展中國家也是這樣，才導致了各種形式的顏色革命。人們已經提出了「如何拯救青年一代？」這樣一個問題。但這裏的因素並非青年人本身，而是如何改變現在的產業結構的問題。失業、財富差異、社

會分化，這些都是現代社會隨時都會爆發出來的社會風險。

我們可以把這種現象稱之為由經濟結構變異而產生的社會激進化。從深層次看，中國台灣地區 2014 年發生的學生佔領立法院的學生運動便是經濟結構變異的產物。當政府和資本站在一起的時候，社會唯一能夠做的就是社會運動。學生運動便是社會運動的一種折射。可以説，類似的社會運動已經遍布全球。盡管所有的社會運動都會牽涉到民主化，尤其是有反對黨的地方，但很難説這些運動的目標是民主化。實際上，類似的社會運動既發生在非民主社會，也發生在已經民主化了的社會。簡單地説，這類社會運動反對資本、反對和資本站在一起的政治力量及其政府。

絕對不能低估中國社會在這方面的風險。這裏主要的矛盾是，改革，即使是沿着正確方向的改革，要取得成效也需要很長一段時間。中國現在的改革更是這樣，因為以結構調整為目標的改革需要時間，不過社會等待改革帶來的成果已經越來越沒有耐心了。

今天中國社會對改革的態度可以簡單地概括成兩句話，即高度期待和失去耐心。高度期待，是因為很長一段時間沒有推出重大的改革舉措了，越來越多的問題積累起來，已經到了不得不解決的時候了。這些年來，中國社會的不穩定因素在急劇增長。不穩定因素的增長是因為沒有足夠改革或者是錯誤的改革所致。也不能説過去的十年沒有改革。十六大之後，在社會改革方面也有所進步，能夠做的也做了，但始終沒有找到改革的突破口。多數老百姓的感覺是，來自社會改革

的一些好處遠遠抵不上社會領域被市場化所帶來的損失。因此，盡管很多人對改革越來越失望，但還是對那些能夠為老百姓帶來好處的改革充滿期待。

對三中全會《決定》之後的改革就是這樣一種期待，可謂「久旱逢甘雨」。但是，必須意識到，中國社會對不改革或者改革不足的現狀越來越沒有耐心。現在有了改革的頂層設計，有了社會所認可和支持的改革方案，但如果在今後一段時間裏，仍然沒有改革的動作，人民仍然不能享受到改革的好處，那麼社會就會變得更沒有耐心。

一旦出現這種情況，中國可能會加入政治激進化的世界潮流。盡管今天中國政府治理社會的能力已經大大提升，但一旦整體社會出現激進化，那麼最有效的社會管治也會變得無濟於事。社會管治只有在少數社會群體不滿的情況下才會有效，一旦等到社會的大多數變得不滿，那麼不再是一個管治的問題，很可能會演變成一場自下而上的革命。今天，所有國家都面臨社會秩序問題，而問題的根源都指向同一個核心問題，那就是中產階級。

在西方發達社會，中產階級一直是其社會秩序的支柱。但近年來的社會變得不穩定，主要是因為中產階級變小，他們的生活變得困難。發展中國家的社會不穩定主要是中產階級一直沒有做大，社會形成了少數富翁和大多數窮人的結構。東亞社會也是這樣，中國的台灣地區和香港地區的不穩定根源也是中產階級困境的反映。

　　所以，對中國的改革者來說，現在最重要的挑戰就是如何儘快把改革運作起來，執行下去，並且能夠使得大部分老百姓獲益。

　　從這個角度來說，仍然需要做兩件事情，其一是明確市場化改革的目標，其二是找到改革的突破口。市場化改革的方向已經很明確了，但要意識到，市場化並不是改革的目標，改革的目標是整體社會獲得利益，說穿了，就是要培養一個龐大的中產階層。其他所有指標包括 GDP 都必須為這個目標服務。如果市場化的改革導致了社會更加分化，那麼即使總體上中國實現了高收入社會，社會也會變得更加不穩定。簡單地說，改革本身需要轉型，即從少數人獲利的改革轉變為多數人獲利的改革。

　　再者，盡管改革需要全面改革，但鑒於社會沒有耐心的情況，改革還必須首先找到突破口。

　　找到突破口要比全面改革更為重要。如果能夠從三中全會《決定》的數百項改革中找到少數幾個突破口，進行攻堅戰，那麼在短時間內中國的改革格局就會有個根本上的轉變。問題在於，突破口在哪裏？如果要找到促成少數人變得更加富裕的突破口，那麼很容易。過去的經驗已經為人們展示了這些突破口。轉變改革方式，就是要找到能夠促成大多數人變成中產階層的突破口。

　　這些突破口也不難找，那就是社會領域。今後的改革不僅不能再繼續破壞社會領域，而是要在為社會提供充分保護的前提下，通過社會改革來謀取可持續的經濟發展。從社會被破壞的程度來看，和十九

世紀的歐洲那樣，中國已經到了需要一場「社會」主義運動來拯救市場經濟、拯救社會的時候了。但中國可以避免歐洲形式的自下而上的「社會」主義運動，而是可以走東亞經濟體那樣的自上而下的「社會」主義運動、政府主動進行社會改革而保護社會的道路。歸根結底，今天的中國，社會改革要比經濟改革更重要。

第八章

如何重建中國社會信任？

今天，中國社會面臨某種程度的社會信任危機。不信任存在於不同單位之間、政府與人民之間、不同社會群體之間、不同個人之間等，也存在於一個單元內部、政府內部、組織內部，甚至家庭成員之間。可以說，不信任無孔不入、處處都在。

信任危機當然是比較而言的，既可以和其他社會比較，也可以和過去的中國社會比較。就中國自身而言，人們不要幻想從前的社會信任有多深厚。一談到信任危機，一些人便歸咎於改革開放，認為是改革開放以來的發展造成了信任危機。實際上，自近代早期西方人開始接觸中國社會之始，他們就發現東西方社會信任的程度和機制不同。

自孟德斯鳩以降，西方學者在論述西方的社會信任及其形成機制時，大多強調社會「自然秩序」，因為這種「自然秩序」就是建立在社會成員的互相信任基礎之上的；社會不僅僅是一個利益共同體，而且更是一個信任共同體。西方的法律就是建立在「自然秩序」基礎之上的，也是為維護這個秩序而存在。相比較而言，在傳統中國，無論是禮制還是法律，兩者的目標都在於社會控制，是一種自上而下的控制。因為是自上而下的控制，缺失自下而上的自然秩序，社會信任危機隨時都可能發生。

當然，「自然秩序」和社會信任之間的關聯是可以討論的。即使在西方，法律體系的形成也並非如這些理論家所說的那麼「自然」，而是當時統治階級利益的反映，在很大程度上，也是自上而下施加

的。不過，社會信任和社會利益之間的關聯是很顯然的。這裏有一點值得強調，即凡是源於一方對另一方控制的，最終必然會發生信任危機。

那麼，社會信任是如何發生和發展的呢？這也只能從比較而言來討論，人們至少可以從如下三個層面來探討。

第一，康德所言的內心「道德律令」。這是社會信任最深層的基礎或者本源。「道德律令」來自於宗教、哲學或者民族精神，是一個國家或者民族長期歷史積澱下來的產物。

第二，社會共同體。社會共同體本身是變化的，從原始社會的面對面群體，到近代之前不同形式的地方共同體，再發展到近代以來以民族國家作為單元的大型共同體。無論什麼樣的共同體，都是由一整套規則和規範構成的，無論是明文正式的還是不成文非正式的。沒有這一整套規則和規範，就構不成共同體。

第三，法律。法律可以是積極誘導性的，即制定一個共同體必須共同遵守的行為規則。很自然，不同文明和社會具有不同的行為規範，它們之間的互動也會產生衝突。所以，像日本和韓國那樣以一個民族為主體的社會，信任度就高；而多元民族社會或者移民社會，信任度相對會比較低，全球化導致越來越多的社會衝突也和社會信任有關，因為人口的流動往往造成不同群體之間的低信任度。

第四，懲罰性的法律，即對不遵守行為規範的行為進行懲罰，使之付出代價，從而迫使其遵守規範。這可以說是「被施加」的社會信

任。即使人們內心不接受，但只要其行為符合這些規範，其行為也是可以預期的，因此也會具有一定的「可信度」。

中國傳統的「禮」已進化到「黨紀」

回到中國的例子。傳統上，「禮」與「法」都不具有普遍性，是專門針對不同社會群體的。如費孝通所言，「禮」本身就是有差異格局的。皇帝和士、農、工、商四個階層都有其自身的「禮」。盡管在這四個階層之間存在着社會流動性，即個體身份在這些階層之間是相通的，但「禮」是不相通的。個體從一個階層轉向另一個階層，其所遵循的「禮」也需要作相應的轉換。「法」更是如此。「法」在中國文化中主要是「刑法」，而「刑法」則只是針對普通老百姓的，即所謂的「刑不上大夫」。

從這個意識上說，中國不可能產生出西方意義上的「法」（Law）。西方的「法」是基於「上帝」和「自然法」之上的。因為無論是「上帝」還是「自然」都是形而上的（或者是想象的），因此具有普遍性。對西方來說，不難從「在上帝面前人人平等」轉換到「在法律面前人人平等」。當然，這並不意味着西方社會在現實層面也是平等的，因為法的意義對不同社會階層全然不同。

　　中國文化強調的是特殊性，用今天的術語來說，這種特殊性是徹頭徹尾的「現實主義」，因為現實就是不平等的。基於這個現實，中國社會的不同群體發展出了屬於每一個群體自己的「禮」。[1] 在很大程度上，這種傳統直到今天仍然在延續。

　　盡管近代以來，中國接受了類似西方意義上的「法律」概念，至少在理論上強調法律面前人人平等。但同時，中國又難以放棄傳統文化上的積極面，即「禮」。「禮」統治中國「士」這個階層（即統治階級）數千年，不能說沒有用。很難想象沒有「禮」的「士」是怎樣的。今天，傳統的「禮」已經進化到「黨紀」。在中國文化中，沒有人會否認「黨紀」的合理性，也沒有人會想象一個沒有「黨紀」的執政黨。但實際上，「黨紀」就是執政黨這個群體的「法」。因此，在中國，有「黨內法律法規」的概念。

　　西方人對這種形式的「法」很難理解。無論是「黨紀」還是「黨內法律法規」都對執政黨的建設至為關鍵。但同時，如果「黨紀」和「黨內法律法規」不能和具有普遍性的國家法律對接好，那麼就會影響社會信任的建立。很顯然，「黨紀」和「黨內法律法規」具有懲罰性，屬於控制範疇，很難成為黨員的自覺行為。即使在黨內，一些人對「黨紀」和「黨內法律法規」也會談虎色變。而這種情緒又很容易從黨內延伸到整個社會。直到今天，中國社會的大多數人遇到問題還

1　傳統的「家法」更是一個典型，每家都可以根據自己的理念和需要來發展出「家法」。

是求助於關係而非法律，這是有深層次原因的。

到了當代，社會的高度世俗化也對社會信任帶來負面影響。過度世俗化使得原本就缺失康德所説的「道德律令」的中國社會，更趨於只講利益而不講精神。隨着社會經濟結構的變化，中國社會從固定變為流動。社會一旦流動，傳統意義上的「禮」就失去了效用，更不用説傳統的「禮」本身早就已經遭到摧毀。

五四運動以來的歷場政治社會運動，都對傳統的所謂的「封建禮教」構成了致命性的打擊。「階級」概念被引入來處理社會階層之間的關係，而這個概念本身就是意在破壞階層內部或者階層之間的社會信任，以實現社會衝突的目的。

經驗地説，人為地製造社會群體（例如地主和農民、有產者和無產者、政府和人民等）之間的「不信任」，是近代以來所有革命過程中最流行的方法。到今天，「階級」概念已經成為一種政治文化，在不同階段以不同方式呈現出來，甚至表現在追求「民主」的過程中。

沒有任何信任度社會將難以為繼

不同社會有不同的社會信任度，但如果沒有任何信任度，一個社會就難以為繼。就中國來説，當代的諸多發展實際上也在為新的社會

信任的產生和發展提供社會經濟方面的基礎，但很可惜，這些新產生的信任因素被人為的因素所阻斷。

最顯著的是表現在「市民社會」的發展上。「市民社會」這個概念盡管先在西方產生，但在實踐層面，市民社會不是西方的專有物。它是資本的流動、工業化、城市化等過程的產物，或者說，是社會發展的必然產物，因此，它本身也並沒有那麼濃厚的政治性。很簡單，傳統共同體解體了，就會出現新型的共同體。中國改革開放以來的快速發展也導致了市民社會的出現，尤其在經濟比較發達的地區。

新的共同體出現了，但被人們作過度政治性的解讀，被視為政治威脅，因此遭到人為的阻斷。在這樣的情況下，資本的「道德律令」、工人的「道德律令」、農民的「道德律令」、知識群體的「道德律令」從何而來呢？所有這些群體都是由分散的個體組成，或者由哲學家阿倫特（Hannah Arendt）所說的「原子化」的個體所組成，那麼道德從何而來呢？單獨的個體是產生不了道德的，因為道德的本意是集體。

回到傳統「禮」的角度看，如果不容許這些社會群體具有一定的自治性並成為「市民社會」，它們就很難發展出自身的「禮」。沒有「禮」，它們就沒有自我約束機制和規則。

對中國來說，要構建社會信任，更為重要的是要回到「人」的概念。這也是西方近代社會的起點。以人為本，人是社會的本體。盡管在現實中，人是不平等的，但人具有嚮往平等人性的願望。如何在不平等的現實基礎之上追求平等？這在西方也是一個漫長的過程，而且

也會是一個永無止境的過程。說穿了，就是要實現「實際上的等級性社會」和「原則上的平等社會」兩者之間的均衡。兩者之間不可能完全一致，但兩者之間的張力恰恰是社會進步的動力。人為地控制這種張力只會導致社會的更加不平等，從而導致更低的社會信任度。

如果意識到，「一方對另一方的控制」產生不了社會信任，人們就必須發掘社會發展中所產生的「自然」因素，因勢利導，促使社會發展出「自然」的社會信任機制。盡管任何社會都需要控制機制，但控制機制的設定並不一定要根據政治上的需要而人為地設定，而完全可以根據社會自然的發展規律來設定。根據社會的自然規律而設計的社會控制成本更低、更有效。

在一個越來越世俗的社會，人們並不期待出現一個具有高度道德自律的「社會群體」（例如早期歐洲式的「貴族」或者日本式的「武士」），但人們則可以期待一個基於「規則」之上的社會的出現。中國傳統上通過科舉考試實行賢能政治，有效防止了歐洲式的貴族群體的出現，但也延續和強化了「士」這個階層。「禮」就是「士」這個階層的規則和規範，不僅是這個階層內部社會信任的基礎，也是其他社會階層對此信任的制度基礎。

如果容許各個社會群體具有一定的「自治性」，現代版本的「禮」也並非完全不可能。例如，既然執政黨具有「黨紀」或者「黨內法律法規」，那麼是否也容許企業、農民、知識界具有自身的「法律法規」呢？

　　更為重要的是「法治」建設。各社會群體內部的規則和規範（或者「禮」）並不見得和「法」發生矛盾和衝突，正如「黨紀」和「國法」之間並不必然發生矛盾和衝突一樣。現在，一些方面，「法」仍然不具有普遍性，這是因為兩者之間的對接問題，例如「黨紀」和「國法」沒有有效對接。

　　當代中國社會，無論是社會群體內部的規範，還是具有普遍意義的法，都具備了客觀條件，工業化、城市化、商業化、流動社會等發展都要求具有普世性的法律的出現，並作為社會整體的行為規範，但同時這些發展也要求各社會群體內部具有自身的規則和規範。這兩者應當是同時進行的。廣義上的「法治」包含這兩個層面，而不僅僅指成文法律法規。

　　一句話，「法治」的重要性在於，其是確立社會信任的制度基礎，也是防止社會信任解體的最後防線。沒有了這道防線，任何社會信任都會變得不可能。如果不能解決「法治」問題，社會信任危機的出現是必然的。對今天的中國社會來說，「從法治做起」，既符合執政黨的需要，更符合社會發展的客觀規律。

第九章

四十年的中國改革邏輯

中國改革開放四十年的歷史，可以說是整部世界近代史在高度濃縮之後，在短暫的時間裏突然在中國大地放大版地呈現出來。今天和未來的人們可以在這四十年的中國或多或少找到近代以來的大多歷史變革主題，無論是物質的還是非物質的。經濟、社會、政治、技術、文化、生活方式等方面的急劇變化使人眼花繚亂，在沒有理解甚至意識到一項變化的時候另一項就發生了。

在意識層面，所有近代以來的「主義」或者「意識形態」都可以在中國找到發展空間和相當的支持力量，正如在城市空間不斷冒出來的各種奇形怪狀的建築物那樣。不過，很多變化很可能僅僅只是假象，有「烏托邦」，也有善意和良願。

然而，不管怎樣的變化，中國還是中國，並且越來越中國。在開放狀態下，各種變革都成為可能，但各種變革必須得到中國實踐的檢驗。誠如鄧小平在改革開放之初就強調過的，實踐是檢驗真理的唯一標準。人們可以追求各種自己認為是「真理」的東西，但它們是否能夠成為中國的「真理」，就需要被中國的實踐所檢驗。各種表象掩蓋不了真實的中國，更不用說是替代了。

變革並非僅僅只是這四十年的主題。無論是客觀環境對變革所構成的壓力，還是變革者的主觀意願，這四十年遠遠比不上近代中國。那個時代，中國傳統國家不僅被遙遠的西方國家所打敗，更是被昔日的學生日本鄰居所打敗。因此，那個時代的人們呼出了「中國三千年未有之大變局」的感歎。人們也找到了被那個時代視為是必然的變革

方向,那就是從小農經濟到工業經濟、從帝制到共和、從經學到科學。不過,所有這些變革並沒有成功,中國陷入了長期的戰爭、革命與「繼續革命」。等到下一次變革便是 20 世紀 80 年代的事情了。不過,也正因為近代變革沒有成功,濃縮了的歷史和變革動力最終在 20 世紀 80 年代爆發出來,造就了今天的中國。

變化的是中國,不變的也是中國。變化什麼?變化多少?如何變化?如何在變化中維持不變?如何在不變中求得必要的變化?這些問題誰都可以試着回答,誰都可以有自己的答案,但最終決定這些答案的是政治。政治誰都想參與,誰都可以憑自己的能力來影響政治,但政治必須有一個主體,沒有了這個主體,不管什麼樣的變化最終都會歸於失敗。近代中國方方面面變革的失敗並沒有必然性,但從帝制到共和的失敗就決定了其他方面失敗的必然性。沒有了變革的主體,誰來掌控變革呢?自 20 世紀 80 年代以來的變革是有主體的。有了這個主體,中國重新出發進行變革,拾起了近代留下了的變革主題,一路走到了今天。

也就是説,在所有方方面面的變革中,政治變革不僅不可或缺,而且必須是主體。今天的中國進入了一個新時代,或者説一個轉折點,政治變革的重要性是顯見的。當人們説今天進入了「新時代」,那麼就假定了過去的一個「舊時代」的存在。所以,人們必須理解如何從「舊時代」走到「新時代」?「新時代」「新」在哪裏?

在理解這個轉型的時候,人們不僅要理解學術上所説的「宏大真

理」——「主義」和意識形態，更要理解「小真相」——實際所發生的事情。如果光看前者，那麼就容易把自己的主觀意志強加在客觀的變革之上，就很難理解和評介客觀的變化。在理解中國政治變革邏輯的時候，後者甚至要比前者更為重要。「小真相」發生在實踐領域，正是眾多的「小真相」才把「宏大真理」轉化為現實。

的確，學界關於「政治改革」的「宏大真理」，並不能解釋中國這四十年的政治變革邏輯。大多數西方學者認為中國沒有政治改革，因為他們傾向於把政治改革定義為西方式的民主化。抱這種認知的學者在中國本身也不在少數，很多人也是希望中國走上西方式民主化道路的，並且在每一個發展階段都以「是否民主化」來評介中國的實際政治變革。

不過，具體的政治實踐則反映出全然不同的情況。在過去四十年裏，政治變革實際上是主體性變革。不承認政治變革就很難解釋所有其他方面的變革和轉型。中國政治不僅適應了由其他變革所帶來的新環境和新挑戰，而且還通過自身的變革來引領其他方面的變革。很顯然，政治主體的這種領導能力把當代變革和近代變革區分開來。

在下一個層面，在不同時代，人們對政治改革的認知的確是不同的，不同的領導層和不同的環境導致了不同的認知，不同的認知又導向不同的改革。這樣，人們便可以區分出三個時代來，即 20 世紀 80 年代、20 世紀 90 年代和 2012 年之後的「新時代」，這三個時代呈現出不同的政治思維和不同的政治變革邏輯。其中，前兩個年代盡管

也有不同的政治變化，但都屬於同一個變革範式，可以稱之為「舊時代」。中共十九大提出「新時代」的概念，但從十八大到十九大是一個大背景，沒有這五年的變化，很難出現「新時代」，因此這個「新時代」要從 2012 年的十八大算起。

20 世紀 80 年代的變革邏輯

那麼，20 世紀 80 年代的政治變革邏輯是什麼呢？政治變革首先取決於一個時代的政治思維。要理解一個時代的政治思維，首先就要理解政治思維者或者思考者。20 世紀 80 年代的政治思考者是鄧小平、陳雲、彭真這一代人。盡管鄧小平稱這個群體為「第二代領導人」，但這個群體很難和以毛澤東為代表的「第一代」區分開來。他們同樣積累了革命經驗和黨內政治生活經驗。有了共同的經驗，他們之間就可以有共識；有了共識，就進而有了改革的集體努力。

就國內環境而言，這一代人所面臨的主要問題是經濟發展。共產黨鬧革命的目的也是近代以來所有政治精英的目的，那就是「富國強兵」。當這一代人走上政治舞臺的時候，他們的共識便是要徹底改變當時仍然面臨的「貧窮社會主義」局面。

就國際背景而言，美蘇兩大陣營仍然處於對峙狀態，但英美開始

了以「新自由主義經濟學」為核心的經濟變革，國際局勢相對和平。新一波全球化開始，歐美呈現出很強的發展勢頭。鄧小平的判斷是，「和平和發展是當代世界的兩大問題」。中國領導層把這種國際格局視為是自己的「發展機遇」。無論是關於「球籍」的討論還是走向海洋文明的討論，都是當時改革動力的直接反映。

計劃經濟如何改革？市場經濟是改革方向嗎？要選擇什麼樣的市場經濟？所有這些問題都沒有現存的答案。鄧小平因此形象地把改革稱之為「摸着石頭過河」。從 1978 年仍然流行的「計劃經濟」概念到改革初期的「商品經濟」概念再到 1992 年中共十四大「社會主義市場經濟」概念的確立，中國足足花了 14 年的時間！在實踐層面，中國參照的主要是蘇聯東歐國家的改革經驗，尤其是匈牙利的改革經驗和亞洲包括日本和「四小龍」的經驗。盡管經濟「意識形態」的變革十分緩慢，但現實層面的變革方向是明確的，即走向市場經濟，體現在從農村改革、經濟分權改革再到城市體制改革的過程中。國家部委從 1981 年的 100 個（大多是主管國有企業的機構）減少到 1988 年的 41 個，更體現了市場化的大方向。

在進行經濟改革的同時，領導層也在探索政治上的改革。從 20 世紀 80 年代初到 20 世紀 80 年代末，鄧小平對政治改革發表了一系列的看法，可以視為是當時領導群體的共識。總體來看，這些改革並沒有受當時關於「政治民主化」的「宏大真理」的影響，而是為了解決當時中國政治實踐所面臨的問題。也就是説，改革不是為了實現

「政治民主化」的理念，而是為了解決實際問題（「小真相」）。改革主要包括幾個方面。

第一，法制。法制一方面是針對社會而言，另一方面也是針對黨內政治生活而言。改革開放前的「繼續革命」導致所有這些方面的法制大破壞。尤其是黨內鬥爭毫無規則，大量的幹部慘死於政治鬥爭。

第二，幹部類型和幹部錄用制度的變革，主要表現在幹部的「四化」（革命化、年輕化、知識化和專業化）標準，以適應上述經濟建設和發展的需要。

第三，黨和國家領導體制的改革。這項改革包括幾個方面。首先要解決領導人個人和體制之間的關係，「文革」前個體領導人破壞體制的現象不能再繼續下去了。其次，選拔中青年幹部，解決接班人問題。再次，和接班人問題相關，也需要解決老幹部的退休問題，例如設立顧問委員會作為廢除領導終身制的過渡辦法。

到 20 世紀 80 年代中後期，政治改革聚集了相當的力量。這不僅因為中國社會有了民主化的要求，而且還因為處於一線的年輕一代領導層也在不同程度上認為民主化是可以接受的政治改革。20 世紀 80 年代中期之後，政治改革加速。在領導體制方面，明確提出了「黨政分開」的改革思路。這一思路認為，類似「文革」那樣的大災難的出現是領導人個人高度集權的產物，而個人集權又是黨政不分、以黨代政造成的。再者，政治改革不僅是為了保護已有的經濟改革成果，而且也是克服改革的阻力和推進改革的動力。在社會層面，當時蘇共總

書記戈巴喬夫的《新思維》在中國社會具有很大的影響力，知識界的共識是中國要走西方式的民主道路。

如果人們深入細節就會發現，20 世紀 80 年代早期和中後期的政治改革是不一樣的。早期是為了解決具體問題（「小真相」），而中後期則滑向「宏大真理」（追求民主的價值）。總體來看，「小真相」的改革相當成功，黨內政治生活正常化、幹部錄用制度和領導人退休制度都得以確立。但「黨政分開」的改革不僅沒有成功，而且很快就出現致命性問題。

「黨政分開」的改革導致「黨」「政」成為兩張皮。此後很長時間的機構改革基本上都是政府機構的改革，而黨的領域並沒有進行任何形式的改革。政府不斷改革，黨的領域沒有改革，這就是一個大問題。盡管黨的領導不能動搖，但現實中，因為沒有進行黨的任何改革，黨的領導一直被弱化。在 20 世紀 80 年代後期，當黨本身要通過「民主化」的改革來改變自己的時候，危機的爆發已經變得不可避免。

以「黨政分開」為主題的政治改革到 20 世紀 80 年代末的社會運動爆發便戛然而止。「黨政分開」在現實中演變成「黨政分裂」。在官方定性 1989 年政治風波的事件過程中，當掌控黨政機構的不同領導人之間發生嚴重分歧的時候，黨政分裂就變得不可避免，而這種分裂也就是執政黨的最大危機之根源。

1989 年政治風波之後，鄧小平重組中共領導層。盡管鄧小平的側重點仍然是「領導集體」，但無論是 20 世紀 80 年代的經驗還是現

實的需要，都已經在呼呼一種新的政治變革思維了。而這種新的思維促成了政治變革從 20 世紀 80 年代轉向到了 20 世紀 90 年代。

20 世紀 90 年代的變革邏輯

中國 20 世紀 90 年代的政改邏輯適用時間較之 20 世紀 80 年代更長，涵蓋了從 1989 年政治風波到 2012 年的 23 年時間。如果說把 1978 年開始的、由鄧小平主導的改革開放稱為「鄧小平時代」，那麼這 23 年可以說仍然屬於「鄧小平時代」。或者說，鄧小平時代可以分為兩個「小時代」，即 20 世紀 80 年代的「第一小時代」和從 1989 年起到 2012 年這段時期的「第二小時代」。

江澤民和朱鎔基時期可以說是「第二小時代」的高峰期，而胡錦濤和溫家寶時期則在延續這個小時代的同時，開始糾正這一改革思路所出現的弊端。不過，胡錦濤和溫家寶時期還沒有形成改革的新思路，這個新思路直到十八大之後才開始形成。

20 世紀 80 年代末的政治風波終結了這個時代的政治變革思維。從 1989 年政治風波結束到 1992 年的中共十四大，可以視為是新思維的醞釀期。因為西方的全面制裁，內外部經濟發展條件惡化，領導層暫時處於保守和防禦狀態。但蘇聯東歐共產主義的解體很快促成了

鄧小平一代新的改革思路。新的改革思路把經濟改革和政治改革分開來，並且把重點置於經濟改革。蘇聯戈巴喬夫因為經濟改革受既得利益集團的阻礙不能實施，因此求助於政治改革（即「新思維」），但政治改革很快就演變成民主化。西方式的民主化不僅導致了蘇聯本身的解體，更導致了整個蘇聯東歐集團的解體。蘇東集團解體對中共的衝擊和影響怎麼說都不為過。

對中國的教訓至少有二。第一，經濟改革和政治改革不能同時進行，尤其不能期望用政治改革來促進經濟改革。第二，政治改革的方向不是西式民主化，而是強化作為政治主體的執政黨自身的建設，也就是鞏固執政黨、提高執政黨的執政能力。鄧小平的判斷是：蘇聯東歐共產主義政權的解體並不僅僅是因為民主化，更重要的是因為那裏的共產黨政權缺少能力來發展經濟，從而使人民滿意。或者說，因為那裏的共產黨缺少統治合法性，被人民推翻了。

經過鄧小平「南巡」及其背後的政治較量，1992 年召開的中共十四大充分體現了鄧小平在「南巡」過程中形成的新改革思路。多年爭論不休的「市場經濟」概念被正式確立為「社會主義市場經濟」。這個新概念的確立為經濟改革提供了新的意識形態。

20 世紀 90 年代後期，中國也努力加入世界貿易組織。為了和國際經濟體系和國際組織「接軌」，中國修正了一系列內部法律、法規和政策，以符合市場經濟的「國際要求」。內部改革和外部開放給中國的經濟發展注入了強大的動力。在 1992 年之後的近 20 年時間裏，

中國實現了近兩位數的經濟增長。

在政治領域，20 世紀 90 年代開始一直沒有出現類似 20 世紀 80 年代那樣的「宏大真理」，而是側重於細節（「小真相」）的改革，而這些改革的意義並不亞於「宏大真理」，構成了鄧小平遺產的重要（甚至最重要的）組成部分。這些「小真相」的改革包括幾個方面。第一，1992 年十四大解散了顧問委員會，從而在正式制度層面解決了老人政治問題。[1] 第二，限任制度的確立，即國家主席、副主席、總理、全國人大常委會委員長、政協主席等領導職位的任職者至多不能超過兩屆。第三，年齡限制。公務員系統包括部級幹部的退休年齡制度牢固建立起來，更為重要的是在政治局常委這一級也非正式地形成了「七上八下」的制度，即年齡低於 67 歲的可以擔任或者繼續擔任常委，而超過 67 歲的則必須退休。第四，集體領導和黨內民主。盡管鄧小平在 1989 年政治風波之後確立了「核心」的概念，但同時也強調集體領導和黨內民主。

最重要的莫過於「三合一」體制的確立，即黨的總書記、黨的軍委主席和國家主席由同一人擔任，以保障最高權力的集中和政治責任的明確化。在 20 世紀 80 年代，這三個職位分別由三個不同的人擔任，並且國家主席和副主席的職位只具有象徵性意義。這種「三駕馬

---

1 當然，退休政治人物通過非制度渠道施加政治影響力繼續存在。

車」的體制造成了權力行使的很多問題，充分體現在 1989 年政治風波過程之中。應當説明的是，「三合一」體制的形成本身是對 20 世紀 80 年代「黨政分開」制度的直接否定，而在局部領域開始走上了「黨政一體化」的改革道路。「黨政一體化」作為總體改革思路的形成要等到 25 年之後 2017 的中共十九大。

在江澤民和朱鎔基時代，有一項改革可以算得上在「宏大真理」層面，即 1997 年中共十五大提出的「法治」改革。之前，官方用語一直是「法制」。十五大之前，時任全國人大常委會委員長的喬石力推「法治」改革。在中國的政治語境裏，「法制」和「法治」盡管只一字之差，但含義非常不同。前者表明法律是執政黨及其政府的工具，黨政幹部經常凌駕於法律之上，而後者則表明即使是執政黨及其政府也都必須服從法律，無論作為組織還是個人。但是，「法治」在今後相當長的時間裏僅僅作為一個概念或者理念而存在着，在實際政治生活中，「法治」並沒有被提到執政黨政治改革的議事日程上來。只是到了 2014 的十八屆四中全會，執政黨才形成了以「法治」改革為核心的總體改革方案。還有一項改革盡管是為了解決具體問題，但也對執政黨產生了深遠的影響，那就是「三個代表」概念的提出。盡管這個概念的提出是為了解決新興階層的政治身份問題，但容許新興階層進入政治過程（加入執政黨）則大大擴展了執政黨的社會基礎。

從 2002 年到 2012 年這十年為胡錦濤和溫家寶時期。這個時

期，在政治上的新探索很多，但出的問題也越來越多，預示着舊的改革思路需要告一個段落了。

在社會經濟層面，之前的經濟優先發展政策很快演變成了單向面的「唯 GDP 論」，即過度強調經濟增長而忽視社會環境問題。到這個階段，各種問題一一爆發出來。領導層開始質疑之前的發展觀，提出了「中國要追求什麼樣的發展？」這一重要問題，並試圖通過「科學發展觀」來緩解和解決問題。

就機構改革上說，這個時期基本上承繼了 20 世紀 80 年代以來的思路。「黨政分開」不再提及，黨政在實踐上開始「一體化」，表現在上述「三合一」體制，也表現在省一級省委書記兼任人大主任的制度。不過，從 1992 到 2012 年，每一次的機構改革都是政府（國家）機構改革，黨的機構改革從來沒有提到議事日程上來過。

這種「兩張皮」的現象使得黨政機構的發展很不協調。即使在「三合一」體制內部也是如此。憲法規定國家主席有任期制，但黨的總書記和軍委主席則沒有類似的規定。這種內在的衝突可能引發重大問題。例如 2002 年當時的軍委主席任期到了兩屆，但因為這個職位沒有任期限制，又繼續擔任這一職位兩年，從而在實踐層面使得這兩年裏不再是「三合一」制度。

在這 10 年中間，最重要的探索莫過於「黨內民主」了。2007 年黨的十七大提出了「黨內民主引導人民民主」的改革思路。應當說，這是對以往改革思路的改進。以往的思路並沒有解釋民主的發展路

徑，但十七大説清楚了。這個時期，黨內民主的最重要的試驗就是黨內票決制，尤其是在選拔領導幹部時採用票決制。這個方向也不能説錯，因為當時人們對民主的普遍理解就是票決，或者選票制。不過，因為執政黨並沒有票決傳統，不存在明文的票決規則，因此潛規則太多，一些政治人物開始操縱這一制度，導致了濫用與不公。這也就是十九大不再使用票決制來選拔幹部的主要原因。

在實踐層面，對黨內民主的探索也導向了另一些甚至更為深刻的問題和矛盾。主要表現在兩個大的方面。首先，為了體現黨內民主，原先的「核心」概念被去掉。鄧小平在確立「核心」概念時説得相當清楚，中共體制的運作需要一個核心，如第一代的毛澤東和第二代的鄧小平，因為核心意味着政治責任。但 2002 年之後不再使用「核心」的概念。這裏的原因可能很複雜，但其中一個主要原因就是為了體現集體領導和黨內民主。

其次，領導頂層實行分工制度，一人管一塊。這種頂層「分封制」的確比較民主，至少表面看來如此，但實際上很快就產生了很多惡果，其中最重要的便是在中國被稱之為「團團夥夥」的「寡頭政治」的形成。一人管一塊，又因為黨的領導層不存在「核心」，那麼分管一塊的這個人就擁有了實際上的最終決策權，總書記只是「橡皮圖章」。十八大之後被清查出來的周永康、令計劃和軍中的徐才厚和郭伯雄等便是典型的「政治寡頭」或者「軍中寡頭」。政治寡頭形成了服務和忠誠於自己的權力網絡，往往從中央到地方、橫跨幾個部委。

經驗地看，寡頭政治或許有可能發展成為類似西方的多黨政治，但這無疑是一種劣質民主，是人們必須避免的。葉利欽時代的俄國就是這樣的寡頭政治。烏克蘭自獨立之後也一直是寡頭政治。

這十年黨內民主的探索也涉及到一個外在政治壓力問題。在民主問題上，自改革開放以來，外在的壓力始終是存在着的。西方自由主義是一種具有使命感的主義，具有很強的擴張性。和資本一樣，自由民主如果得不到擴張，就會趨於死亡。在 20 世紀 80 年代，當中國剛剛改革開放的時候，自由主義力圖在中國尋找發展空間。這就是為什麼鄧小平認為 1989 年的政治風波是國際大環境和國內小環境互動的產物。在 20 世紀 90 年代，在蘇聯和東歐共產主義政權解體之後，西方自由主義在俄國和東歐尋找到了空間。中國因為內部改革和外部開放的一系列重大舉措，在民主方面所面臨的壓力實際上並不大。但在跨入新世紀之後，在胡錦濤和溫家寶時代，中國在民主方面面臨的壓力再次加大。這個時期，民主在東歐的版圖已經確立，這些國家或多或少都實現了民主，這樣，西方自由主義再次轉向中國。

改革開放以來，中國領導層盡管都竭力反對在中國搞西方式民主，但他們也沒有忽視探索中國本身民主政治發展的道路。這種探索在一定程度上緩解了西方對中國的壓力。很顯然，在西方成功地把中國經濟融入以西方為主導的世界體系之後，很難容忍中國的非民主政治，甚至把此視為政治「威脅」。這種情況近年來隨着西方民主出現問題變得越來越甚。

　　總體上説，從 1992 年到 2012 年的二十年時間裏，在政治領域，鄧小平的遺產得以延續，並在一些方面得到了加強。黨內民主方面的探索加快，但問題也越來越嚴重。所有重要的問題似乎隨着十八大的到來都處於隨時可能爆發出來的邊緣，而有些甚至開始爆發出來。十八大因此開得非常艱難。所有這一切都預示着需要改變舊的改革思維，而尋求一條新的改革思維。這便是十八大以後的事情了。

「新時代」的變革邏輯

　　盡管「新時代」這個概念在中共十九大正式提出，但十八大應當被視為這個概念的起點。或者説，這一概念是在十八大之後五年的改革實踐基礎上提出來的。而十八大之後的改革實踐就是對之前所發生的情況的反應。

　　十八大之後，鑒於執政黨黨內越來越甚的腐敗現象，尤其是寡頭政治現象，領導層開始進行有效集權。當然，有效集權不僅僅是因為大規模反腐敗的需要，更是進一步改革的需要。十八大之後的改革強調「全面」和「深化」。改革因此需要「頂層設計」。再者，改革越深化，所遇到的來自既得利益的阻力也就越大；要克服既得利益的阻力，也需要集權。所有這些方面的因素有效強化了集權的動力。

　　對執政黨來説，首要的改革是政治改革。十八大以後，中國經濟發展進入「新常態」。高增長不僅不可能，也不需要。而政治改革則緊迫起來，因為十八大之前所出現的種種政治狀況表明，執政黨面臨着黨內治理危機。這就決定了十八大之後的改革重點，就是黨內治理制度的改革。而黨內治理制度的改革正是 20 世紀 80 年代以來「黨政分開」概念下一直所忽視的。十八大之後提出了「四個全面」，即全面建成小康社會、全面深化改革、全面依法治國、全面從嚴治黨。很顯然，在四個「全面」中，「全面從嚴治黨」是最為關鍵的。在中國，中共是唯一的執政黨和政治主體，一旦執政黨出現了問題，那麼其他所有方面的發展必然會出現問題，甚至釀成最終的危機。

　　接下來的黨內改革合乎邏輯。高層首先進行了權力重組，主要是成立了四個領導小組（十九大之後改為「委員會」）。

　　領導小組盡管在十八大後就已經存在，但新設立的領導小組和舊式領導小組至少在兩個方面是不同的。首先，舊式領導小組是非正式的，其組成成員和活動是不公開的。但新設領導小組是正式的，其組成人員和進行的活動是公開的。其次，新設立的領導小組（除了軍事方面）的組長是習近平，副組長是李克強，其他幾個常委被分配在不同的小組。這樣，就改變了從前常委一人分管一塊的局面，使得高層權力協調性大大提高，運作更為有效。當然，權力的重組也避免了之前「寡頭政治」的局面。

　　頂層權力集中很快至少在兩個方面顯出成效，即大規模的反腐敗

鬥爭和政策的頂層設計。盡管自改革開放以來，反腐敗一直在進行，但頂層的反腐敗往往是最困難的。十八大之後那麼多的高級別政治人物（包括前政治局常委和現任政治局委員）被查處，無疑是權力集中的結果。

在整個政治過程中，高層也重新確立了權力「核心」的概念。為了更多的「黨內民主」等因素，自 2002 年中共十六大開始不再使用「核心」概念，從而使得高層權力扁平化。但扁平化帶來了政治責任問題，即誰承擔政治責任。「核心」概念的重新使用不僅僅是權力集中的制度體現，更重要的是強調政治責任問題。很顯然，在任何政治體系中，無論是總統制度還是內閣制度或者其他的制度，政治責任是最重要的。

不過，這個政治過程最重要的就是導致了新的改革思路的出現和形成，那就是中共十九大正式推出的「黨政一體化」改革思路，正式改變了自 20 世紀 80 年代以來的「黨政分開」的改革思路。這一改變無疑是一個漫長的過程。中共十四大已經開始在實踐層面進行局部的「黨政一體化」改革。最顯著的就是最高層「三合一」體制的形成，即黨的總書記、黨的軍委主席和國家主席由同一人兼任，同時國家主席的職位從 20 世紀 80 年代的「虛位」轉型成為「實位」。在省一級，省委書記兼任省人大主任也是黨政一體化的制度體現。不過，從理論上說，執政黨從未宣示從「黨政分開」轉變到「黨政一體化」。實際上，盡管實踐上行不通，並且已經發生變化，但在很多人那裏，「黨

政分開」仍然是政治改革的理想。

在這方面，十八大之後最大的變化就是從理論上得到轉變，正式提出黨政一體化的改革理論。王岐山在這一理論形成過程中扮演了主要角色，其在主導反腐敗鬥爭過程中發現了腐敗的深刻原因，腐敗導致了黨的衰敗，黨的衰敗又導致更深刻的腐敗。「黨建」因此成為十八大以後中共改革的重中之重。

「黨政一體化」首先包含在王岐山的「廣義政府」概念中。「廣義政府」要解決的就是中國政治制度的頂層設計問題，即黨政關係問題。具體説來，較之 20 世紀 80 年代以來的改革，這裏至少有兩大方面的基本制度性變化。

第一，「廣義政府」確立了「以黨領政」的思路。「黨政一體」是一個現實主義的概念，它承認了在中國的現實政治生活中，「黨」與「政」根本不可分開的現實。既然現實中分不開，那麼就要走現實主義路線，另尋思路，那就是「黨政一體」。這一新思路很快就體現在 2018 年全國人大通過的黨和國家機構改革方案中。把黨和國家的機構整合在一起改革，這是改革開放以來的第一次。此前的改革都是政府部門的機構改革，黨的機構改革從未被提到議事日程上來。政府機構改革到了大部制改革時已經走到了頂點，並且因為沒有黨的機構改革，也很難再走下去了。從這個視角來看，黨政一體化的改革為真正的大部制改革提供了可能性。接下去的改革具有兩個目標，一是實現「以黨領政」原則，二是通過機構的整合提高治理效率。

　　第二，「內部三權」的分工合作體制。「黨政一體化」的改革思路對那些接受了西方多黨制概念的人來說很難理解，更難接受。自近代以來，包括孫中山先生在內的很多政治和知識精英希望確立西方式的「三權分立」制度。孫中山本人確立的「五權憲法」就是把西方的三權和中國傳統的兩權（即考試權和監察權）整合在一起。從中國台灣地區的經驗來看，一旦實行了西方的「三權分立」制度，那麼中國傳統的兩權就會被邊緣化，起不了任何有意義的作用。台灣地區的現狀就是這樣。大陸的現實是，因為中共是唯一的執政黨，並且不存在任何反對黨，因此一個國家只能出現一個政治過程。在西方多黨制下，同時存在幾個政治過程，執政黨有自己的政治過程，反對黨也有自己的政治過程，政治就是以一個政治過程替代另一個政治過程。

　　在中國，隨着監察權的正式到位，已經形成了黨內三權分工合作的制度，即決策權、執行權和監察權。這意味着，盡管國家只有一個政治過程，但這個政治過程分成前後三段，或者說把一個權力行使過程根據時間先後分成三個階段。就中國的機構來說，決策權包括中央委員會、全國人大、政協、社會組織等，執行權包括國務院、公檢法等，而監察委履行監察權。「內部三權」也存在着一定程度的「制衡」，但不會導致西方三權那樣的制衡從而出現權力癱瘓現象。同時，內部三權也可有效防止腐敗，建立清廉政府。

　　從大歷史視角看，就制度建設而言，今天中國可以說是相當於

漢朝時期。秦始皇統一了中國，但並沒有進行多少制度建設，秦制非常短暫。漢制是成功的，存在了兩千多年，直到晚清。今天，如果把「以黨領政」和「內部三權分工合作」的體制建設成了，那麼就可以為今後的長久治安打下堅實的制度基礎。

正因為如此，通過政改的制度建設任重道遠，面臨很多巨大的挑戰。至少需要探討如下幾個方面的大問題。

第一，「內部三權」體制如何利用好新的大環境即今天的社交媒體時代？「內部三權」是傳統精英體制，即皇權和士大夫階層權力共享體制。但今天，不僅人民已經具有了民主意識，而且也獲得了參與政治的手段和工具。如果不能充分考量到社會的民主意識和參與要求，那麼「內部三權」建設就會非常困難。

第二，「三權」之間的分工與協調如何進行？盡管「三權」是「黨權」下的「三權」，但因為是「三權」，它們之間必須確立邊界，如果沒有邊界，各權就沒有辦法正常行使。

第三，決策權的民主性和科學性如何保障？現在決策權體現在決策的頂層設計上，強調的是集權。但如何保障集權下的決策科學性呢？這就需要引入民主要素。沒有民主過程的集中很難實現決策科學性。在這方面，決策權如何融合開放、民主、分權、集中等要素呢？

第四，執行權的有效性如何保障？執行權被決策權和監察權夾在中間，往往導致很難幹活甚至不能幹活的局面。要解決這個問題，就需要試錯的制度設計，也需要行政責任承擔的制度設計。

　　第五，監察權的邊界問題。監察權是一個新權，需要很多時間探索其權力範圍和行使方法。如果監察權泛濫，就會演變成「內部反對派」，形成「為了反對而反對」的局面，那麼執行權必然不能運作。

　　此外，「廣義政府」概念下的「黨政一體化」還面臨如何確立政府和經濟、政府和市場、政府和社會的邊界問題。如果不能確立邊界和處理兩者關係的有效方法，那麼就會出現政經不分、政社不分的情況，同樣會出現問題。因為「廣義政府」並不是說整個社會都是「政府」了。

　　可以預見，如果這些關鍵問題解決了，那麼「以黨領政」基礎之上的「內部三權」制度就將得以確立，並具有持久的生命力；但如果不能解決，體制的變革仍有可能再次回到 20 世紀 80 年代的模式。

第十章

中國新時期的內外部風險

　　中國新時期面臨怎樣的內外部風險呢？風險的根源無非來自兩個方面，即內外客觀環境的變化和應對策略的錯誤。總體看來，進入新時期以來，中國所面臨的內外部風險仍然是圍繞着十八大前後討論多年的「兩個陷阱」而展開的，即內部的中等收入陷阱和外部的「修昔底德陷阱」。風險就來自這兩個「陷阱」的兩方面，即一方面是諸多客觀環境有可能促成國家掉入這兩個「陷阱」，另一方面是主觀層面沒有能夠拿得出有效的政策去避免這兩個陷阱，這後一方面的決策錯誤也就是前些年一直在討論的「顛覆性錯誤」。

新時期的內部風險

　　在十八大前後，人們對中等收入陷阱爭論了多年。人們現在不再爭論。不爭論的原因有兩個。第一，這些年一些人過於樂觀，認為中國已經逃避了中等收入陷阱，已經位於發達經濟體的低端國家。既然已經逃避，那麼就無需討論了。第二，不能爭論。中國並不缺乏悲觀的人們，但悲觀論很容易被視為是政治上不正確。不過，今天隨着內外部環境的急劇變化，人們開始感覺到國家無論是離中等收入陷阱還是離修昔底德陷阱都不遠了；如果沒有強有力的政策，就會難以避免陷入。

　　那麼，中等收入陷阱危機的核心在哪裏？危機根源有很多，但主要體現為不發展的危機。改革開放以來，「發展是硬道理」一直是重要決策的首要考量。作為一個發展中國家，中國社會面臨無窮的問題。這並沒有什麼好驚訝的，任何社會都是如此。但中國成功的地方就在於持續的發展。所有問題都是在發展過程中得到解決的。但一旦發展本身出現問題，造成不發展的局面，那麼所有其他問題都會浮現出來，不僅得不到解決，甚至會惡化而最終演變成危機。

　　如同其他的問題，中等收入陷阱也必須通過可持續的發展而加以避免。十八大之後，中國經濟發展進入新常態，即從以往的兩位數高增長下降到百分之七以下，即中速增長。這個轉型不可避免，因為沒有一個經濟體可以維持永久的高增長，無論是環境、能源還是人力資源都很難承受如此持續的高增長。更為重要的是，在高增長階段，人們往往對一個重要問題關注不夠，即什麼樣的高增長？如果高增長導致社會的高度分化、環境的惡化、資源的衰竭，那麼高增長不僅不可持續，而且是「壞」的高增長。因此，十七大提出了「什麼樣的發展？」的問題，國家政策的重心開始轉向社會分配。近年來，國家更提出了從數量經濟向質量經濟轉型的政策目標。

　　但即使是中速增長，如果能夠在今後 10 年至 15 年維持百分之六到七的增長，那麼中國仍然能夠逃避中等收入陷阱，進而進入發達經濟體。十九大規劃了從 2017 年到 2050 年的國家發展遠景，即到 2020 年建成全面小康社會，到 2035 年基本實現社會主義現代化，而

到 2050 年實現富強民主文明和諧美麗的社會主義現代化強國。可以預期，到 2035 年中國會提升為發達經濟體，至少是今天「四小龍」經濟體的最後一位即中國台灣地區的水平，即人均國民所得 2 萬 5 千美元左右。中國大陸人均國民所得達到 1 萬美元，盡管要達到台灣地區的水平還有很長的路要走，但如果能把自十八大以來的「一攬子」經濟發展政策有效執行下去，這個目標並不難實現。

那麼，為什麼現在人們擔心中等收入陷阱的來臨呢？這裏既有內部官僚機構不作為的因素，也有外部國際環境變化的因素。

官僚機構是政策執行者。為什麼不作為？這裏既有決策的原因也有執行的原因。就決策來說，這些年強調政策的頂層設計非常重要，改革到了這個階段，即「全面深化」階段，部門和地方主導的零星改革難以為繼。但是決策的「頂層性」往往導致一些政策缺少科學性和可執行性。例如自由貿易區的政策涉及面過廣，沒有充分考量到試錯成本，導致很多權力沒有能夠充分下放下去。原因很簡單，如果這些權力都下放了，整個國民經濟就會受到影響。因為沒有人能夠保證自由貿易區一定能夠成功，一些部門不敢下放權力，並非毫無道理。

又如精準扶貧極其重要，因為這關乎於社會公平和穩定。不過，很多地方的政策設計又把精準扶貧理解為徹底消滅貧困。但事實是，即使是最富有的社會也仍然會有相當一部分窮人的存在，世界上找不到一個沒有窮人的社會。為了實現一個沒有窮人的社會，很多地方動員了最大的力量進行扶貧。但動員式扶貧很快就造成了扶貧人員的

「疲乏」，在執行過程中出現形式主義。現在一些地方開始擔憂，一旦停止「輸血」，會不會出現大規模的「返貧」。

再者，在決策方面，在一些政府層面，這些年也表現出追求政策數量，而忽視政策質量的趨向。其中一個原因就是一些人從數量上來理解「全面深化改革」，追求決策的數量，以為政策數量越多，改革就越全面。實際上，「全面深化改革」並不意味着所有這些所界定的改革領域具有同等的重要性和緊迫性。政策必須講究「突破口」，就是從前所說的「綱舉目張」。沒有人可以不問輕重緩急而全面推進改革。此外，政策的質量往往並不取決於政策的理論邏輯，而更多的是取決於實踐邏輯，一個政策有很強的理論邏輯並不見得具有實踐邏輯。一個不符合實踐邏輯的政策往往是不可執行的。政策過多、政策沒有執行下去，這些就導致了政策信譽度的下降，出現了人們所說的「塔西陀陷阱」，即人們不相信政府所制定的政策了。

就政策執行難來說，原因也很多，但其中一個因素就是科學的權力監督機制還沒有到位。無論是反腐敗還是克服既得利益對改革造成的阻力，都要求權力監督機制的高度集中。為此，十九大在此前的地方實踐基礎上，設立了監察權，表明內部三權體制的到位，即決策、執行和監察。這個體制對中國的長久治安具有里程碑式的意義。不過，三權之間的邊界、內部運作機制、三權之間的關係，這些都需要很長時間的探索。就目前來說，一旦監察權過度，或者說什麼都可以監察，那麼執行權就會被「閒置」。在實踐上，如果要改革或者執行

政策，那麼必然有犯錯誤的風險；一旦犯錯誤，那麼就要被監察。在很大程度上說，如果監察機構的唯一責任就是尋找政策執行者的「錯誤」，那麼一定能夠找到「錯誤」的，就像在「互相否決」的多黨制下，反對黨一定能夠找得到冠冕堂皇的理由來反對執政黨。目前中國的很多地方，可以說是告狀的人多於幹活的人，並且告狀是零成本的。在這樣的情況下，很多官僚理性地選擇不作為。盡管「不作為」也會有風險，但較之「犯錯誤」帶來的風險，「不作為」的風險仍然是低的。盡管中央也就此出臺了文件，容許改革中的「試錯」，但這些文件都不具有法律意義，很難改變執行者的實際行為。

此外，中等收入陷阱的風險因為國際環境和地緣政治尤其是中美貿易戰等因素而在大大提高。

那麼，就內部來說，在目前的情況下，如何通過政策的變化而避免陷入中等收入陷阱這一「顛覆性錯誤」呢？至少如下幾個方面是可以考量的。

第一，要正確理解「頂層設計」。不能把「頂層設計」簡單地理解為「上級設計」，更不是少數人關起門來設計。有效的政策必須是自下而上和自上而下的結合；同時，沒有大量的調查研究，很難有科學的頂層設計。

第二，決策需要從數量轉向質量。盡管改革需要克服零散進行，而需要全面推進，但必須在眾多的政策中找到有效的突破口。有突破口和沒有突破口的全面推進，效果是不一樣的。

　　第三，中央政府要抓大方向，而執行部門要抓細節。現在很多政策過於宏觀，過於理論化，甚至過於意識形態化，而缺少可執行的細節。沒有細節的政策不僅很難執行，而且在執行過程中會走樣。而政策的細節需要專業人才的參與。就中央—地方關係來說，很多政策更需要地方的參與。

　　第四，在很多領域，國家需要地方性政策。中國的國家規模決定了地方的重要性。改革開放以來，如果沒有地方的積極能動性，很難理解中國社會經濟方面的巨大變遷。盡管在一些領域例如金融、法治等，中央政府的作用越來越重要，也就是說集權有必要，但很多政策領域仍然要求地方扮演主要角色，例如地方經濟和社會服務等。在這些領域，地方是主體，而中央是監管者。

　　第五，需要做好政策檢討和評估。這些年在調整經濟結構方面努力不少，但效果不那麼理想。例如大家都意識到重點要放在發展實體經濟上，要遏制過度的金融和互聯網經濟等。但這麼多年下來並沒有改變重金融和互聯網而輕實體經濟的局面，大多數的金融力量也流不到實體經濟上去。這是為什麼呢？

　　第六，政策執行需要讓各個行為主體行動起來。這就需要有選擇性的集權和有選擇性的分權，該集中的就集中起來，該下放的就放下去。十八屆三中全會所規定的市場和政府之間的關係、國家和社會之間的關係需要轉化為實際可操作的政策。就行為體來說，這些年的局面是中央在動，但地方、國有企業、民營企業和外企都很難動，甚至

沒有動起來。改革開放以來，這些才是政策執行的主體。如果這些行為體不能動起來，那麼政策仍然會停留在紙面上。

第七，重中之重就是建立十八屆四中全會所設定的「法治政府」。無論是政府的合法性還是效率都取決於法治政府。就經濟來說，法治政府就是規制政府，政府不僅要規制企業行為，也要規制自身的行為。盡管建設規制型政府早已經成為改革的目標，但迄今為止政府仍然是控制型政府。這也就是為什麼這些年來，盡管政府本身提倡「審批權下放」，但仍然難以下放的主要原因。在規制型政府下，企業的運行原則應當是「自由進入、市場先行、政府退後、有效監管」；但在控制型政府下，政府仍然站在門口不讓企業進入。社會方面也是如此。如果政府不給社會發展的空間，社會就永遠也不會成長起來。

簡單地說，政府是一個（法治）構架，而不應當管那麼多細節。細節屬於市場和社會，沒有市場和社會，就不會有任何可持續的發展動力機制。

新時期的外部風險

新時期的外部風險指的是修昔底德陷阱，就是如何避免中美之間的衝突乃至戰爭。簡單地說，修昔底德陷阱指的是新興大國和守成大

國之間的關係，無論是新興大國挑戰守成大國還是守成大國恐懼新興大國，最終都有可能導向兩者之間的衝突和戰爭。

根據哈佛大學一個研究團隊的統計，自 1500 年以來，全球已經經歷了 16 次權力在新興大國和守成大國之間的轉移，結果 12 次發生了戰爭，只有 4 次可以説是和平的轉移。中美兩國是否會陷入修昔底德陷阱，這些年來成為中美兩國乃至世界討論的熱點問題，習近平本人也多次公開表示，中國要避免這個陷阱。

如何避免大國之間的衝突和戰爭，是改革開放以來中國領導層最為關切的問題。改革開放如何成為可能？最重要的外部條件就是國際和平。和平的國際環境為中國的內部改革開放提供了條件，中國本身也要為國際和平作出貢獻。這幾乎成為了改革開放以來中國和外在世界互動的最高原則。從鄧小平時代到今天，中國對外政策的原則表面上有變化，但實質上具有內在的一致性。鄧小平時代提「韜光養晦、有所作為」，江澤民和胡錦濤時代提「和平崛起」，十八大以來習近平提「新型大國關係」，這些政策目標的實質就是要處理好外部關係，尤其是大國關係。

但是，隨着近來中美兩大經濟體貿易戰的開始，人們突然感覺到修昔底德陷阱的來臨。實際上，西方已經有人認為中美兩國已經至少在經濟上陷入了這個陷阱。問題在於，為什麼中國在這方面作了那麼多的努力，但修昔底德陷阱還是會出現呢？很多人把原因指向中國，認為是中國改變了往日鄧小平「韜光養晦」策略的緣故。或許主觀層

面的政策是一個原因，但主要因素還是客觀要素的變化。這可從中國和世界關係的演變來理解。

簡單地說，中國和美國（西方）主導的世界體系的關係經歷了三個主要的階段。在 20 世紀 80 年代中國剛剛改革開放時，因為資本短缺，中國實行「請進來」政策，把自己的國門打開，歡迎外國資本到中國。在 20 世紀 90 年代，中國為了加入世界貿易組織而實行「接軌」政策。「接軌」就是改變中國自身的制度體系來符合國際規則。不難理解，在這兩個階段，中國客觀上不會和外在世界發生嚴重衝突；不僅如此，無論是「開放」還是「接軌」中國都得到外在世界的歡迎。但現在到了第三階段，即「走出去」。「走出去」在 21 世紀初已經開始，但早期規模很小，很難對外在世界產生實質性影響。十八大以後，中國開始比較系統地「走出去」，並且成為國家政策，尤其表現在「一帶一路倡議」、亞洲基礎設施投資銀行和金磚國家銀行等方面。過剩的資本、多餘的產能和成熟的基礎設施建設技術等要素組合在一起，構成了巨大的「走出去」動力。

在這個過程中，在西方看來，中國對外在世界的態度發生了巨變。西方認為，中國和世界體系的關係已經從從前的「學習」、「接軌」、「維持」轉向了「修正主義」；在內部，無論是官方還是民間，中國的外交話語也越來越具有民族主義色彩，中國開始要充當西方的「老師」，教訓西方並且開始輸出自己的「模式」了，無論是經濟發展模式還是政治制度模式。

　　對西方來說，這個轉折點發生在 2008 年，當時西方發生了大規模的金融危機，之後大部分西方經濟體一蹶不振，處於長期的結構調整困難。而「互相否決」的政黨制度也使得西方國家很難產生有效的國家政策來促成經濟走出危機。

　　很顯然，中國和西方之間的這種反差既有主觀的認知成分，更有客觀環境的變化所致。從這個角度來說，貿易戰並不難理解。人們甚至可以說，貿易戰只是中美關係到了這個階段的一種表現形式；即便不是貿易戰，也會通過其他形式表現出來。

　　中美兩國關係的本質通過貿易戰表現出來，這表明貿易戰的本質並不僅僅是經濟關係，而是兩國的總體關係。兩國的總體關係意味着什麼？簡單地說，美國作為世界霸權，其目的還是要維持世界霸權的位置；要維持其霸權的位置，那麼就要阻止中國對其所構成的挑戰，無論是事實上的還是想象中的。

　　那麼，這裏需要一個判斷，那就是，中美之間會不會發生軍事衝突甚至戰爭？因為中美兩國都是核大國，熱戰的可能性極小。局部的衝突有可能，例如在南海和台灣問題上，但兩國間的全面戰爭很難想象。並且從美國的角度來看，從軍事上「征服」中國不僅不可能，也沒有必要。但兩國之間從局部衝突發展到軍事政治冷戰是有可能的，也是美國強硬冷戰派的期望。冷戰派希望無論是通過貿易戰還是其他方面的局部衝突把中美關係引向軍事冷戰；一旦發生軍事冷戰，美國就會像往日對付蘇聯那樣對付中國了。

貿易戰是否會演變成為軍事冷戰？這取決於中美兩國下一階段的互動。就中國來説，所要考量的就是如何在和美國進行貿易戰的時候，努力避免貿易戰演變成為軍事冷戰。要達到這一目標，就要認真考慮特朗普為什麼要發動貿易戰這一問題。

特朗普到底害怕中國什麼呢？對特朗普來説，中國的核心力量在於其日漸成長的「消費社會」。中國成為「消費社會」對美國意味着什麼？這意味着中國的「大市場」，也就是經濟力量。真正可以促成中國改變整個世界格局的是其龐大的「消費市場」，而非其他因素。這些年來，中國開始加速成為區域乃至可以和美國競爭的世界經濟重心，其主要原因就是因為中國的消費水平。

因此，不難理解，這次貿易戰的核心就是「技術冷戰」，就是針對「中國製造2025」的。説到底，通過這場「技術冷戰」，美國不希望中國在技術層面往上爬，至少可以拖延中國的現代化進程。也可以説，促成中國陷入中等收入陷阱或者促使中國回到「貧窮社會主義」階段是美國所需要的。只要中國停留在「內部貧窮」狀態，那麼中國就不會有外在的影響力。從美國的角度來説，中國的中等收入陷阱是避免兩國陷入修昔底德陷阱的最有效方法。

顯然，如果中國以美國期待的方式陷入中等收入陷阱而避免修昔底德陷阱，並不符合中國的利益，是中國國家利益的最小化。那麼，中國如何來避免這種情況的發生呢？一句話，還是需要通過進一步的改革開放來化解中美之間的矛盾，同時避免陷入中等收入陷阱和修昔

底德陷阱。

中國首先需要把自己的家底摸清楚。比如說,現在的技術發展到哪一步了?如果把工業 1.0 版定義為機械化,2.0 版為自動化,3.0 版為信息化,4.0 版為智能化,那麼首先應當清楚目前的技術發展究竟處於哪個位置?與國際最高水平的差距究竟在哪裏?有多大?現實地看,中國大部分的企業處於機械化和自動化之間。信息化和智能化也在發展,但在這兩個層面究竟有多少是屬於中國自己的原創?有多少是對外國技術的應用?中國有哪些核心技術高度依賴甚至受制於包括美國在內的其他國家?如果萬一與美國的技術脫鈎,這些核心技術的缺失將會對中國的經濟發展和國家安全等帶來怎樣的問題?這些問題中國是否能在短時間內有辦法對付?等等。

這一系列問題對於處理中美貿易戰非常重要。盡管改革開放四十年中國的經濟建設確實取得了重大的成就,但在技術層面基本上還是西方技術的應用,還沒有真正意義上的「中國製造」。二戰以後,德國和日本等國家的經濟起飛的確是建立在「德國製造」和「日本製造」的基礎上,但中國不是,而只是「中國加工」和「中國組裝」。在弄清楚了自己的家底之後,才能理性評估中國與美國的關係。

在一定程度上,貿易戰不可避免,但必須是非常有限的貿易戰。中國可以在農產品或者汽車等一些可以找得到替代進口的領域打貿易戰,在很多技術領域則沒辦法打,因為中國本身就沒什麼技術。農業產品的替代進口比較容易找。汽車方面,日本和德國等擁有技術,中

國可以轉而向這些國家進口。

美國的頁巖氣技術的飛速發展，意味着美國能源出口能力的增加。中國可以加大對美國能源的採購與投資，因為在美國不願意向中國出口高科技產品而其他商品又不足以平衡中美兩國貿易赤字的情況下，目前看只有大宗能源能平衡赤字。而貿易赤字恰恰正是特朗普在中美關係中最看重的東西。

在貿易戰中必須注意發揮多邊主義的作用。這次美國正式啟動貿易戰後，中國第一時間把美國告到 WTO，起訴美國的征稅措施，這個方向是有建設意義的。習近平最近也多次強調多邊主義，中國會變得更加開放。中國接下來會加快汽車、金融方面的開放。

此外，中國可能需要考慮互聯網行業的對外開放，讓更多的技術和資本進入中國市場。中國互聯網僅僅是美國技術的應用，沒有太多原創性的技術。中國加快開放互聯網市場，哪怕在最初階段，西方在國內互聯網市場佔領多一點，但至少中國自己還會有份額，並且還可以通過真正的競爭來發展自己的原創性技術。如果繼續按照目前的趨勢發展下去，中國互聯網市場原創性技術都會掌握在美國手裏，五年或十年以後中國的互聯網就更加困難了。對互聯網保護了那麼多年，並沒有導致原創性技術的出現。其實，汽車業的發展也説明了這一點。起初時期需要保護，但成長一段時間以後需要開放和競爭，否則就不會有進步。

更重要的是要加快建設中國國內內部的開放平臺，例如「粵港澳

大灣區」和「海南自貿區」都應該是重點建設對象。在這些內部平臺上一定要推出有力度、有深度的改革政策，由中央政府來統籌。和其他國家和地區建立自由貿易區需要時間，並且不在中國的掌控之下，但這些內部自由貿易平臺完全在中國自己的掌控之下。一定要使得這幾個內部開放平臺對國際優質資本具有強大的吸引力。

內部改革也要加快，尤其在知識產權方面。知識產權的保護不僅僅是為了應對西方的壓力，更是要為中國企業本身提供技術創新的有效機制。沒有知識產權的保護，企業就不會有創新的動力。同時，既然中國還要從國際市場獲得技術，那麼就要教育企業接受國際規則。中興事件的經驗教訓要認真總結。

總體上說，雖然中國市場對於美國非常重要，但一旦冷戰開始，對安全的考量就會佔據美國對華關係的主導地位，美國會為了安全而不得不放棄中國市場。美國可以去開發其他市場，但如果中國被排擠出美國主導的世界經濟體系之外，或者中美之間經貿脫鉤，那麼就會是修昔底德陷阱的開端。

第十一章

「大國不亡」的邏輯與制度安排

　　當新型冠狀病毒（COVID-19）肺炎疫情從武漢擴散到中國各省，也開始擴散到世界其他地方時，中國上上下下把病毒視為「敵人」，進行了一場「舉國體制式」的抗疫運動，封城、封路、分格狀管理，在短短數天之內建立了「兩山」醫院（「雷神山」和「火神山」），舉措前所未有。與此同時，西方媒體則異口同聲譴責中國，在用人權、民主、信息自由等評判中國之餘，更多人相信新冠疫情正在導致中國的政治巨變，相信正如「切爾諾貝利時刻」是蘇聯解體的轉折點，新冠疫情也正在演變成中共的生存危機，成為其解體的轉折點。

　　現在，中國「舉國體制式」的抗疫終於見到了階段性的成效。在付出了巨大代價之後，新冠疫情在中國基本得到控制，各級政府在繼續關切病毒擴散的同時，把恢復經濟活動提到了最高的議程。

　　但現在輪到那些受疫情影響的其他國家的政府和社會疲於應對了。在越來越多的國家，民眾的批評聲音四起。抱怨似乎是媒體和民眾的天性。就如中國民眾對政府有意見一樣，日本、韓國、伊朗、美國、意大利等凡是被疫情威脅到的社會，民眾無不抱怨政府，甚至產生相當規模的社會恐懼。

　　中國政府具有強大的管控能力，使得疫情所導致的恐慌沒有爆發出來，沒有演變成西方評論家普遍所認為的「政治危機」。現在的問題在於，西方各國有沒有能力控制疫情？疫情是否會演變成全球政治危機？提出這樣的問題並非危言聳聽。如果人們能夠撇開意識形態的

有色眼鏡，客觀地看問題，不難發現，所有國家不管政治體制如何，都面臨同樣性質的問題、同樣嚴峻的挑戰。實際上，西方那些用於批評中國的觀點，也可以用來批評西方現在所面臨的問題和挑戰。說穿了，如果用意識形態和政治立場來看待自己的問題和他國的問題，最終只能是自欺欺人。

新冠疫情和「大國不亡」的邏輯

新型冠狀病毒肺炎疫情在全球範圍內的擴散，無疑是對各國方面面的一個大檢驗。影響各國抗疫成效的因素很多，包括制度、動員能力、人財物的可得性、老百姓的文化和生活習慣等。不過，有一個因素非常重要但經常被忽視，那就是國家的規模。

與小國或中等國家相比，大國抗疫不見得是最有成效的，但大國是最有韌性的。大國動員不易，在初期都會出現一定程度的亂象（無論是中國還是美國），但一旦動員起來，通過內部因素的不同組合，大國的韌性就開始顯現，形成一個自給自足的系統，不太容易受外在環境變遷的影響。小國和中等國家則不同，小國如果存在一個有效政府，動員容易，抗疫容易出成效。不過，中小國家內部韌性差，如果疫情持續，弱點就暴露出來。更嚴重的是，一旦外在環境變化，中小

國家很容易成為孤島。

比較一下中國和歐盟的抗疫就可以理解這一點。新型冠狀病毒疫情在中國武漢爆發，所以控制武漢（湖北）成為抗疫成功的關鍵。為了遏制湖北疫情，中國的舉國體制發揮了關鍵作用。中央政府協調對湖北進行援助。中央政府在 2 月上旬成立了省際「對口支援」醫療救治工作機制，統籌安排 19 個省份對口支援湖北省除武漢以外的 16 個市、州、縣級市，組建由醫護、管理、疾控專業人員組成的支援隊伍。外省援助湖北醫療隊達到 344 支，共 42322 名醫護工作者。

封城、封小區、封路、斷航，在很短時間內建設「兩山」醫院，所有這些都是各方有效協調的結果。雖然期間出現了中央與地方之間、地方與地方之間的一些矛盾（例如一些地方扣留運往其他地方的口罩），但因為體制的力量，這些矛盾很快得到糾正。

歐洲國家成抗疫「孤島」

歐盟的情形就不一樣了。歐盟可以說是人類歷史上的一大奇跡，它是由主權國家結成的政治單元。通過經濟、社會、政治等方面的整合，不管從哪方面來說，歐盟都取得了輝煌的成就，一些人稱歐盟是「新帝國」。不過，因為歐盟本身不是主權體，協調成員國的權力非常有限，這些年更開始衰退。英國的脫歐不是偶然，而是具有必然性。這次新冠疫情對歐盟構成了前所未有的危機，很多成員國變成了無助

無援的「孤島」。

在歐盟，盡管人們都知道必須依靠各國合力來應對病毒全球大流行，歐盟議會早期也強調團結的重要性，但隨着疫情在歐洲的大規模擴散，各主權國家之間就出現嚴重的矛盾和糾紛。各國領導人為了滿足本國人民的需求，無法按照歐盟的諸多框架行事。法德兩個歐盟最大的國家雖然口頭上表示團結，但都出招確保口罩等防疫裝備留在本國。法國出政令變相「充公」全國口罩，以防止囤積居奇。德國不僅禁止口罩等醫療裝備出口，而且扣留了運往瑞士、奧地利的口罩。

意大利駐歐盟大使馬薩里（Maurizio Massari）3月10日撰文，題為「意大利需要歐洲施援」，公開抱怨歐盟各國見死不救。文中提到，雖然意大利已經通過歐盟民事保護機制向歐盟求救，但沒有成員國響應歐盟委員會號召，為意大利提供口罩等醫療裝備，只有中國施援。他坦言，「這對歐洲團結而言並非好事」。等到中國的援助物資3月12日抵達意大利後，歐盟委員會加緊向德法施壓，要求兩國修改法令，兩國最終依照歐盟的要求行事。

意大利還是歐盟內部的大國，較小國家的情況就更加糟糕了。塞爾維亞就是一個例子。3月15日，塞爾維亞總統武契奇發表電視講話，宣佈塞爾維亞當即進入緊急狀態。武契奇強調，困難來臨之時，我們不能寄希望於歐盟，唯一會向塞爾維亞伸出援手的只有中國。

除了物資，歐洲各國相繼封關，也加深了它們之間的隔閡。德國

對接壤的奧地利、瑞士、法國、盧森堡和丹麥的邊境實施臨時管制，招來法國的不滿，法國總統發聲明譴責部分歐盟國家單方面實施邊境管制。

大國在抗疫方面所顯示的優勢和力量，使人想起了近代一段時間經歷過的「中國不亡」的大討論。近代中國被西方力量打敗，一部分精英人物尤其是知識和政治精英，對國家失去了信心。其中五四新文化運動的主將胡適就是典型的例子，他曾宣稱「中國不亡，是無天理」。他在《信心與反省》中進一步解釋，「今日的大患在於全國人不知恥，所以不知恥者，只是因為不曾反省」。

在很大程度上，很難說胡適的話只是「憤青」式的表現。在每一次危機來臨的時候，政治和社會的各種亂象的確會給人一種「國將不國」的感覺。這次新冠疫情爆發之初所暴露出來的問題，使得一些人感覺到怎麼會有那麼多的弊端存在，從個體、組織到體制，從地方到中央各個方面，似乎沒有一個環節不存在問題。因此，抱怨聲充斥了整個互聯網空間，造成一波接着一波的輿情危機。

大國為何不會亡

但是，一旦意識到問題之所在，整個國家就開始動員起來，就進入了本章開頭所描述的舉國體制模式。在很大程度上，這個模式也是歷史上經常出現的模式。這裏，如果把「中國不亡」換成「大國不亡」，就更容易理解大國在應對危機過程中的優劣和最後「不亡」的

道理。人們可以從以下幾個角度來討論。

第一，面臨危機，大國動員很慢。如果不能動員起來，就有可能「亡國」；一旦動員起來，就能顯示出巨大的能量。歷史上，一旦朝廷面臨危機，開始時總是眾口難調，異常混亂，好像沒有人負責似的，任形勢一步一步地惡化。這個時候，知識人的批評、民間的叫罵不斷，恐慌流傳，更強化着人們的悲觀失望感。但因為國家大，人口基數大，總會有人在危機之際站出來高呼一下，形成龐大的力量拯救國家。這些人既可以來自體制內的「改革派」，也可以來自體制外的「革命派」。如果體制內的「改革派」獲勝就叫「革新」、「復興」或「中興」；如果是體制外的「革命派」獲勝就叫「改朝換代」。

這裏需要區分一下「朝廷」和「國家」兩個概念。明末顧亭林（顧炎武）説，朝廷可以亡，但國家不會亡。滿洲人入主中原後，整個中國就亡了，但顧亭林説，一個「國家」的興亡是小事，「天下」興亡才是大事。他這裏所説的「國家」，指的是政府的政權，或者「朝廷」；他所説的「天下」，指的是民族和文化。因此，他説，「天下興亡，匹夫有責」。到了近代，梁啟超也很清楚地區分了「朝廷」與「國家」，「朝廷」可以興衰成敗，但國家並不是朝廷的國家，是大家的國家。

其實，這也是人們所説的，中國文明是唯一沒有中斷的文明的原因。朝代興亡，但國家並沒有滅亡。為什麼「國家不亡」呢？

錢穆先生在 1971 年出版的《中國文化精神》中説：「依我個人

論，我已經過了七十之年……在此七十年中，便有人說過，『中國不亡，是無天理』。但生命中有感情，便是一『天理』。我將換一句話說，『中國人不愛中國，則是無天理』。世界各民族都如此，不是只有中國人如此。」

那麼大的一個國家，在危機面前，什麼樣的人都會有，漢奸、投降派、「帶路黨」、告密者、貪生怕死者、消極悲觀者、冷嘲熱諷者、打打殺殺的「義和團」者等等。也正因為國家那麼大，只要錢穆先生所說的「國家情感」這一「天理」存在，總會有偉大者或英雄在危機時刻登高一呼的。

第二，國家規模大，太大了就難以被征服。中國的元朝和清朝，分別由蒙古人和滿洲人統治，用近代的概念來說，是整個國家成了「殖民地」。不過，這種「殖民地」和近代形式的「殖民地」剛好相反。近代以來的「殖民地」意味着宗主國用自己的方式統治被其殖民的國家和社會；至於蒙古人和滿洲人，他們最後不得不放棄自己的方式，而採用中國的方式來統治中國，他們自己的文化被中國所消化，他們也成為中國（文化）人。

一些學者認為，元朝和清朝的統治者認識到自己的文化（文明）比漢人的落後，所以放棄了自己的統治方式。這種說法毫無道理，蒙古人和滿洲人是想堅持自己的統治方式的，在一定程度上也堅持了下來（例如清朝的兩套制度，針對滿人和針對漢人的），但因為中國之龐大，實在很難有效地用自己的方式來統治，所以不得不放棄而採用

漢人的統治方式。

近代以來，帝國主義侵入中國，但中國之大，沒有一個國家可以侵吞整個中國，中國演變為毛澤東所說的「半殖民地」。李鴻章就是利用了列強之間在對華問題上的利益衝突，在中國的土地上展開了他的「大外交」，對列強「分而治之」，避免了中國成為單一帝國主義國家的殖民地。

大國的「東方不亮西方亮」效應

第三，正因為國家之大，在危機時期，就會有「東方不亮西方亮」的效應。中國猶如整個歐洲，或者說是具有一個強有力主權中央政府的歐洲。這裏至少具有三個結果。

其一，一場危機發生了，不至於所有的省份都發生危機，總有一些省份是好的。

其二，因為具有一個統一的政權，沒有危機的省份可以支援危機省份，富有省份可以支援落後省份。當代中國一直實行所謂的「對口支援」，這個實踐一直是中國的傳統，歷史上都是如此。例如，歷朝歷代，政府稅收大多數來自幾個富有省份，政府一直扮演着區域之間的「均貧富」功能。

其三，即使人為的政策錯誤也很難覆蓋到整個國家。天災造成的危機不可能具有全國性，而人為的錯誤則是有可能成為全國性的。不過，因為中國之大，一個政策（無論是正確的還是錯誤的）的執行和

落實是一個漫長的過程。在這個過程中，無論對中央政府還是對地方來說，都具有「試錯」性質，不斷產生糾錯的機會。只要掌權者不那麼固執己見，一錯再錯，一個錯誤就很難產生全國性的影響。像「大躍進」和「文化大革命」那樣的全國性政策錯誤，便是領導人個人過於固執己見、一次又一次失去糾錯機會的結果。

中國歷史上分分合合，「分」的時間實際上比「合」的時間更長，但為什麼「分」沒有成為常態，而最終還是回到「合」的狀態呢？除了錢穆先生所說的「國家情感」這一「天理」的存在之外，人們最終選擇中央集權制下的大一統國家，國家規模所帶來的巨大利益和福利便是一個重要因素。在存在一個強大中央政府的前提下，不管發生什麼危機，最終都能應對過去，回歸常態。

大國有大國的問題，大國可以問題百出，但大國吸收和解決問題的能力也不是一般國家所能比擬的。不過，人們絕對沒有任何道理為大國規模所帶來的優勢而沾沾自喜，不求進步。例如，傳統意義上的「朝廷亡，國家不亡」是遠遠不夠的，因為每一次朝代更替，帶來的生命犧牲和社會經濟代價都是巨大的。人們必須通過各種體制的改革，來實現「朝廷不亡」。

同樣，政府應對早期危機的能力必須大幅度提高。每次危機發生之初，如果政府能夠及時有效地應對，就可以在最大程度上減少甚至避免生命的犧牲和社會經濟的損失。無疑，這些也是今天中國國家治理制度改革的任務。

疫情與制度之爭的謬誤

　　新型冠狀病毒在全球的擴散，和各國政府抗疫成績的巨大差異，引發了新一波中西制度之爭。

　　先是西方媒體批評和指責中國的制度，認為是中國的「專制」制度，造成了地方政府對病毒資訊的隱瞞，才導致後來的大規模擴散；很多西方媒體也認為冠狀病毒是中共的「切爾諾貝利事件」，最終會導致中共的垮臺。等到中國成功有效地控制住病毒的擴散，嚴防病毒再次捲土重來，同時不僅恢復經濟，而且還向世界各國提供醫療救助物品時，就輪到中國媒體批評和指責西方體制了。

　　令人驚奇的是，和西方媒體一樣，中國媒體也強調體制的作用，認為西方政府抗疫不力是因為西方的民主體制；而中國政府成功抗疫則是因為中國的「舉國體制」。

　　西方媒體和政治人物把中西方體制的不同，簡化為「民主」和「專制」之分；中國媒體也基本上接受了這個區分，即西方「民主」和中國的「舉國體制」。

　　多年來，在解釋民主和專制應對災難的不同方法時，相信西方民主優越的人，往往引用經濟學家阿瑪蒂亞·森（Amartya Sen）的名言：「人類歷史上，沒有哪一場饑荒是發生在正常運轉的民主國家的。」森認為，因為民主政府必須面對選民，他們有防止災難發生的

強烈意願。森就是以此來解釋毛澤東時代的大饑荒，認為在民主制度下不會發生這樣的大饑荒。如果當時中國有信息的自由流通，大饑荒不至於發展到人們後來所看到的程度。

應當指出的是，森所提出的只是一個假設。中國的大饑荒有其更為深刻的背景，並非僅僅是「缺失言論自由」那麼簡單，信息不流通只是導致大饑荒的一個面向。而且如果把森的假設延伸到歷史上的瘟疫事件，則更難以令人信服。1918 年開始的西班牙流感，在西方各民主國家之間大肆流傳，又應當如何解釋呢？西方交戰國為了在軍事上佔據優勢，進行嚴格的信息管制，隱瞞流感信息，導致流感在地球上轉了三圈。

如果把森的假設延伸到歷史上的瘟疫事件，則更難以令人信服。這次冠狀病毒在武漢暴發，由於人們對新病毒沒有任何認識，地方政府措手不及。但一旦認識到病毒的嚴重性，中國整個國家就動員起來了。武漢（湖北）的封城（封省）為其他國家提供了極其寶貴的時間。西方國家本來有足夠的時間準備應對舉措，但白白浪費了。這很難用西方一再堅持的「中國隱瞞信息」來解釋；相反，民主的懶散、政治人物的傲慢、基於種族主義之上的愚昧（認為病毒只有對黃種人有效）等都產生了影響。

在病毒擴散的過程中，西方也沒有堅持「言論自由」原則。美國海軍「羅斯福號」航母艦長克羅澤，因為公開航母上軍人感染病毒

而被解職。這使人想起了 1918 年民主國家的行為。尤其讓人不能接受的是，在世界衛生組織宣佈緊急狀態之後，西方很多國家依然不作為。

正如福山（Francis Fukuyama）最近撰文指出，美國如此糟糕的抗疫行為，並不能夠用西方的「民主制度」概念來解釋；中國政府有效的抗疫行動，也不能夠用西方所說的「專制」，或者中國本身所說的「舉國體制」來解釋。把各國政治制度簡單地二分為「民主」與「專制／舉國體制」，就必然走向政治化和意識形態化，導致雙重標準，看不到事物的真相。

意識形態化的解釋所得出的結論，更是充滿了雙重標準，經常令人啼笑皆非。例如中國採取封城手段、限制老百姓的出行，在西方眼中就是違背人權；而西方這樣做則是為了公共利益的需要。西方老百姓不遵從政府的規定自由出行，則被說成是「西方民眾捍衛民主自由的價值」。

西方批評中國抗疫模式的原因

這種意識形態化也表現在西方對亞洲社會抗疫方式的理解。很多西方媒體羨慕亞洲社會的抗疫方式。令人驚訝的是，西方媒體一如既往地批評中國大陸的方法，但對韓國、新加坡和中國台灣地區的方法進行褒揚。如果了解中國大陸和其他東亞社會的抗疫模式，就不難發

現這些社會之間其實有很多的共同點。

這些社會大多採用侵入式電子監控跟蹤、限制人民的出行、積極組織檢測和實施嚴格隔離等手段，只不過在西方看來，這些手段如果用在中國，是中國制度「專制性」的表現，用到其他社會則是治理「有效性」的表現。中國政府早些時候為了減輕對正規醫院的壓力而設立的方艙醫院，竟然也被西方媒體視為是「集中營」。不過，後來很多西方政府也學中國，設立類似方艙醫院的設施。

一個國家的制度對政府抗疫肯定有影響，但並非如「民主」與「專制」論者所認為的那麼簡單。在這次抗疫過程中，制度和政府抗疫的關聯性表現在方方面面，包括中央（聯邦）政府的權力集中程度、政府規模、中央地方關係、地方政府的責任等。但所有這些與其說與一個國家的基本制度相關，倒不如說與一個國家的治理制度相關。

就制度而言，有幾點是人們必須認識到的。第一，每一個國家的制度都是根據其自身的文明、文化和國情發展而來，並且是向歷史開放的，在不同階段與時俱進，以應對變化。一個制度如果不能適應時代變化的需要，就會被無情地淘汰。因此，正如任何制度的消亡有其理由一樣，任何制度的存在也是有其理由的。

第二，制度本身的可變性和靈活性。沒有任何一個制度會像「民主論者」或「專制論者」那樣刻板地存在和運作。任何制度都既有其民主的一面，也有其專制的一面。在應對危機的時候，集權的體

制可以轉向分權，分權的體制可以轉向集權。西方批評中國體制的集權性，但為了抗疫，不僅發展中國家的民主，而且老牌英美國家的民主，都紛紛轉向政府集權。

歷史上，法西斯主義和納粹主義也是民主的產物。危機來臨之時，比危機本身更危險的便是危機所引起的恐慌。西方所說的威權主義政體有能力控制社會的恐慌。西方所說的民主政體，則因為重視個體價值而相對欠缺這種能力。在社會大恐慌的條件下，從民主轉向極權只是一牆之隔。

第三，制度操作者的主觀能動性。制度是由人來操作的，同樣一個制度由不同的人來操作，效果就很不相同。在民主國家，人們看不到森所說的現象，即「民主政府必須面對選民，他們有防止災難發生的強烈意願」；相反的現象卻發生了，即民主國家領導人往往利用危機來強化自己的權力，或者自己所代表的黨派的權力，而不是全力以赴地抗疫。

在匈牙利，民主政體自轉型以來總是顯出搖搖欲墜的樣子，從來就沒有鞏固過。現在新冠疫情使得人民賦權右派政府，總理歐爾班已經可以實施政令統治，可以逮捕批評他的記者。以色列總理內坦尼亞胡執政多年後原本面臨恥辱的終結，但新冠疫情讓他得到了喘息機會。他已經命令大多數法院關閉，推遲對自己的腐敗審判。印度封鎖國家之後，總理莫迪的印度民族主義政府頒佈了法律，方便印度人在穆斯林占多數的查漠和克什米爾地區成為永久居民。

英國是老牌民主國家，但新冠疫情賦予政府部長可以拘捕人民和關閉邊境的權力。美國是自由民主的燈塔，但總統特朗普已經獲得戰爭期間才可擁有的諸多權力。

即使是西方一向感到驕傲的「言論自由」，在民粹主義崛起的時代也出現了嚴重的問題。所謂的言論自由是基於事實之上的言論自由。但在民粹主義主導下，人們對任何事物都有了特定的政治立場和意識形態，一旦人們用政治立場和意識形態看問題，就沒有了事實，只有「後事實」和「後真相」。

如果說人們對應對病毒的方法有左右不同的看法，仍然可以理解，但如果人們對病毒本身是否存在、是否嚴重、是經濟重要還是生命重要等基本問題，都具有了政治性和意識形態性，這種言論自由的目的到底是為了什麼呢？在西方，極端右派和極端左派對這些基本問題的看法截然不同，不僅導致社會的混亂，更導致政府的抗疫不力。特朗普和一些政客的言論更使得普通美國人驚訝：民主為什麼會產生這樣的政治人物？

特朗普和一些政客的言論更使得普通美國人驚訝：民主為什麼會產生這樣的政治人物？

除了這些影響政府治理能力的制度因素外，影響西方政府抗疫能力的還有文化和社會因素。假定如森所說，民主政府更有意願去治理危機，這並不意味著政府也更有治理能力。影響政府治理能力的主要是政府和社會的關係、政府與經濟的關係。

東亞社會何以能執行抗疫政策

在東亞社會，政府能夠有效治理新冠疫情擴散，一個主要因素在於人民的配合。在東亞，要人民在自由和生命之間作一選擇並不難，因為沒有生命，哪有自由？傳統文化中，東亞社會的人民也普遍信任政府。這兩者的結合，使得東亞社會的政府的防疫和抗疫政策能夠有效實施。

西方的情況則全然不同。在東亞，幾乎沒有人爭論要不要戴口罩，因為戴口罩既是自我保護，也表示對他人的尊重。只有在缺少口罩的情況下，一些政府才會考量什麼情況要戴口罩、什麼情況不需戴的問題。但在現代西方文化中，戴口罩意味著「得病」，戴口罩的人往往被人歧視。戴口罩這樣一件簡單的事情，西方各國爭論不休，疫情已經變得如此嚴峻，人們還在爭論戴不戴口罩。

東亞社會和西方社會的「封城」對個人行為的影響，更是不可同日而語。在東亞，人們普遍接受政府的指引，不管是自願還是非自願，很少有人去違背政策。但在西方，「封城」概念很少對個人行為產生影響，很多人還是照常生活，好像什麼都沒有發生。

更為重要的是政府和經濟之間的關係。經濟能力是政府的核心能力。制度必須具有動員能力，但前提是有資源可以動員。在這方面，中國（和東亞社會）表現在經濟和社會的統一，在西方則表現為經濟和社會的脫節及錯位。中國政府抗疫之所以有效，不僅僅是因為「舉

國體制」的動員能力，更在於今天中國的經濟能力。

中國獲益於改革開放以來所積累的經濟資源。在過去數十年裏，中國成為世界製造工廠，並且什麼都能生產。例如，中國的口罩生產量占了世界的一半以上。盡管抗疫早期，中國也面臨醫療物資短缺的情況，但因為具有龐大的生產能力，很快就克服了這一困難。充足的醫療物資供應，無疑是中國抗疫成功的經濟基礎。

西方的情況就不一樣了。西方具有世界上最發達的經濟體，最先進的醫療系統、公共衛生系統（尤其是歐洲國家的公共衛生制度），也是世界其他國家學習的榜樣，但為什麼這次抗疫能力如此低下？除了上述制度和社會因素之外，最重要的就是經濟和社會的分離。自20世紀80年代以來，新自由主義主導的全球化已經全然把經濟和社會分離開來。資本逐利，把大部分生產轉移到其他國家，這使得在危機時刻，國家所需的供應嚴重不足。

例如，根據美國的統計，80% 的醫療物質和 90% 以上的抗生素從中國進口。特朗普説美國具有最強的經濟和最先進的醫療，叫人民不要恐慌，但是在沒有足夠的口罩、防護服等醫療物資的情況下，老百姓能不恐慌嗎？在歐洲，義大利、塞爾維亞等國向德、法等國求救不得，不見得是德、法自私，而是因為醫療物資短缺，先要照顧自己的人民。德國更是截留了輸往其他國家的醫療物資。這些都是醫療物資產業鏈轉移到其他國家的結果。

以此看來，決定一個國家抗疫成敗的因素是多種的。制度很重

要，但制度並非唯一的決定因素。這也說明，制度決定論會導向很多
謬誤。在危機之際，把制度簡化為一種類似「民主」和「專制」那樣
的意識形態更是危險。

　　猶如宗教，意識形態在社會治理上扮演很重要、可以稱之為「軟
力量」的作用。不過，在危機面前，意識形態不能成為體制的遮羞
布，否則就是自欺欺人；相反，人們必須直面現實，超越意識形態對
思想意識的束縛，敢於實踐，從自己的實踐中尋找解決問題的方案，
也向其他國家的最優實踐學習。實踐才是歷史開放和永遠不會終結的
終極根源。

疫情與中國治理制度

　　很多社會，一旦遇到類似 2003 年「非典」或今天新型冠狀病毒
那樣的大規模疫情，都會出現嚴峻的社會治理問題。盡管人們盼望理
性，但理性在疫情發生時往往變得非常難得，甚至不可能，因為疫情
導致大規模的心理恐慌。這個時候，政府部門必然會採取一些特殊或
額外的舉措，這些舉措往往會被人從不同角度加以指責。

　　但如果政府部門不採取特殊舉措，驚恐的人們就會自發地採取這
些舉措，甚至採取更為極端的措施。這些非尋常或極端的舉措是否有

效，已經不是問題的關鍵，因為在很多人看來，有比沒有好，至少滿足一種心理的需要。

如果說一旦出現疫情，這種極端行為不可避免，那麼在日常和一般的制度設計中，就必須考慮到類似特殊情形的出現，以便減少甚至避免極端舉措的使用。人類的制度實踐已經使得一種科學的制度設計成為可能。就中國來說，這涉及諸多方面的制度設計問題。

首先是中央與地方的關係問題。

在中國的單一制體制下，理論上說，地方政府的權力來自上級政府的「授權」；或者說，從法理看，地方政府只是中央政府的派出機構，而非獨立於中央的機構。但在權力操作層面，無論是中央還是地方，很難根據理論和法律規定來行動，因為如果完全根據理論和法律來行動，就會出現很多問題，導致治理危機。

中央和地方的關係理論上表現為委託者和代理者的關係，但兩者的關係並非簡單的授權關係，因為代理者（地方政府）對事物有自己的考量，其行為會出現和中央（委託者）不一致的情況。因此，中央政府要設計一些制度規則，使得兩者保持一致。這樣做有其積極的一面，也有消極的地方。積極之處在於保持了法律和政策的一致性，消極之處就是忽視了地方差異，使得法律和政策難以落實下去。

再者，單一制國家假定地方政府只是執行者，而不是決策者。事實上，地方政府也是一級政府，並非僅僅是中央的代理。有很多方面需要地方官員的直接決策，而非簡單地等待和聽從中央的決策。如果

太過於集權，中央政府就會面臨信息收集、信息傳送的時間、中央官員對信息的判斷等問題。

更重要的是，即使中央政府獲得完整的地方信息，決策時也要考慮到全社會的利益。這裏涉及局部和整體的關係。一條信息在中央層面的公佈會不會造成全社會的驚恐？要不要將此信息發佈為一個全國性的「新聞」，抑或控制在局部地區發佈？這些都是必須考慮的。這種多因素的考慮和決策需要時間，所以在實際層面往往拖延了信息的發佈和傳播。

新型冠狀病毒的擴散就說明了這一點。武漢市長辯護說沒有瞞報信息，而是根據法律和政府規定發佈的。但即使沒有故意瞞報，在普通百姓看來，已經造成瞞報的實際效果，導致社會的恐慌。疫情和其他事件不一樣，因為涉及整個社會，無論哪一級政府都很難通過內部運作來解決問題。

須以制度安排來解決疫情

其次是地方政府與社會的問題。

在疫情問題上，地方政府首先面臨的問題是有無獨立的決策權。地方受制於各種制度和法律因素，並且夾在中央和地方社會之間，在決策方面權力有限，決策與不決策都必須承擔風險。地方的授權來自上級，但也面臨來自當地社會的直接壓力。如果僅僅「唯上」，出了問題就會面臨社會的壓力，而來自社會的壓力大到一定程度，同樣會

引來中央政府的問責；另一方面，如果直接向社會負責，表明地方政府首先必須考慮地方的利益，而在一定程度上「忽視」全局利益，這又會面臨來自上級的壓力。可以看到，推遲發佈信息、少報、瞞報等現象都在這樣一個行為邏輯過程中產生，有其必然性。

經驗地看，這不僅是中國的問題，也是很多國家都面臨的問題，必須通過很多制度安排來解決。單一制體制下存在的問題，可以借用一些聯邦體制的方法。實際上，中國在很長時間裏曾經實施「行為聯邦」的方法。「行為聯邦」不是西方那種憲政或法理上的聯邦，而是具體操作或政策設計和執行行為上的聯邦，它滿足了單一制體制集權但在很多方面又必須分權的需要。

在行為聯邦體制下，一些領域由中央政府統籌，中央權力「一竿子插到底」，深入各個地方，便於中央政府直接收集和處理信息，並在此基礎上作出科學決策。在另外一些領域，中央乾脆就完全授權地方，讓地方政府來決策和執行。儘管「行為聯邦」這種非制度化的特徵，給單一制體制下的中央—地方關係帶來彈性，但也阻礙了中央—地方關係的制度化發展。

從國際層面來看，二戰以來，從前非常分權的聯邦體制呈現出越來越集權的現象，表明中央（聯邦）政府在當代社會所承擔的功能和責任越來越多。中央政府的權力不僅僅限制在傳統的外交和軍事領域，也幾乎涉及政治經濟社會的各個重要方面，包括財政、金融、社會保障、公共衛生等。

　　因此，中國的選擇有二，要麼授權地方，要麼完全集權到中央。授權地方表明要在法律和制度上給地方高度自主的決策權和執行權。在地方能力不足的情況下，可以求助於中央政府。完全集中中央則意味着中央政府要在各個地方設立直接屬於自己的機構，一切都由中央政府來統籌，中央權力直接深入地方。

　　也就是説，這些中央機構和地方政府沒有任何關係，直接由中央機構收集、處理信息和決策。中央政府也可動用當地或其他地方的力量來執行。要這樣做，就必須改變目前單一制下的一些制度安排，一方面進行選擇性集權，把一些被視為具有全國性意義的權力集中上來，重組中央權力的組織體系；另一方面進行選擇性分權，把一些被視為只具有地方意義的權力全部下放給地方，讓地方擔負全部責任。

保證「非授權」權力

　　再次是專業人員的角色。

　　在疫情領域，這裏主要指醫生和其他專業人員的權力。專業或廣義上的知識權力屬於「非授權」的權力，因為盡管專業人員並不是政府的一部分，但他們具有巨大的社會影響力。這裏有幾個問題要處理。第一是專業人員的獨立性，制度必須保障他們只是從專業出發而決策或判斷，不是出於任何其他目的作判斷。第二，制度也必須保障他們能夠在決策與執行過程中具有實質的權力。

　　在民主社會，「非授權」的權力經常被質疑，因為這種權力來自

知識和經驗，而非選票。實際上，在治理當代複雜社會的過程中，這種權力不僅客觀存在，而且正變得越來越重要，有些時候甚至發揮了比政治權力更大的社會影響力。在類似「非典」和冠狀病毒等醫學問題領域，社會對專家的信任度會遠遠高於對政治人物的信任度。當然，知識的權力不僅僅限於醫學領域，在很多其他領域都是這樣的，中央銀行的獨立性也是另外一個典型的例子。從很大程度上說，離開了知識的權力，現代社會的治理就寸步難行。

或者說，在現代社會，沒有知識含量的權力就不能被稱為權力。這也就是在當代世界，傳統意義上的政治權力的行使越來越困難的主要原因。要充分發揮專業人士的作用，行使好專業的知識權力，就必須處理好正式系統的政治權力（或者正式授權的權力）與「非授權」的知識權力的關係。專業權力如果沒有足夠的制度空間，行使起來會非常困難，也會遭遇巨大的政治風險。

同時，也要看到知識權力的性質是多元的，因為知識本身是開放的，專家不可能只有一種意見，大家從不同的角度發表意見。專家從專業和職業道德的考量發表意見，而不是從任何其他的考量發表意見，這種多元性不僅不會造成矛盾（對同一件事物的不同看法），反而會形成一種知識間的互相制衡，從而減少甚至避免知識上的錯誤。

最後是社會（包括社會組織、宗教組織和企業家群體）的角色。因為現代社會的複雜性，社會組織或社會力量在社會治理過程中的作

用越來越大。從全球範圍來看，自二戰以來，非政府組織得到快速的發展。這不是因為人們所說的「政治參與」的需要，而是現代社會運作的內在需要。很多非政府組織並沒有任何政治性，也沒有政治參與的需求和意向，而是專注於提供社會服務。

應對疫情的社會力量

就疫情的社會治理來說，社會力量的作用不言自明。疫情具有高度的社會性，社會組織本來就是社會的一部分，具有很大的能力來收集真實的信息。應當說，社會系統的存在和運作，與正式系統並不矛盾，如果後者把前者視為「幫手」的話。社會力量在提供服務方面的功能表現得更為突出。一般說來，政府的對口單位還是政府或地方組織，但非政府組織對口的是社會，甚至是社會的個體。點對點（P2P）的方式很難在政府系統中實現，但對非政府組織來說則不難。在互聯網和社交媒體時代，社會組織在提供這種個性化服務過程中的作用越來越大。

不過，非政府組織在應對危機過程中的角色也應當得到監督。人們不能簡單地認為，所有的非政府組織都是「行善」的，因為即使在災難面前也會有人「行惡」。避免社會力量「行惡」可以通過控制來實現。一是通過政府系統特別是法的監管和規制，二是通過社會力量本來就是多元的特點，實現它們之間的互相監督和制衡。

社會力量之間的互相制衡和監督，甚至比政府的監督更為重要，

原因很簡單,社會力量比政府更能深入民間,更了解民情。在這次冠狀病毒擴散的過程中,社會力量和非政府組織在這方面的作用出現了很多問題,甚至是缺位的,主要是和正式系統之間的矛盾,例如非政府組織經常得不到正式系統的「授權」因而不能作為。

和專業人士群體一樣,社會組織是否可以獲得「非授權」的權力,而在其中扮演一個更為重要的角色呢?客觀上的需要已經顯現出來,但還沒有反映在各種制度安排上。「非典」之後,人們把重點放在公共衛生的正式系統建設上,而沒有把非政府組織系統考慮在內。實際上,「非典」之後,中國非政府組織成長很快,尤其是在經濟發達的地區。但後來非政府組織的發展戛然而止,因為人們對非政府組織做了過度政治化的解讀。不管人們喜歡與否,如果不能把社會力量納入社會治理的大系統,任何社會治理都會出現缺口。

除了這些客觀的制度安排,疫情非常時期的官員任用也極為關鍵。制度是人在運作,是人活動的舞臺,所以官員的素質和類型非常重要。同樣一個制度平臺,不同的人使用會產生全然不同的效果。

這就必須在疫情期間組建一個既具有專業知識水平,又能有所作為的任務團隊,並且能夠得到充分的授權。這樣一個團隊的重要性不僅僅是其解決問題的能力,更重要的是其能夠給予社會信心,相信困難終究會過去。在疫情時期,社會對政府的信任比什麼都重要。如果能夠結合專家知識的權力和這個特殊任務團隊的權力,無論對遏制疫情還是穩定社會,必然會帶來超乎預期的效果。

　　不管怎麼說，治理疫情期間的社會是一個綜合的制度和政策工程。對現代複雜社會的治理不能簡單用集權或分權來概括。人們必須尋求一種可以結合集權和分權的體制，既需要高度的中央集權，因為疫情涉及整個社會，又需要高度的地方自治，因為治理的對象是具體的地方社會。

　　互聯網和社交媒體的廣泛使用、人口的大規模流動、大城市化等因素，更是在呼籲兼具集權與分權的複合型治理體制的出現。在這個體制內，人人都是利益相關者，人人都有一份責任來維護好的公共品（public goods），而避免壞的公共品（public bads）。

第十二章

國家之間的互相學習，
旨在成功而非失敗

中國文明是包容和開放的文明

　　中國文明之核心和本質的元素，就是「學」，中國古典文獻中最常用的概念也是「學」。這個「學」是廣義的學。學者為學，學生也為學。學既體現在個人層面也體現在國家層面。拿中國的儒家傳統文化來看，儒家經典的核心就是學。「學」和「習」既不同又有相同之處，學是習，習也是學。從這個角度來説，中國就是一個學習型的國家，中國文明是學習型的文明。

　　中國文明是學習型的，決定了它也是世界上最開放、包容的文明，是世界上唯一一個世俗文明。包容性是中國文明最主要的特點。從秦漢統一到唐宋輝煌再到現在的中國，中國一直是一個學習型文明。中國的文明通過學習而來。中國的文明進程也是一個開放學習的文明進程。

　　從歷史上看，中國的文明從未經歷自我封閉的過程，一開始中國文明形成的過程就是互相學習的。秦漢統一之前的很長時間裏就有對外交流，到現在人們所説的儒家文明圈的形成，都是互相學習的過程。從秦漢統一到唐宋，中國文明的發展經歷了很長的時間，到了唐宋真正吸收了佛教的文化，將華夏文明推向高潮，形成東亞文明圈。如果不是學習，很難有輝煌文化，很難有東亞文化圈的形成。

　　中國文明的開放性和包容性還表現在文明的向外傳播方面。中國

文明在高潮時期也從未使用政府力量向外推廣過自己的文化，實際上都是周邊國家來學中國的文化。就儒家文化來說，中國是主體，但其他國家對儒家文化也有很大貢獻，所以是互相學習才形成了東亞文明圈。這個過程是互相學習，而不是單邊推廣的過程。

正因為中國文明是學習型文明，具有開放性和包容性，所以又是多元的。和而不同，這不僅表現在中國文明在發展過程中對國內各種文明文化的求同存異方面，比如說歷史上的百家爭鳴，各個朝代的異文化融合，還表現在與外來文化的求同存異方面。從佛教進來之後，中國文明就一直是多元的。西方人現在強調多元文化，因為它缺少的就是多元性。西方基督教文明具有排他性，西方文明的根基是一神教，一神教不是多元文化，是排斥其他文化的。中國文化一直是多元的文化，所以西方人說多元文化主義的時候，我們都跟着去學多元主義，忘掉了我們自己本身就是多元的傳統。西方文明建立在一神教之上，也由此發展衍生出了很多其他概念，比如民族、種族。這和中國文明有很大的不同。中國文明很包容和多元，包括我們的血液都是多元的。比如說漢，漢人就不是一個種族概念，而是一個文化概念。漢如果說是一個民族的話，其本身已經是一個多元民族概念。就連我們的血液裏面就已經包含多種血液。在歷史發展過程中早已由很多不同的民族混合成漢這個民族。

所以在學習外來文化的時候，我們需要重新反思自己的文化，明瞭我們文化中和而不同以及開放學習的傳統。

正因為中國文明是一個包容開放的文明，當跟其他文明開始發生關係的時候，也有一個磨合的過程。起初會有懷疑，甚至發生衝突，但慢慢的中國文明就變得自信起來了。在這個過程中，中國主動地吸收消化其他文明的優點，把他國的文化變成自己文明的一部分。中國人不相信自己的文明會與其他國家文明發生根本性的衝突。因為和而不同。本國文明為主體，但是可以允許不同的文明或文化與本國文化共存，這點非常重要。這就是中國幾千年的歷史。當然，到明清時中國慢慢封閉起來，中國文化反而衰弱了。盡管明清時期中國在經濟上和軍事上非常發達，但文化封閉起來後，包括經濟和軍事的整體國力反而慢慢衰弱了。

全盤西化的失敗和馬克思主義中國化的成功

如果把佛教的中國化看作中國文明向其他文明的第一次大學習，那麼鴉片戰爭以來中國近代化的過程則可看作是中國文明向其他文明的第二次學習。

在明清中國閉關鎖國逐漸衰落的時候，西方工業革命成功了，西方文明開始佔據世界文明的主導地位。中國也意識到了這一點，所以近代以來，中國又開始學習西方。但這次學習並不是在積極主動

的情況下開始的，而是在中國完全被西方征服打敗的情況下不得已的學習，所以中國變得非常不自信，不僅對其他文明不加質疑地全盤接受，而且開始懷疑自己的文明，全盤否定自己的文化，認為之所以落後是源於自己文明的落後，懷疑自己的文明出了很大問題。當然，這與當時進化論流行的大背景有很大關係。但是從對進化論不加質疑地接受本身，就是對自己文明不自信的一個例子。因為進化論所表達的競爭觀與儒家的秩序觀和互助思想有着很大的衝突，不加分析去粗取精地全盤接受進化論，本身就導致了對自己文化的否定和破壞。所以從清末到五四運動，知識精英主張全盤否定傳統文化，呼籲「砸爛孔家店」，認為中國文明和文化出了問題，不少知識精英主張全盤西化。這次學習是對自己文明和文化失去自信的學習。

這種全盤西化並沒有為中國帶來成功。孫中山學習西方的政黨制度和議會民主制度等都失敗了，孫中山之後的國民黨向蘇聯、德國、美國等西方國家學習包括政治、經濟和軍事的各種制度和實現現代化的方法，但是最終沒有將中國引上一個統一富強的道路。

從結果來看，共產黨在馬克思主義中國化上取得了成功。最初開始學馬克思主義也不成功，犯了照搬歐洲經驗的錯誤，不顧國情走以城市為中心的道路。直到後來把馬克思主義中國化之後，才將主義與國情相結合，再加上其他國際國內環境因素，反帝反封建最終取得了成功。如何評價馬克思主義另當別論，但馬克思主義中國化以後，中國成為了一個統一的國家，這是很成功的。

中國改革開放以後的學習是成功的

中國改革開放後進入了新一輪學習過程。因為改革開放剛開始的時候，中國還是傳統的共產主義國家，學東歐主要是匈牙利的改革經驗。蘇聯解體以後，中國吸取了東歐失敗的教訓，改變了學習的方向。中國不僅向美國、英國、日本這些大國學習，也向新加坡這樣的小國家學習。多元借鑒他國優處，這正是今天中國成功的地方。

改革開放以來的學習有一個特點，就是以我為主。我是主體，中國學習其他國家是為了成功而非失敗，是為了把自己的國家建設得更好。從這個方面來看，中國可以向西方學，但是不會變成西方，要保持自己的中國性。改革開放以來，中國向西方學習和借鑒了很多現代市場機制但又不是完全照搬西方的經驗。這種學習是結合中國舊有的計劃經濟體制，並在向市場經濟體制轉型過程中，根據本國情況借鑒他國經驗的學習，所以稱之為「中國特色」，就是說，中國不會也不可能完全變成西方的市場經濟。比如說在經濟上，中國強調混合經濟體，混合所有制，但是西方強調私有制。

正因為這種基於國情之上的去粗取精的借鑒型學習，在改革開放以來的發展過程中，中國的體制盡管依然存在很多問題，需要繼續向他國學習，但是在某些方面，特別是應對危機方面開始慢慢變得有自己的優勢。比如說在 2008 年金融危機中，中國的強國家體制特徵，

可以集中力量應對危機，但在西方國家，政府要調節經濟卻是一個緩慢的過程。西方國家調節經濟的槓桿通常有兩個，一個是財政稅收政策，一個是金融貨幣政策。但 2008 年以來的經驗表明這兩個槓桿都失效了。從財政政策來看，通常當政府的債務是 GDP 的幾倍的時候，財政政策調節槓桿就不起作用了，因為政府債務過高；從貨幣政策來看，當利率趨於零的時候，利率政策就失效了。所以西方現在走的是量化寬鬆政策，大量發行貨幣。這不但沒有穩定經濟，反而成為給經濟帶來動盪的因素。

反觀中國，在調節經濟時，除了西方國家的財政稅收政策、貨幣金融政策以外，還有國有企業這樣一個經濟槓桿。盡管人們對國有企業的存在有着不同的看法，但是國有企業在中國有着悠久的歷史，從漢代以來中國就存在國有企業，只是名稱不同。國有企業在中國並不僅僅是企業，而且還是政府平衡經濟、平衡市場的工具。自 2008 年金融危機後的中國經濟發展來看，盡管中國的國有企業存在很多問題，但是在平衡市場、彌補市場缺陷的時候，國有經濟起了很大作用。當然，不是說中國的國有經濟就因此不需要改革了，恰恰相反，正因為國有企業在中國經濟中扮演着超越企業的經濟調控作用，所以更需要通過改革來解決國企現有的問題，使其更符合市場規則。

政治體制也同經濟體制一樣，中國已經吸收了很多西方民主政體的元素，比如說，地方選舉，黨內民主，社會民主等。但正如

中國的經濟體制吸取西方的市場機制卻不會變成西方式的市場經濟一樣，中國的政治體制吸收西方民主元素的同時也不會最終發展為西方式民主。近年來西方的民主也出現了諸多問題，產生了民主危機。西方以前在精英民主的時期還是做得比較好，但是現在大眾民主做了半個多世紀不到就出現了很多問題。正如美國學者福山所說的，Democracy 已經變成了 Vetocracy，大眾民主逐漸變成互相否決制，這種情況下很難產生有效的政府。

　　西方發生問題了，大家知道問題出在哪裏，也知道該如何去解決，但不同政黨之間相互否決，產生不了一個有能力解決問題的有效政府。這是西方民主正在發生的問題。我們應該意識到這些問題，這樣可以在制度建設過程中避免很多問題。

　　從政治體制上向西方學習這方面來看，無論是黨內民主、社會民主，還是基層直選民主，盡管依然有很大的空間去發展和完善，但都吸收了一些民主的要素。可以看出，中國在學習西方經驗時沒有完全照搬西方，而是把自己政治傳統中優秀的部分和西方優秀的部分結合起來了。從現階段的政治制度框架來看，中國在建設的是開放的一黨主導的政治體制，不同的利益可以在一黨主導的政治過程中協商協調。在這套政治制度框架內，把西方的民主和中國的賢能政治結合起來，把中國傳統的選拔制度和西方的選舉制度結合起來，先選拔後選舉，先賢能政治再民主政治。這套制度正在建設過程中，需要加以完善，但是大的構架已具雛形。

中國的學習模式具有普世性

　　近年來大家都在討論中國模式。中國模式究竟是什麼？我認為最重要的一點是中國的學習模式。如果從學習的角度來說，中國的學習模式具有普世性，其他國家也可以從中國成功的地方學到很多經驗。

　　盡管當今世界秩序非常混亂，但更加麻煩的是一些發展中國家國內秩序的混亂甚至無政府狀態。很多中東國家處於內政失序狀態，失敗國家越來越多，大量的難民湧入歐洲，不僅影響到歐洲內部的秩序，同時也由於文化衝突和經濟問題成為恐怖活動的溫床。亞洲和拉丁美洲的一些國家不僅政治秩序存在問題，經濟也長期陷於中等收入陷阱。更重要的是國內秩序非常混亂。從全球現狀來看，國家內部的政治秩序危機甚至比外部的國際秩序危機還嚴重。實際上，國際秩序危機是國家內部秩序危機的一個反應，如果各個國家內部都有一個很好的秩序的話，國際秩序的建構也就相對容易。

　　為什麼現在很多國家建立不起來好的秩序？實際上有些經驗是可以總結的。閉關鎖國不學習，那就很容易落後，肯定會失敗。整個世界都處在競爭狀態，有的國家發展得好，如果不吸取這些國家的經驗，閉關自守，那肯定會走向最終的失敗。如果是強制性的學習，受西方壓力的學習，也會失敗。比如說中東為什麼會出現這種亂局，就是美國「9‧11」以後，通過大中東民主計劃，強制性輸出美國的西

方式民主。所以這種強制學習也是相當的失敗，導致國家內部失序甚至國際混亂。

　　還有一種不成功的學習通常發生在後發展中國家。一些政治人物和政治精英，要麼為了自己烏托邦式的理想和價值觀，要麼為了自己的政治利益或經濟利益，有時也會為了意識形態的利益，不顧本國國情照抄照搬西方模式。

　　所以不學習會失敗，被強制學習也會失敗，照抄照搬的學習也會失敗。從東亞經驗來看，無論是日本的明治維新，還是新加坡的國家建設，這些存在於東亞社會的成功案例都屬於主動型開放式的學習。主動把他國的最佳實踐跟本國的最佳實踐結合起來進行制度創新。中國模式是學習模式，學習是為了成功，但絕對不是為了失敗。從這個角度來說，中國模式是一個普世性的模式。中國不會向其他國家推銷自己的模式，但是作為學習模式來說，中國模式確實是對其他國家有很大的參考意義。

第十三章

「政治想象力」與中國前途

　　法國總統馬克龍 2019 年 8 月 27 日在法國外交使節年度會議上發表內部演講，認為西方霸權或許已近終結。近代以來，法國的啟蒙運動、英國的工業革命和在兩次世界大戰中崛起的美國，讓西方世界偉大了 300 年。不過，今天，西方因為種種內外因素，其所確立的世界政治秩序正在動搖。同時，非西方政治大國尤其是中國、俄羅斯和印度崛起了，這些國家的政治想象力超越了西方；它們在擁有了強大的經濟實力之後，不再迷信西方，而是尋找自己的「哲學和文化」。

　　馬克龍的這番話的確是對世界秩序的現實思考。不過，他過度誇大了其他政治大國的「政治想象力」。這些其他大國的崛起是不言而喻的，但很難說這些政治大國具有法國啟蒙運動所具有的「政治想象力」。現實的情況是，當西方面臨巨大的困境時，這些其他政治大國的民眾（尤其是知識分子）仍然對自己的「哲學和文化」毫不自信，仍然以西方文化為旗幟，幻想着自己能夠搖身一變，成為西方。結果，這些政治大國面臨着「知行不一」的困境，即這些國家的崛起是基於自己的「哲學和文化」，但其民眾的「政治想象力」仍然是西方的。「知行不一」無疑是這些政治大國所面臨的最大政治挑戰之一。

以香港地區為例

　　這裏不討論其他國家，只想從 2019 年以來香港問題入手來討論中國，試圖回答為什麼中國很難產生馬克龍所説的「政治想象力」，其知識界也很難產生法國式的思想啟蒙運動。

　　如果從「知行合一」的角度來看香港問題，便不難理解。一旦「知」出了問題，「行」必然出問題。如果去問香港的抗議者，甚至是暴力行為者，他們中的大多數人都會回答：他們都是在爭取實現自己的理念或者理想。盡管大多數人譴責暴力行為，但暴力者本身並不必然這麼想。在心理層面，激進行為大都是「理念＋理念的道德化＝正義」這一邏輯的結果。

　　問題在於這樣的「知」是如何形成的？「知」的來源多種多樣，但從小到大的教育經歷無疑是最主要的。為什麼香港的抗議者大多都是 1997 年回歸之後成長起來的一代？這是一個需要深刻思考的大問題。令人驚訝的是，1997 年回歸之後的教育更具有「殖民」色彩，從以往的被動殖民教育轉變為主動殖民教育。從前的教育是港英政府所施加的，而回歸之後的教育則是香港自發的，並且具有明顯的目的性，那就是抵制內地的影響和培養及強化西方（非香港）認同。

　　同樣，問題得不到解決的主要原因，是因為抗議者所擁有的「知」和執政者所擁有的「知」相去甚遠。如果兩者是一致的，執政

者就很容易接受抗議者的要求。那香港的抗議運動是否就是抗議者要求「民主」而執政者反對「民主」那樣簡單呢？顯然並不是這樣。抗議者所要求的，是一步到位的民主（或者西方式民主），而執政者認為這樣的激進民主或者民主方式並不合適。較之抗議者，執政者所面臨的內外部制約更多，所需要考量的實際問題更多。

對中國知識分子的期許

年輕人變得如此激進，教育者負有很大的責任。教育者的「知」出了問題，學生的「知」必然出現問題。

史學家許倬雲教授最近通過對北宋張載的四句話的「曲解」，來討論中國傳統知識分子的角色，很有一番新意。這四句話便是廣為流傳的「為天地立心，為生民立命，為往聖繼絕學，為萬世開太平」。他認為，這四句話可以說是對中國知識分子的期許，同時也是中國知識分子應有的四個方向或維度。

「為天地立心」也就是解釋自然現象和宇宙意義，屬於理念的維度，這一類型的知識分子是理念上的哲學家。

「為生民立命」者，屬於實踐的維度，這一類型的知識分子，是把理念付諸實踐的執行者，也許是官員，也許是社會領袖。

「為往聖繼絕學」，也屬於實踐的維度，想辦法擴大並傳承所學，盼望後來的人能學得比自己更好。

「為萬世開太平」，屬於理念的維度，這個類型的知識分子能提出一個理想境界——理想的社會、理想的生活或理想的人生態度，盼大家往那個方向走，並且用這些理想來針砭、批判、矯正眼前所見的不合理現象。

一般來說，知識分子對現實都具有批判性，充滿理想，相信現實應當改變（無論是通過改革還是革命）來符合其理想。對這一點，人們並無很大異議。問題在於：知識分子應當擁有怎樣的理想？理想從何而來？是烏托邦還是着眼於現實國情？

全盤西化易導致水土不服

許教授認為，五四運動以來，中國知識分子和傳統知識分子（「士」）已經大相徑庭。五四以後，主張全盤西化的知識分子佔據主流，並且越來越左，基本上都是要把西方的一套系統全盤端進來。西化派人物實際上是 "Intelligentsia"，而不是 "Intellectuals"。根據許教授的解釋，所謂 "Intellectuals" 是指那些在本社會、本系統之內，或做解釋工作，或懸掛理想，或做良師、良吏的知識分子；

而 Intelligentsia 只是知識分子中的某一些人，他們意圖將另一個文化整盤端進來，從那個花盆移植到這個花盆，從那一土壤移植到這一土壤。

在西方歷史上，Intelligentsia 原本指當年東歐學習法國的先鋒人馬，例如，波蘭曾有一批人要全盤學習法國；俄國彼得大帝以後，有一大批 Intelligentsia 出現，主張全盤西化。這些 Intelligentsia，初心高尚，希望國家改革一步到位。不過，他們通常面臨的情況是外來事務與本地土壤不適合，端進來的東西要麼就是削足適履，要麼就是去改變土壤，而不會去改變植物。結果怎樣呢？改植物，是橘移淮為枳；改土壤，就是徹底把土壤改過來。

不論如何，中國近代以來的諸多類似做法都失敗了。當然失敗的不僅僅是中國，很多經歷類似政治試驗的國家也都失敗了。

在亞洲，要算成功的只有日本。明治維新以後，日本也有大批的 Intelligentsia 主張全盤西化，所謂的「脫亞入歐」，不過日本做的只是表面文章，骨子裏都是日本人，只是外面着上了洋裝。的確，如果撇開那些工具型的不談，深入到日本各項核心的制度，就不難發現沒有任何日本制度是「進口」的，都是根據其本身的實踐形成的。因為二戰的戰敗，日本有一些制度為外力所強加，但日本人也一直在抵制。直到今天，他們仍然在努力地想「推翻」美國為其所起草的憲法。

回到中國的例子。近代以來，全盤西化不僅很難在中國獲得成功，而且經常造成不小的災難。但西化派基本上沒有反思能力，因為

他們往往把他們所接受的西方世俗價值，當作一種具有宗教性質的東西來信仰；並且，他們也簡單地把責任推給執政者或者老百姓。這就造成了執政者和知識分子群體之間的深刻矛盾。

知識與官僚的「斷裂」

在中國傳統上，因為「士」這個階層既是知識分子，也是政府官僚，因此在知識分子和政府之間並沒有什麼大的矛盾。皇帝不僅把「治權」（即相權）給了知識分子，而且更把知識領域留給了知識分子。「知識參政」便是知識分子的一個「共識」。

這一點到了晚清也並沒有改變。從張之洞（1837—1909 年）的「中學為體、西學為用」到康有為（1858—1927 年）的「托古改制」，都是知識分子試圖找到一條以中國為主體、兼學西方的道路。

晚清廢除科舉考試對知識階層構成了致命的打擊，因為這樣做就把知識分子和政府分離開來，沒有了把兩者連接起來的「橋樑」。

晚清以來，大凡改革或者革命或者社會運動，知識分子都會沖在最前面。這並不難理解，盡管科舉廢除了，但知識分子的「知識參政」心理已經是一種歷史文化沉澱物，不會輕易消失，一旦出現機會，還是會拚命參與到政治中去。

不過，正是因為知識和官僚兩者之間的「斷裂」，晚清以來的「知識參政」有一個顯著的特點，即「知識參政」完全失去了傳統上的現實感，而表現為烏托邦空想和由此而來的激進化。因為知識分子不再是官僚，他們既不用考量一項價值的現實可行和可操作性，也沒有機會參與到政治現實中去了解現實。這種局面又進一步造成了「官學」和知識分子之間的深刻矛盾。傳統上這兩者是一體的，因為知識分子就是官僚，所有的「學」都是「官學」。

但近代以來，「官學」和知識分子就分離開來。政治人物開始把「官學」的權力抓到了自己手中。從孫中山的《三民主義》開始，到蔣介石、毛澤東再到後來的所有主要政治人物，他們都有系統性的政治論述。無論是革命時代還是建設時代，政治人物總是處於一線，是第一批實踐者。他們較之其他群體更早、更深刻了解實踐，了解哪些價值可行、哪些價值不可行，把實踐融合到自己的理論思考之中。

學者的兩種選擇

同樣重要的是，這些系統性論述並非某一個政治人物的個人思考，而是反映了以該政治人物為代表的整整一代政治人物的思考。正如鄧小平強調的，「毛澤東思想」代表的是毛澤東那一代共產黨人的

思想，而非僅僅是毛澤東個人的思想。也就是說，那一代人對自己身處的「官學」是有「共識」的。

知識分子在知識創造過程中的劣勢地位是顯然的，這也促成了「官學」與知識分子之間的矛盾。認同「官學」者就看不起知識分子，認為他們脫離現實，只會空談；而知識分子也看不起「官學」，認為他們過於現實，毫無理想，甚至只是為了個人利益。

今天，這種矛盾現象越來越嚴重。基本上，今天的當政者和學者都是知識分子，只是當政者是具有實踐機會的知識分子，而學者則是沒有實踐機會的知識分子。

在這樣的情況下，沒有實踐機會的學者的選擇是什麼呢？人們可以先撇開那些只是「輔助」「官學」者不談。學者中間最普遍的選擇有兩種，一類為「專家學者」，一類為批判型知識分子。但很可惜，這兩類的實際效果都是「全盤西化派」。

「專家類型」的學者表面上專注於「解釋」事物，根據西方的「八股」發表文章。這方面，今天中國學者所發表的文章數量越來越多，中國也已經成為一個論文大國。問題在於，文章眾多，但沒有出現任何原創性的思想。

核心在於，這類學者所研究的命題大都是西方的，只是用中國的材料來論證西方的命題。很多人從來就沒有找到過中國本身的命題，再用中國材料來研究中國命題。

此外，大學有關部門嚴酷的考核制度的核心就是論文出版和排

名，這也迫使學者成為西方式工具的「被奴役者」。實際上，這種似乎非常「學術」的途徑是傳播西方思想最有效的手段。理由很簡單。第一，命題決定結論，用西方命題來研究中國只能證明西方的「正確性」；第二，由於西方命題佔據主導地位，中國命題要麼得不到確立，要麼就根本無人去找。在目前的考核制度下，這類學者已經佔據各大學、研究機構的主導地位。

第二類即是批判類型的知識分子，廣義上說包括了今天的「公共知識分子」。這類知識分子越來越多，西方化趨勢也越來越嚴重。近代早期的知識分子盡管提倡西化，但他們還受中國傳統的深刻影響。現在的情況完全不同，傳統完全消失，一些人一方面痛恨自己的傳統，另一方面也根本不想了解西方的真實情況是怎樣的。對這個群體來說，「西方」的學術意義並不重要，因為他們只需要西方的「工具」意義，即用西方來批評和評價中國的現實「政治」。

這也是最不確定的地方。盡管近年來人們在呼籲「文化自信」，但在實踐層面則是「西方化」的加速。如果不能確立中國自身的「政治想象力」，就不會有可以解釋自己實踐的社會科學，最終難以避免「知行不一」的局面。

第十四章

結論：中國方案的未來展望

本章想談談中國改革開放 40 年，以及十九大之後的「三步走」，至少可以講講中國如何通向 2035。《中國崛起：重估亞洲價值觀》和《制內市場》這兩本小書 [1]，是我自己思考中國問題、世界問題的一個視角，或者方法，因此聯繫這兩本小書來講未來中國政治和經濟制度的可能演變也很好，至少有一個思考方法的基礎。

中國知識界與媒體缺乏思想體系的支撐

中美是否會打貿易戰的問題，我這些天也一直在和其他人交流。中美貿易戰，當然是美國發起的，但我覺得中國自己也有一定的責任。這次西方對中國作出那麼大的反應，某些程度上跟中國人講中國故事的方式有關，講着講着把人家講害怕了，而不是講着講着讓人家更喜歡你了。我一直在想，為什麼西方媒體那麼強大，中國媒體卻強大不起來？就媒體的技術手段而言，中國在很多方面已經超過了西方，至少不比西方差多少。但西方媒體的強大，是因為它背後有一個思想體系和一個知識體系。這個非常重要。媒體只是一個表達方式，

1　2018 年 5 月 21 日，中國與全球化智庫（CCG）在北京舉辦本書作者兩本新書《中國的文明復興》和《中國的知識重建》發佈會。作者在會上分享了他對中國政治經濟未來 30 年走向的研判。本章即其演講內容。

沒有背後強大的思想和知識體系的話，媒體做起來會非常吃力。上次有關部門帶隊到新加坡來交流，我就對他們説，「走出去」交流很好，但必須要注意方式方法。方式方法不好的話，效果不僅不好，反而會走向反面。在一些問題上，中國不走出去還好，人家還同情你，但一走出去，像在國內那樣講一番話，人家反而不理解，甚至恨你。這是個矛盾，一方面要走出去，另一方面一走出去就遇到麻煩。這裏面可能有方式方法的問題，但背後知識體系的問題更為重要。

我對中國的知識界一直很苛刻，一直很批評。我認為近代以來中國思想界一直是西方思想的殖民地，被思想殖民，沒有自己的思考。其實中國改革開放 40 年已經取得了輝煌的成就，實現了世界公認的奇跡。例如，在短短 40 年內成為世界第二大經濟體，並且讓 7 億多人口脫貧，是世界經濟歷史上從未發生過的。當然還有其他很多故事。但為什麼我們講這些故事的時候，反而把人家講反感了？問題到底在哪裏？我覺得是因為我們沒有一個思想體系。

用西方的思想難以解釋中國

我自己是受西方教育出身，覺得西方這些理論用來解釋西方非常好；可是西方的理論運用到中國來解釋中國，就很難。近代以來，中

國無論什麼主義都是從西方引進的，我們想學習西方，來解釋中國。我最近花了很多時間來回顧近代以來的人，包括老一輩人，對中國所做的解釋，覺得很大程度上不是在解釋中國，而是在曲解中國。

　　舉一個例子，馬克思主義把社會發展歸納為從奴隸社會到封建社會，然後到資本主義社會、社會主義社會，最後到共產主義社會。在某種程度上說，西方的歷史就是這樣發展的，當然共產主義是對未來的展望。但是把馬克思主義理論應用到中國，有時候就很不科學。比如說馬克思所說的奴隸社會，在中國從來找不到像西方這麼大規模的奴隸社會。有人說漢朝有家奴，但家奴不是奴隸，家奴跟現在的傭人有點像。清華大學貝淡寧（Daniel Bell）教授的研究是，即使對於傭人，中國跟西方的看法也不一樣，中國的傭人，做着做着就做成了家人的一部分，而西方的傭人永遠是傭人。中國沒有西方式的奴隸社會。封建社會呢？秦始皇統一中國以後，中國就沒有封建社會了。最近這些年弗朗西斯·福山寫書，認為秦始皇統一中國，建立了世界上第一個近代國家，因為它建立了一個官僚體系，就有了近代國家的雛形。

　　還有資本主義這個概念也是。年紀大一點的人都知道，中國在20世紀50年代有很長時間，都在研究爭論中國明清資本主義萌芽的問題，人民出版社出了很多書。我覺得這個就很荒唐，為什麼研究明清資本主義的萌芽？如果要說中國資本主義的萌芽，唐宋比明清更好，唐宋更發達。那為什麼不研究唐宋？也是因為西方，因為西方的

資本主義是從新大陸發現開始的，時間上就相當於中國的明朝。

還有很多很多這樣的例子。過去顧頡剛先生有個「疑史」觀，懷疑中國的歷史。我一直懷疑中國近代以來的這個知識體系。我沒有很多時間來做這方面的研究，如果做的話，這是一個很大的工程。不過，這個問題對中國很重要，就是我們怎麼來解釋中國？

我花了很多年去了解西方是怎麼看中國的，從古希臘亞里士多德開始一直到現在。後來我寫了一本《中國崛起：重估亞洲價值觀》的小書。我有一個重大的發現，就是西方人解釋中國有一個特點——以中國沒有的東西來解釋中國。從早期孟德斯鳩的「中國沒有貴族」，到後來的「中國沒有私有產權」，包括現在很多的自由派經濟學家和左派都受西方影響，認為中國沒有私有產權，沒有法治，沒有人權，沒有民主，等等。他們以這些中國沒有的東西來解釋中國。但很簡單的一個道理是：你要解釋我的話，只能以我有的東西來解釋我，不能以我沒有的東西來解釋我，這個道理大家很容易講得通。

西方對中國的認識從古希臘就開始了。亞里士多德《政治學》有一個詞叫做 orientalism，就是「東方主義」，到 18 世紀西方啟蒙運動就變成 oriental despotism，就是「東方專制主義」。這個「專制主義」一直發展到 20 世紀 50 年代魏特夫（Karl A.Wittfogel）的《水利社會》那本書。現在西方發展出各種版本、不下幾十種的 authoritarianism（中國「威權主義」），但其實西方理解中國只有一個模式，就是「東方

專制主義」，沒有第二個，其他都是它的一些變種。

　　這個我覺得也很難責怪西方，因為以他們的文化與他們的理解方式，他們只能這樣認識我們。

　　像我上一本書說的，我覺得對中國誤解最深的都是德國人，四位德國人。第一位是黑格爾，他說中國沒有歷史，從來沒有變化。而西方確實有變化，從奴隸社會到封建社會，民主產生以後確實有變化。所以從這個角度來說，中國歷史是凝固的。第二位是馬克思，他是「亞細亞生產方式」的提出者。第三位是馬克斯・韋伯，他從宗教的角度解釋了西方的新教為什麼能孕育出資本主義，而中國的儒教倫理為什麼不能出現資本的發展。最後一位是 20 世紀 50 年代魏特夫的《水利社會》。西方人看中國最深的就是這四個德國人，誤解得最深的也是這四個德國人。我們都非常崇拜這四個德國人，但我認為很難責怪這四個人。我們怎麼理解我們自己？這是我們的責任。中國人歷史學很發達，但是缺少社會科學，沒有社會科學。

　　最近就有一件事情讓我覺得非常興奮。我發現，西方的 "law"，我們翻譯成中國的「法」，這是一個天大的誤解。中國的「法」可能只是西方的 "law" 的很小很小一部分。嚴復翻譯孟德斯鳩的《法意》時就說，可能西方的「法」要包括中國的「禮」等等這些東西。中國秦朝已有刑法，但中國的法只針對壞人。好人不叫法。而西方的「法」是個 universal concept（普世的概念），西方有上帝，還有一個自然法。上帝也好，自然法也好，在現實中都找不到，是一種 intellectual imagination（知識的想象）。正因為不是具體的東西，是一種知識的想象，所以每個人都可以平等，人人在上帝面前平等，美國憲法所說的，人人在法律面前平等，對他們來說，在這些概念之間過渡是沒有任何困難的。但在中國不是這樣的，中國的法只針對壞人。中國每一個社會群體，士農工商，都有他自己的法。從某種意義上說，對士大夫階層而言，「禮」就是他的法。如果重新解讀這種傳統，我們就可以很容易理解現在的黨紀和國法之間的關係。

2035 中國經濟：「三層市場」論

中國是個文明國家，但是文明國家不是一種道德概念，不是說它一定就是好的。任何一個文明都有它的優勢劣勢，不光有好的。現在很多人要把中國模式說成是世界上最好的，我覺得也不科學。我們好多東西要重新回顧。中國未來 30 年，到 2035、2050 年，甚至更長的時間會怎麼樣？我覺得如果用中國自己的文明的觀點來看，遠遠要比用西方的理論預測好得多。

中國未來 30 年，經濟制度是什麼樣子的？現在中國講 mixed economy（混合經濟），我覺得沒有講清楚。西方把中國看成是 state capitalism（國家資本主義），實際上我們也不是。我的下一本英文

書，我花了十多年時間，從漢朝的經濟形態一直梳理到當代。中國幾千年，真是吾道一以貫之，有一個非常好的一個體制。你叫它資本主義也好，或者叫它市場也好，中國一直以來至少有三個市場，或者有三層資本。頂層的永遠是 state capital，國家資本，底層的都是 free market capital，就是自由的民間資本，像現在的中小企業，還有一個中間層面，叫 middle ground，就是國家跟民間互相合作，互相互動的這一部分。幾千年都是這樣，從漢朝開始就是這樣。有些領域國家一定要壟斷，要佔主導地位，但是大量的領域要放給民間，這也是儒家的思想。然後中間地帶的領域，像鹽鐵，對國家很重要，但即使對國家很重要的東西，也可以交給私人去經營。所以到了近代會有官督商辦。這其實是中國非常古老的一個概念，並不是近代的創造。

在中國那麼長的歷史中，有四個時期走了極端，變成國家主義，國家完全佔了主導地位，市場幾乎沒有：第一個就是兩漢之間的王莽改革時期，第二個是宋朝王安石變法時期，第三個是明朝朱元璋的改革時期，第四個就是改革開放前那段時期。幾千年來只有這四個時期，國家跟市場完全失衡，偏向政府，搞理想主義那一套。除了這四個時期以外，中國的國家跟市場基本上都是相對平衡的。所以我下面的一本書叫 Market in State《制內市場》），中國的市場一定要服從政府規則。而西方是 state in market，場內政府，就是即使政府也要服從市場配置。這非常有意思。現在像林毅夫先生他們在研究新結構主義經濟學，中國的經濟學。而我覺得中國最好的經濟學已經有了，就是

《管子》。《管子》裏面就有關於怎麼治理經濟的思想。如果要解釋中國經濟幾千年的歷史，從古代一直到現在的話，只有管子能解釋，西方的經濟理論解釋不了。西方講 supply and demand（供需關係）。供需主要靠市場調節——除了凱恩斯主義有點不一樣，強調政府也要扮一個角色——但是管子不講「供需」，管子講「輕重」，「輕重」的角色就是政府。所以我最近花了很多時間讀管子，他的解釋能力比任何的西方經濟理論都要強。但是管子的論述是短短的，一段一段的，不表現為現在的經濟學形式，沒有數學，更沒有公式。如果能找一幫年輕人，把這些思想數學化，公式化，我想對中國、對世界的經濟學都是巨大的貢獻。

所以我認為，西方人不承認中國的市場經濟地位，其實有道理。因為中國怎麼變，也變不成西方這樣的市場經濟，永遠不會。中國還是這三種資本，三層市場，一直往前發展。這種制度有它不好的地方，就是跟西方的 state in market 比較的話，效率差一點，但是比西方好的地方在於，能預防大的經濟危機。西方資本主義，正如馬克思分析的那樣，會爆發周期性的經濟危機，比如 20 世紀 30 年代、1997/1998、2007/2008 的經濟危機。中國過去 40 年基本上沒有經濟危機，這跟共產黨的調控能力有關係，也跟這個機制有關係。

西方現代經濟主要有兩個調控手段，一個就是貨幣政策，一個就是財政政策。可是當利率趨於零的時候，貨幣政策就很難發生作用。

而且現在他們採取ＱＥ了，量化寬鬆。我要提一下，最早使用量化寬鬆的就是管仲，利用貨幣供應量來調節經濟，這是管子的思想，他那個時候已經在使用，只是規模可能比較小一點。還有就是西方的財政政策，當政府的債務赤字太大了以後也不頂用。中國除了財政和貨幣政策以外，還有一個國有企業這個經濟部門可以調節經濟。

我認為全球經濟未來會越來越波動，所以中國怎麼改革都不會放棄這個國有部門。你喜歡也好不喜歡也好，中國幾千年就是這樣。當然這三層資本之間，邊界在哪裏，每一個朝代都在變化，每一個時代都在變化，改革開放40年也有變化。現在要讓中國回到毛澤東時代，完全沒有民營經濟，也是不可能的。現在就是政府跟市場之間取得平衡的一個問題，在中國就是混合經濟和諧的問題。

2035 中國政治：
開放的一黨制＋以黨領政＋三權分工

未來30年，中國政治會如何？這次修憲以後，大家都不說話，我覺得很奇怪，西方的反應那麼激烈，我們國內還採取鴕鳥政策。其實這也可以從歷史上看。中國的體制，當然官方本身不好說，但我覺得中國的政治體制現在確實在形成。

　　大家知道，一說西方的體制，大家就會想到三權分立——立法、行政、司法。但很多人可能沒有意識到，中國幾千年歷史，也有三權的分工合作——決策、執行、監察，這個體制從漢朝建立起，一直到晚清都沒有太大變化。你不能說這個制度沒有生命力。所以當我們說我們的文明幾千年不中斷，我們要思考，哪些東西沒有中斷？王朝是中斷的，皇帝來來去去。甚至我們的種族都變化了，我們漢人不是一個種族概念，而是一個文化概念。那我們哪些東西不變呢？就是這個政治經濟體制只發生了一些小的變動。

　　我的理解就是，20 世紀 80 年代的中國政治體制改革，當時還有點想往西方的方向發展，要黨政分開。我覺得這也正常，因為近代以來很多人都是要把中國往這個方向發展。

　　孫中山先生就要搞一個五權憲法。這個五權憲法很有意思，包括西方的三權，加上中國傳統中他覺得好的，考試權跟監察權，把西方的三權加上中國的兩權，變成五權憲法。但我覺得孫中山基本上是個理論家，沒有機會實踐。從中國台灣地區的實踐看，這兩個體制完全是不同的邏輯，要麼西方的三權為主，要麼中國的三權為主，把兩個加起來很難。所以台灣地區現在基本上是西方三權的機制，考試權基本上已經沒有了，監察院還在，但基本上不起什麼作用。

　　中國這次很厲害，重新確立了監察權。這是什麼概念？為什麼從 20 世紀 80 年代的「黨政分開」，到現在的「黨政分工」？其實就是因為走到 20 世紀 90 年代的時候，由於 1989 年發生的政治

風波，黨政分開的道路已經走不下去了。黨政分開，黨的主管跟政府的領導兩個人之間如果有矛盾，就變成了黨政兩個機構之間的矛盾，就會產生政府的分裂。所以十九大維護這個三合一制度，就是總書記、國家主席、軍委主席由一個人擔任，其實是對「黨政分開」的直接否定，只是大家不好意思說。實際上江朱、胡溫都是這個思路。王岐山有一個論述，說我們是廣義政府，黨也是這個政府的一部分。我覺得這個論述非常重要。但我不知道為什麼中國的學術界，還有媒體，當時報道的很少，學術界除了嘲笑幾句以外，好像沒什麼研究。我覺得這個不應該，這個概念其實非常重要。他更早的時候跟基辛格說了類似的話，就是要黨政一體的制度，而不是黨政兩套系統完全分立的制度。

　　我把西方稱為外部多元主義，它是先有市民社會後有國家的，它有不同的社會力量，所以一個國家可以有幾個政治過程，可以實行三權分立。但中國不是。中國幾千年來的統治權力就是皇權，秦始皇以後一直是先有國家後有社會，皇帝只能有一個，所以只能有一個政治過程。那麼怎麼樣做，才能讓統治比較有效？那就要把一個政治過程分成三段，第一段是決策，第二段是執行，第三段就是監察。這是漢制，確認了以後，一直到晚清。現在也有點類似了。那麼現在我要解釋的就是，皇權怎麼轉變為現在的黨權？怎麼看我們這個黨？

　　共產黨其實不是像西方理解意義上的政黨。我覺得黨權就是組織

化的皇權。以前的皇帝是個人，是家庭，現在黨是一個組織。這個轉型中，西方有些概念是幫助了我們的，比如民族主義，主權，列寧主義的政黨。我認為馬克思主義的中國化，正是表現在這個地方。這是馬克思主義真正的中國化。

中國的統治權力，從一個基於個體家庭之上的皇權，轉成一個基於組織之上的黨權。以前的皇權分成三個部門，就是現在黨權分成的三個階段——決策權、執行權跟監察權。第三權加上去，我覺得王岐山作出了很大的功勞。但我們不是說簡單地對傳統的回歸。因為現在的黨是一個集體，而以前的皇帝是個人家庭。我覺得這個制度如果做得好的話，生命力會很強大。因為你從歷史經驗來看，漢制生存了多少年？但這個不容易做好，因為現在剛剛開始。從制度建設來說，我覺得今天還相當於漢朝。秦始皇帝統一了中國以後，基本上沒時間做太多制度建設了。錢穆老先生特別推崇漢制，我覺得有道理。同樣，毛澤東統一了中國，但是真正的制度建設，現在還要做很長時間。

比如說我們的決策權，以前主要掌握在皇帝跟他的大臣或太監、皇兄皇弟這些人手裏，現在不一樣。共產黨中央委員會、全國人大、政協，包括我們這樣的智庫，都可以成為決策權的一部分。現在遇到的問題就是，決策權怎麼更民主化一點？以前不需要民主，但現在有了民主的觀念，大家不可能一點民主也不要。然後是監察權的問題。反腐敗很重要，但監察權也不能濫用。我看漢朝規定，不可以事無

巨細的什麼都監察，按照規定只有六種類型可以監察，什麼都監察的話，行政權就沒法執行了。現階段就有這個毛病，媒體已經報道出來，下面的一個紀委去查，發現辦公室裏有零食，就把人找來談。這就監察過頭了。這種三權分工合作的制度，跟西方的民主制度是矛盾的，但是跟民主本身不矛盾。我的觀點就是，中國的制度可以吸納西方很多民主的要素，但不會成為西方的制度。

　　所以我把中國的政治體制總結成幾點：第一，只要共產黨存在，多黨制就不可能，所以我提出「開放的一黨制」。這跟多黨制不一樣，跟新加坡的一黨獨大也不太一樣。如果一個政黨被幾個家族、一些利益集團壟斷了，那就很危險了。那麼怎麼開放？我覺得中國有很多經驗。中國古代只有皇帝這個職位不開放，其他職位都是開放的，這方面有很多的歷史經驗。第二個就是以黨領政。我覺得任何一個政治制度，西方也好，非西方的也好，政治很重要。西方現在的毛病，從 one man one vote（一人一票）的大眾民主產生以後，它的主要問題就是很難產生一個有效政府。美國也好，歐洲也好，聰明人很多，他們知道國家的問題出在哪裏，怎麼去解決，但是很難產生一個有效政府來解決這些問題。「以黨領政」在東亞也有很多實踐，新加坡不用說，中國台灣地區在兩蔣時代都是這個做法。韓國也是這樣。以黨領政，政治是核心、主體。第三點就是三權分工合作。如果能夠把這個制度做好，這個制度不說延續幾千年，但基本上穩定的國家可以有保證。

　　除此之外，我覺得中國接下來還有幾個問題要面對。中國要實行總統制還是內閣制呢？總統制的話就有任期限制，內閣制的話就沒有，你隨便做幾屆，直到黨不讓你做了。還有一個就是，新的領導人產生了以後，總書記也好，總理也好，有沒有組閣權？能不能有他自己的班子？

　　從歷史的角度來說，我覺得我們確實要做到文化自信，我們現在還是不夠自信。中國有幾千年的經驗，我們很多都可以向西方學，但向西方學的目的不是說我們變成西方國家，而是對我們這個制度更好。你就是要變成西方也很難變。中國台灣地區一直在刻意要變成西方，但是越變越糟糕。誰也不想看到這樣的結局。

　　經濟上我們學了西方很多，政治上我們也在學。現在新的機構，政協、人大，智庫這些，中國傳統裏哪有啊？怎麼樣來理解中國今天的政治經濟社會的轉型？中國最後會走到一個什麼樣的形態？我們從文明的角度來觀察問題，要比西方各種主義的預測好得多。

中國方案

鄭永年　著

責任編輯　王春永
裝幀設計　林曉娜
排　　版　賴艷萍
印　　務　林佳年

出版　　開明書店
　　　　　香港北角英皇道 499 號北角工業大廈一樓 B
　　　　　電話：（852）2137 2338　　傳真：（852）2713 8202
　　　　　電子郵件：info@chunghwabook.com.hk
　　　　　網址：http://www.chunghwabook.com.hk

發行　　香港聯合書刊物流有限公司
　　　　　香港新界大埔汀麗路 36 號
　　　　　中華商務印刷大廈 3 字樓
　　　　　電話：（852）2150 2100　　傳真：（852）2407 3062
　　　　　電子郵件：info@suplogistics.com.hk

印刷　　美雅印刷製本有限公司
　　　　　香港觀塘榮業街 6 號 海濱工業大廈 4 樓 A 室

版次　　2020 年 7 月初版
　　　　　© 2020 開明書店

規格　　16 開（230mm×170mm）

ISBN　　978-962-459-066-1